大名の財政

長谷川正次

はしがき

大名とは、寛永一二年（一六三五）の「武家諸法度」に規定されて以後、一万石以上の石高を領有し、将軍に対して直接の奉公を義務づけられた者をさしている。そして、その大名は加賀の前田家のごとく一〇〇万石以上を有する者から、下は一万石所有の大名まで存在し、近世を通じて幕府による改易・減封・没収などが行われたにもかかわらず、大名の数はおおむね二六〇～二七〇家であった。

かつ、幕府との親疎の関係によって親藩・譜代・外様の別、大名の格式による国主・城主などに分ける区分、江戸城中における詰の間、すなわち、大廊下詰・溜の間詰・雁の間詰などに分けられ、さらに官位による侍従以上・従四位・諸太夫（従五位）などによる区分、また、石高によって一〇万石以上、五万石以上、一万石以上などの区分もあって、これらの区分を適宜組みあわせることによって複雑な格式や序列が形成されていたが、もっとも多かったのは五万石以下の大名（譜代大名）であった。そして、大名は幕府の種々の統制、すなわち、武家諸法度などの各法律の遵守、参勤交代制度の励行、軍役負担、土木工事などの御手伝普請、各種の献金・献品、江戸城各門の警備などの諸義務を負っていた。

大名は幕府によって安堵・付与の形で所有する領地の統治権を与えられ、家臣に知行や扶持を与えて行政や軍務を担当させた。その統治組織や領地を含めて一般に「藩」という呼称がなされたが、その領有権は絶対的なものではなかった。前述したように幕府の統制や区分によって動かされるため、五万石以下の大名ではその経済力や武力は弱小であったから、一藩としての行動はおのづから制約があり、ほとんど不可能な場合が多かったし、大名の婚姻、旅行、文化的施策（造園・鷹狩り・遊興・大名自身の学芸・趣味など）も充分には行えなかった。しかし、なかには水戸徳川家の偕楽園、岡山池田家の後楽園、金沢前田家の兼六園などの庭園、平戸松浦静山の「甲子夜話」、陸奥白河松平定信の「宇下人言・花月草紙」、会津保科正之の「新編会津風土記」などの学芸、薩摩島津重豪の蘭学趣味などは著名な事例として知られる。

しかし、幕府の御用や領内治政にあたっては大名の経済力がとうぜん問われることになるが、所有の領地からの貢租のみでは不足が生ずることは明らかであった。そのため、貢租以外に専売制度の採用、藩有林の政策、領民の御用金、財政改革などを実施して収入をはかるも充分ではなく、遂には豪商農層に寄生して多額の借財を得るようになる。それゆえ、近世初期からすでに財政難が各大名に大きな問題として表面化してきた。

仙台の伊達藩は表高六二万石を有し、その裏高（実際の収穫量）はゆうに一〇〇万石を超えていたといわれるが、財政面では他大名と同様に財政難はまぬがれず、近江商人中井家の四代光基の時代には一二万五〇〇〇両（時価約一五〇億円相当）を借財し、明治維新のときまでに中井家から二五万両（時価約三〇〇億円相当）を借入しているが、そのほとんどは返却されなかったという。また、薩摩の島津氏も同様に借財で苦しみ、島津重豪の時代は宝暦年中の木曽川の治水工事費を含めて、その借入金は九〇万両（時価約一〇八〇億円相当）となり、また、自身の積極的開化政策や豪華な生活のために文化四年（一八〇七）当時、自藩の借財は一二六万両（時価約一五一二億円相当）にも達したといわれる。かつ、文政一〇年（一八二七）には重豪一代での借入金は五〇〇万両（時価約六〇〇〇〇億円相当）にも達していたという。

そこで、本書は大名の財政について信濃高遠藩三万三〇〇〇石の内藤氏の事例を中心として、元禄期以後幕末期までの藩財政について展望を行い、これに鳥居氏時代の財政についても取り上げて検討していきたい。

大藩でさえ前述のように借財を重ねているため、三万三〇〇〇石の小藩高遠藩が借財なしで近世を通すことはありえず、内藤氏の場合は高遠入封の段階ですでに財政難に苦しみ、入封と同時に城下町人を「御用達」に任命して御用金の納入を命じているほどであった。それゆえ、家臣には何回となく「借上・節約・倹約」を命じ、領民からは御用金を上納させている。

文政七年（一八二四）五月、江戸への参勤途中甲州街道の白川が出水のため橋が流失し、川留めとなった。川留めとなるといかなる人物も渡河することはできない。しかし、内藤氏は川留めとなると旅籠で足留めをくい出費がかさむので、家臣の一存で財政難の折から出費をおさえるために強引に渡河してしまった。宿駅の川役人から幕府に報告したのであろうか、これが幕府の知るところなり、同年九月二〇日に江戸上屋敷の御留守居役が呼び出されて吟味をうけ、藩主頼寧は病気のために処分されなかったが、家臣の御用人・大目付・川割役の三人が不埒の理由で押込となる事件があった。このように、内藤氏は参勤交代費用の捻出にも苦慮し、この事件のように宿泊費にも事欠くありさまであったから、高遠藩内藤氏の財政のほどがうかがい知れるところである。

なお、本書の出版に際しては、法政大学名誉教授村上直先生に格別のご配慮をいただいた。さらに同成社の山脇洋亮氏から気持ちよく出版を引き受けていただき、編集・校正にあたっては、同社の工藤龍平氏から多くの助言を得た。心からの謝意を述べたい。

平成一三年三月

長谷川正次

目 次

大名の財政

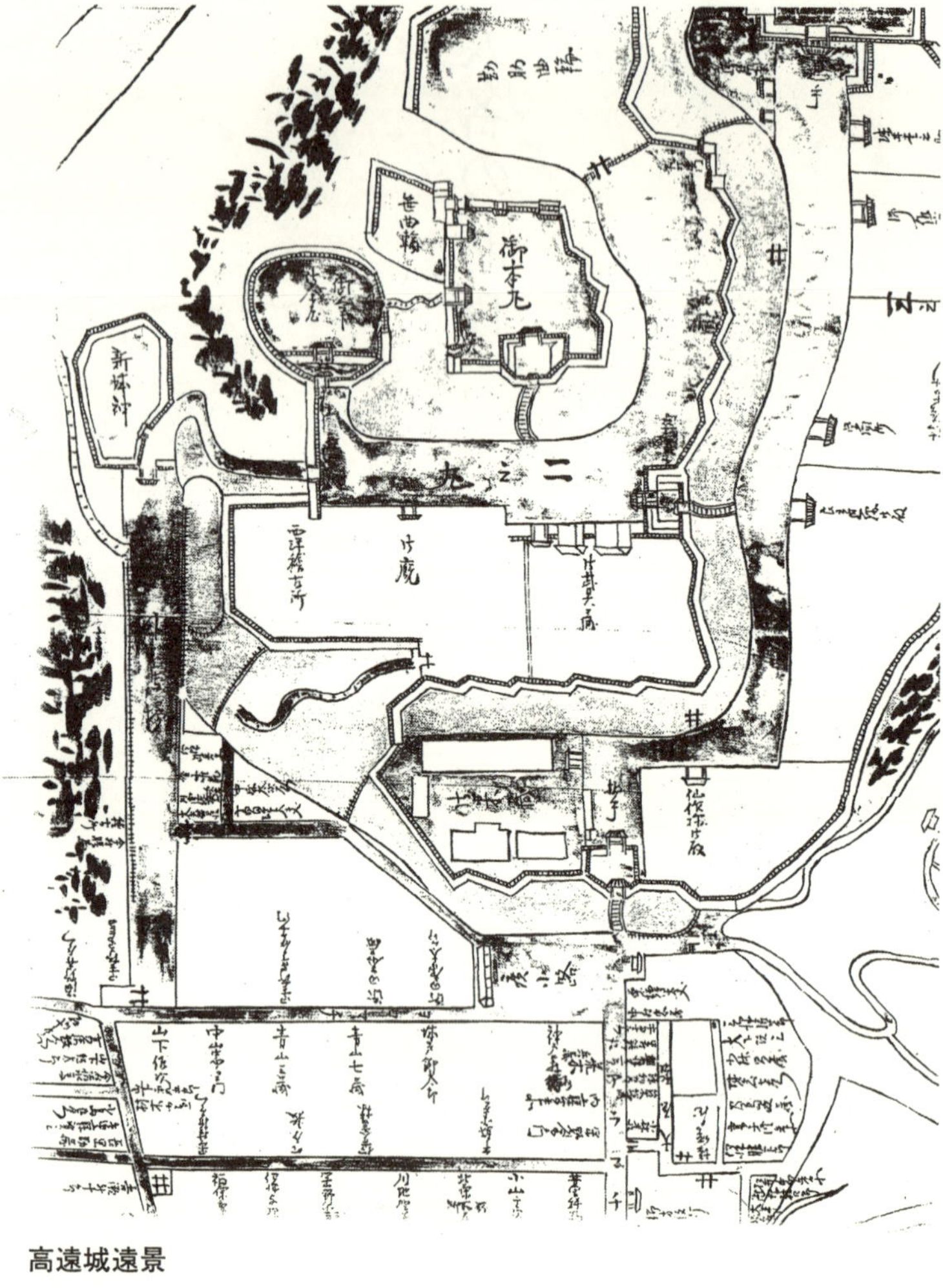

高遠城遠景

序章　藩政の展望

保科氏時代

慶長五年（一六〇〇）京極高知が信濃国伊那郡から丹後国宮津に転封後、同年一一月保科正光が下総国多胡から旧領高遠に復帰して、二万五〇〇〇石の大名となった。正光は同年八月以降、留守を預かる老臣に対して関ヶ原戦の模様を伝えるとともに、しばしば領内治世に対する指導と助言を行っている。

大坂の陣にあたっては弟の正貞とともに家康や秀忠の旗下に属して戦い、多くの家臣を討死にさせている。元和四年（一六一八）には秀忠の子幸松丸（のちの保科正之）の養育にあたり、これを契機に五〇〇〇石を加恩された。幸松丸の養育を機に正光は「置文」（遺言状）を残して、後継者として幸松丸を正式に決定している。同八年正之は養父正光の死去により同年一一月一二日に高遠藩三万石の遺領を継承した。

寛永一三年（一六三六）七月出羽国山形領に二〇万石を得て加転し、同二〇年七月には会津二三万石に再転して、以後保科氏（のち松平姓を許される）は明治維新まで同地を領有した。一方、保科家は寛永一四年に正光の弟正貞が継承して、上総国周准郡に転封となり、保科飯野藩の成立をみたのである。

鳥居氏時代

鳥居忠恒は元和八年（一六二二）九月出羽国山形領二〇万石を支給されたが、世嗣なく、寛永一三年七月忠恒の病死を機に「末期養子の禁令」に触れて山形領は没収となった。しかし、父祖以来の勲功を認められて、忠恒の弟忠春が三万二〇〇〇石で保科正之と交代の形で高遠に入封した。高遠へ入封後はしばしば幕府の御用を担当し、明暦元年（一六五五）八月の朝鮮通信使の来日にあたっては、東海道の駿府城下より三島宿間の往復人馬の課役と、同年一〇月同通信使の日光東照宮参詣の節は日光道中の課役をも担当している。

承応三年（一六五四）六月には領内農民三〇〇〇人余の尾張徳川家領（木曽方面）への逃散が表面化した。領主鳥居忠春の貢租増徴の故と考えられ、これによって無主地が多くなり貢租の徴収が困難となったのを機に、明暦二年～三年にかけて全領検地が実施されている。寛文三年（一六六三）七月、鳥居忠春は再度大坂加番役を勤仕することになるが、勤仕直前に狂気した藩医松谷寿覚に襲われて大坂で客死した。

忠春の死後跡式は長子忠則に継承され、父忠春の遺物である志賀の茶壺を将軍家綱に献上している。忠則は元禄二年（一六八九）六月江戸城馬場先御門の警備中に、家臣の高坂権兵衛の不始末によって幕府より閉門の身となり、のち自裁した。忠則の死後、鳥居家は再度先祖以来の勲功を認められて長子忠英が能登国下村に一万石を給恩されて家督を相続し、のち近江国水口を経て正徳四年（一七一四）に下野国壬生に三万石にて移り、維新まで定着した。

高遠城は元禄二年八月に松本城主水野忠直が請け取り、九月に幕府小姓組番妻木彦右衛門頼保と、御使番能勢惣十郎元之の両人があらためて城を水野忠直より引き取った。そして、内藤氏の高遠入封の同四年二月まで、一時幕府預り領となって代官支配が二年半余続いた。

内藤清枚時代

代官支配となった高遠領は元禄三年（一六九〇）三月、松代藩主真田幸道による全領検地を経て内藤丹後守清枚に三万三〇〇〇石が与えられた。残余の約六〇〇〇石は天領に編入されていった。ここに内藤氏高遠藩八代の時代がはじまり、八代内藤頼直のときに廃藩置県となっている。高遠藩内藤氏時代は領内は伊那郡六カ郷、すなわち、入野谷郷・藤沢郷・川下郷・中沢郷・春近郷の城付地（内郷ともいう）・上伊那郷と、筑摩郡洗馬郷（飛地で外郷ともいう）の七郷で、鳥居氏時代に領有した洗馬郷北部の地（約六〇〇〇石余）は天領として上知となった。

元禄四年（一六九一）五月公許を得て高遠城二の丸石垣の修理を行い、同六年四月に本丸笹曲輪の修築を実施した。同八年一二月から幕府奏者番役に就任するが、以後内藤氏は奏者番役の担当が多くなっていく。その他の幕府御用では江戸城火消役と外桜田御門の警備があった。宝永元年（一七〇四）七月には江戸城二の丸普請役を命ぜられて、二の丸櫓三カ所、多聞櫓の石垣二七〇間余、その他石垣六カ所の御手伝普請がある。

領内では元禄一二年に飢人二〇〇〇人余、同一六年にも同じく飢人三四〇〇人余を出すという状況に追い込まれている。宝永七年には領内入野谷郷溝口村など四カ村が「唐傘連判」を行って四カ村の結束を固

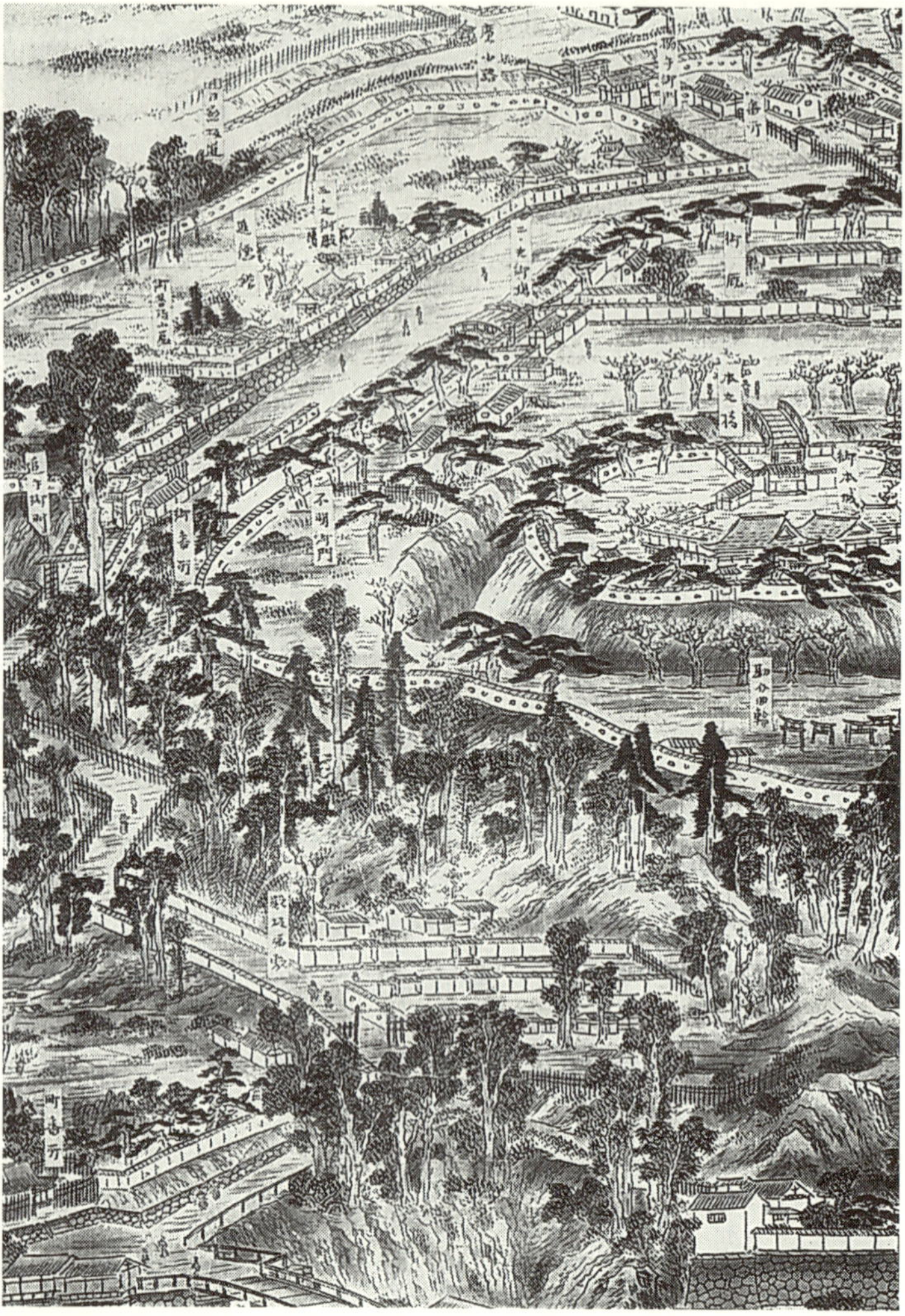

高遠城本丸周辺図

めた上で元禄検地後の窮状を幕府巡見使に訴願している。正徳二年（一七一二）一二月には領内農村が中山道の木曽中三宿（木曽福島宿・上松宿・須原宿の三宿）の定助郷に指定され、同四年三月には江戸大奥女中の絵島が将軍家継の生母月光院の取り計らいで高遠藩領に「永の遠流」となった。なお、絵島は同年から二八年の長きにわたって配所で生活を送り、寛保元年（一七四一）四月、六一歳でこの世を去り、墓は高遠蓮華寺の片隅に残されている。

二代内藤頼卿時代

父清枚の死去により、正徳四年六月高遠領三万三〇〇〇石を継承して雁の間詰となっている。同五年には領内河川の満水によって田畑約八千石の損亡を出したのをはじめ、死者三三人、流失家屋二三戸、橋梁流失三六カ所に及ぶ惨状を呈したが、これ以後しばしば同様の被害をうけている。

享保四年（一七一九）の朝鮮通信使の来日では東海道の舞坂から江戸までの御用を負担している。同七年九月には飛火防組として堀田正虎・伊東祐水ら一一人と勤番し、小川町十人頭の頭取役となった。同九年三月から幕府奏者番役を勤仕している。同一〇年七月高遠大地震による被害が甚大であったことから、同一〇年秋と翌一一年春の「上げ米」を容赦され、城郭修復を行った。

享保一〇年から財政政策を開始し、城下豪商を「町仕送役」や「御用達」に任命して財政確保を打ち出し、翌一一年二月には家中の借上制度を一度中止して「軍役・持人の制」を新たに規定している。同一九年には「借上制度」を復活し、以後寛延二年（一七四九）・宝暦一一年（一七六一）・安永三年（一七七四）

と続けて実施し、のち恒常化していった。享保一九年一二月幕府より鷹狩りの獲物（雁）を拝領するが、以後拝領は恒例化していく。同二〇年病状悪化して家中藩士に「遺言状」を残して死去した。

三代内藤頼由時代

永井直敬の第六子であった頼由が享保二〇年に内藤家に養子入りした。元文元年（一七三六）八月から一〇月にかけて領内農村を説得して「定免制度」を施行し、同二年一二月には家中藩士の「金給制度」を廃止して「俸禄制度」に変更して翌三年春から実施した。同三年正月からは家中藩士に「物成渡し方の改正」を行い、年間三季（春・夏・暮の三季）にわたる物成の支給に変更した。同年五月以降しばしば降雨にみまわれて河川満水し、田畑一万五五〇〇石余の損亡、民家の流失・崩壊・川除箇所の流失、人馬の流失、橋梁の落下、堰堤道路土手の崩壊など大被害を蒙っている。

寛保三年（一七四三）正月に「家中法度」を発布したが、この法度はのちの内藤氏にとっては基本の法度となり、歴代藩主は常にこれを遵守・継承していった。同時に、家中藩士に「給分渡し方之定」を発布して、六月を境に給分渡し方のちがい、借上制・扶持・加増・父子相続時の給分など詳細な規定を触れ出した。延享二年（一七四五）一〇月には「給分渡し方之定」を改訂し、同三年一一月から幕府奏者番役に就任した。

寛延元年（一七四八）六月と明和元年（一七六四）には両度にわたって朝鮮通信使の御用にあたり、明和五年四月には家中藩士への役務勤仕にあたっての「心得」として七通の「触書」を発布した。安永元年

（一七七二）二月下旬の目黒行人坂の大火で老中田沼意次の屋敷が焼失した際には、小川町の上屋敷を一時意次に提供し、自身は四谷の下屋敷に移っている。

五代内藤長好時代

頼由の死後、四代藩主として頼尚（養子、内藤信興の第三子）が安永五年二月に登場するが、八カ月後の同年一〇月に病歿して尾張徳川宗勝の子頼多（誕生順で第一一子、成人男子の第七子となる）が養子となり、この頼多の子長好が同年一二月に五代藩主となった。しかし、幼少のため日向国延岡藩主内藤政脩、越後国村上藩主内藤信凭、美濃国高須藩主松平勝当の三人が後見人となって補佐した。

天明二年（一七八二）には幼君長好をめぐる御家騒動が起こり、江戸・高遠藩士が後見人の内藤政脩に対して、長好の御守役であった年寄役の市江三郎右衛門と横田甚右衛門の両人が幼君におもねる行為をして藩政を乱しているとの理由で罷免要求を行っている。同三年には天明の大飢饉の影響によって田畑の作柄が気候不順と蝗害によって二万六〇〇〇石余の損毛（約八〇パーセント相当）となり、同年からは郡代の坂本孫八天山（砲術の大家）が退廃した藩政の立て直し政策に意欲的なところをみせたが、反対派によって失脚している。さらに、同八年の気候不順の折には二万四五〇〇石余の損亡（約七五パーセント相当）を出し、この間に四谷下屋敷を両度にわたって焼失している。

寛政元年（一七八九）閏六月には、幕府に対して外郷地（飛地の上伊那郷・洗馬郷）は支配しにくいので、城付地（内郷）との交換を願い出ているが却下されている。同二年四月には領民が身分差別の撤回を理由に、時の老中松平定信に駕籠訴する事件も発生しているが、長好は翌三年一一月に死去した。

六代内藤頼以時代

寛政三年一一月に坂木藩主板倉勝矩の子頼以が養子として入籍したが、年少の故をもって安中藩主板倉勝暁が当初後見人となった。同一一年四月には「系譜」作成のために書上を幕府に提出（これが「寛政重修諸家譜」の材料となる）し、同年七月には渋谷の地と深川嶋田町の地を交換して嶋田町に下屋敷を得ている。文化五年（一八〇八）三月には朝鮮通信使の御用を命ぜられ、高役金と国役金を上納しているが領民の五年賦による徴収で賄っている。同年六月からは幕府奏者番役を担当した。

文化元年～五年ごろは領内河川がしばしば満水し、幕府にはじめて「国役金」による普請を願い出て修理を行ったが、それもまたたくまに河川の増水で流失するありさまで、何度も願書を出し、国役金を得て修築したがつくってもつくっても流されるというくり返しであった。

文化五年一一月には財政困難から貢租の増徴を指示し、さらに領民に対して「無尽」の開始を伝え、同一〇年には領内外に対する大規模な「無尽」政策をはじめ、文政元年（一八一八）四月には近江商人の松居久左衛門と外村与左衛門から一万五〇〇〇両の借財をし、翌二年には藩中心の「頼母敷講」を大々的にはじめるなど、頼以の後半は財政確保のためのむなしい努力の連続であった。

七代内藤頼寧時代

文政三年二月家督相続とともに三万三〇〇〇石を継承し、頼以は隠居した。頼寧は高遠領を相続はしたが前途多難な時代を送ることとなった。翌四年は春からの旱天続きで約八七〇〇石余の損亡を出し、翌五年の大坂加番役にあたり領内にその費用の捻出を仰せ付けた。このときは藩役所は「倹約令二十カ条、御仁恵筋十七カ条、御勤方十九カ条」を発布し、男子は一日草鞋二足、女子は毎月木綿織一反を強制的に五年間上納することを命じた。それが領内農民の反発をかい、同年七月朔日より七日間連日城下に押し寄せて反対する全藩一揆が発生し、八月朔日には外郷の洗馬郷に飛火した。「落とし文」によって協力した七カ村の農民は藩と結託して利をむさぼった一三人の家六四棟すべてを徹底的に破壊するという「打ちこわし」の行為に出ている。

文政六年には再度近江商人の松居・外村両人から一万五〇〇〇両を借入したが、同八年には冷害や雨天・蝗害によって一万六〇〇〇石余の損亡を出した。文政の一揆による反省から藩は同九年一二月から藩主頼寧自ら財政改革をスタートさせ、豪農北沢勝兵衛・原熊三郎ら四人を中心として改革を断行させ、実質的には「借財切り」を目標としたが成果は乏しかった。同一一年には改革のさなかに大風雨にみまわれて二万五〇〇〇石余の被害を出したり、藩主頼寧が幕府御用で上使として和歌山に赴くなどして出費が増大して、新たな借財を重ねている。

かつ、藩は財政確保のため豪農に「在仕送役」を多く任命したり、家中に「借上制」を実施し、天保五年（一八三四）には城下に産物会所を設置して殖産興業（老臣岡村菊叟による専売制度的な施策を狙っている）を行い、領内に貢租の増徴を命じている。天保二年一一月には領内上伊那郷ら四カ郷の農民が「捨て文」（落とし文と同じ）をして、代官頭取高田六右衛門の悪政を掲げて罷免要求をする行動に出ている。さらに、天保の大飢饉にもみまわれ、同四年には二万三〇〇〇石余、同六年には約一万石、同七年には二万六四〇〇石余の損亡を出し、同五年四月には城下町の大半を焼失する大火が発生している。

天保四年の大飢饉を契機に藩主頼寧は二度目の財政改革を実施し、同一一年には、その一環として高遠領拝地一五〇年に当たることを祝って祝賀の儀式を行い、元禄期以後の家筋改めを領民に実施して金穀を下賜し、同時に領民から一万両余に達する献金・冥加金の上納を行わせて、冥加金の額によって村役人登用政策を展開している。また、同年には頼寧が江戸城西丸若年寄に昇進しているが、病気のため翌一二年には引退している。

弘化元年（一八四四）江戸城本丸の焼失にあたっては上納金を命ぜられ、一六五〇両を三季に分割して納入した。嘉永元年（一八四八）以降は六道原の新田開発に着手しているが、この開発は内藤氏時代の最大の開発であった。そして、幕末の多難な時代となって、高遠藩も西洋式の軍備を備え、頼寧自ら江川太郎左衛門英龍の門下生として修業し、高嶋流の砲術を採用し、江戸郊外の大森村で荻野流砲術と下屋敷内にての稽古を行い、さらに長州藩士桂小五郎や江戸の剣士斉藤弥九郎を上屋敷に招き藩士に教授させている。

六道原の開発と同時に、勝手方不如意の理由にて三年間の臨時御頼金の上納、安政元年（一八五四）以降は在町仕送役や豪商農層に年越才覚金の名目で毎年三〇〇〇両～四〇〇〇両の上納を命じた。安政二年一〇月の江戸大地震にて小川町の上屋敷・深川の下屋敷を崩壊・焼失させたが、幕府よりの拝借を得て復興させた。

八代内藤頼直時代

安政六年七月父頼寧の隠居後の高遠領を継承した直後の翌万延元年（一八六〇）閏三月父頼寧以来の念願であった教育施設として藩校進徳館を創設して、家中藩士の子弟教育に意欲をみせた。文久元年（一八六一）一一月和宮の江戸下向にあたっては中山道の本山宿から和田宿間の警備を勤仕し、同二年には一橋御門外四番明地が洋書調所の設置のために同地預り役を免除された。同三年五月の生麦事件に際しては沿岸警備役を命ぜられ人選まで行ったが、現実には負担しなかった。

元治元年（一八六四）七月から幕府奏者番役に就任し、ついで第一次長州征伐に家臣六六〇人を率いて参陣した。同年一一月には水戸天狗党が伊那谷を通過している。翌慶応元年（一八六五）に第二次長州征伐に供奉して大坂にいたり、一方、老臣河野浅右衛門以下五三〇人余は高遠から中山道を通行して大坂に向かい、合流して同市内の警備にあたった。同年五月大坂市民が生活困窮から暴徒化して米商・酒造家を襲ったが、高遠藩士は暴徒八二人を捕えて町奉行に引き渡した。

文久元年六月には天保五年に続いて城下町に大火が発生して町の六〇パーセントを焼失している。そして、元治元年一〇月には二度にわたる大火や社会事情で衰微した城下町の繁栄を企図して、藩は潤緩方を創設して芝居・狂言を演じたり娼妓をおくことを認めている。慶応二年には当今の政治情勢にかんがみて、領内農民より身体強健の民を選抜（六二人）して「歩兵隊」を編成し郭内で訓練させている。

明治元年（一八六八）東征軍に先立ち信濃に赴いた偽勅使高松実村、偽官軍赤報隊相良総三らの扱いに頭を悩まし、また、藩主頼直の態度柔弱のために時期を失して朝敵の汚名を蒙り、在所での謹慎を余儀なくされた。しかし、藩士たちの懸命な努力によって藩主は許されて東征軍の指揮下に入った。このとき藩士たちは甲州口東征軍兵食賄い御用、箱根方面の賊徒掃討、越後・会津戦争に参加し、家臣の三沢喜右衛門は京都に滞在して忠誠を示した。さらに、同年四月には上野彰義隊の鎮圧を命ぜられ、越後・会津戦争に参加した野木捨三郎は越後関原会議所が敵襲をうけた際に、居あわせた東征軍幹部の一人で若かりしころの西園寺公望の危難を救う手柄をたてている。ついで、藩は兵制をオランダ式からフランス式へ変更した。

慶応元年閏五月は領内河川の満水にて上伊那郷・川下郷の田畑の大半を流失させ、明治元年五月にも河川満水となって田畑の流失一万一六〇〇石余の損失を出し、死者六人、流失家屋八九戸、水車小屋や土蔵の流失五五戸、井筋川除地の決壊一三六〇カ所、流失橋梁三五〇カ所、山崩・土手崩三六〇カ所、道路の決壊一二八カ所に及ぶ大被害を出している。これらの被害を背景に明治二年には生活困窮や上納木の不足から入野谷郷木地村五カ村を中心とする農民一揆が発生している。また、藩士星野蔀は貢士として選ばれて在京し、朝廷において活躍する状況もあり、版籍奉還・廃藩置県を経て高遠藩は消滅し、藩主内藤頼直は高遠を去って東京に移っている。

第一章　鳥居氏の財政

第一節　貢租の徴収

貢　租

鳥居氏の藩財政の重要部分を構成するものはやはり領民が例年上納する貢租となるが、残存している「免定」はわずかに寛永一六年（一六三九）の中沢郷大久保村、同一七年の入野谷郷黒河内村、春近郷諏訪形村、川下郷東伊那部村の四カ村のみである。この四カ村の「免定」の内容をみるとほとんど同様の記載となっているが、この「免定」と元禄二年（一六八九）の各「年貢割付状」（幕府預り領時代）とを比較すると、年貢率は水田において低く、畑地において高率であったことがわかる。それは高遠領が畑地の多い地域であったことも、その要因の一つと考えられる。

黒河内村では御蔵屋敷（郷蔵）と名主兼木改役であった黒河内杢左衛門の所有高四石二斗余を引いた残高からの貢租納入であり、東伊那部村では上納量のほかに見取地と鳥居氏の家臣であった伊藤利左衛門の

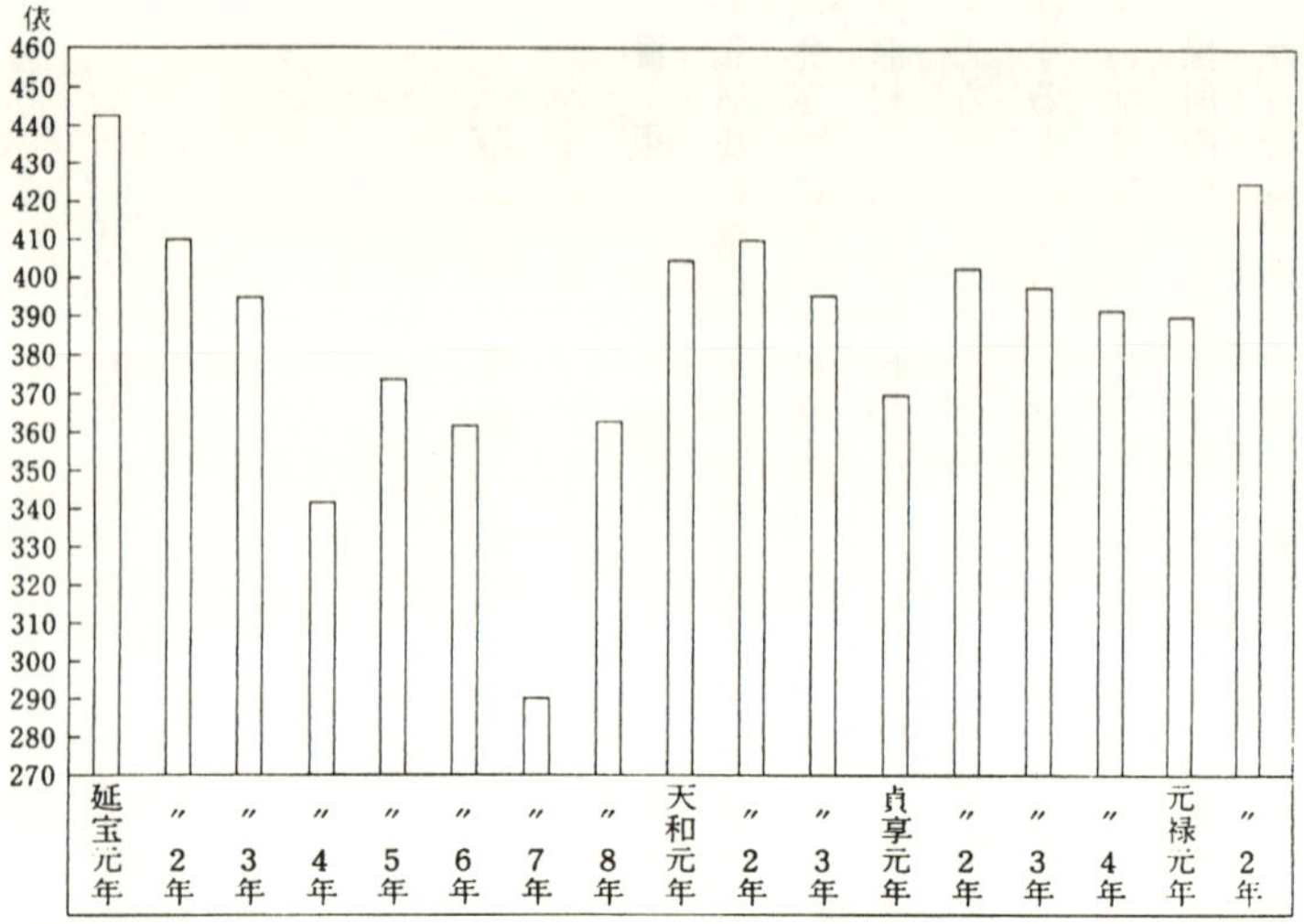

（註）　北沢光晴家文書による

図1　川下郷狐嶋村年貢皆済量

知行地から納入することを規定している。右の「免定」によれば、四カ村とも藩側は毎年「免定」を発給することなく、毎回「霜月晦日切り」に納入することを規定して、以後定期的に上納させたものと推測される。

当代における「年貢皆済状」も川下郷狐嶋村にわずかに残されており、同村の事例をみると江戸桝ではかり貢租を納入させているが、延宝五年（一六七七）四月の場合は貢租量は米で三四二俵余から雑穀代米・薪扶持・井堰扶持の分を村に渡して、残りを藩庫に上納させている。これを図示したのが図1であって、同時代の貴重な史料である。なお、同二年の事例によると、貢租量のほかに同村内にあった家臣の大沢喜右衛門所有地（知行地）からも徴収していることがわかる。

さらに幕府代官が、元禄二年に幕府預り領となった際に当時領内に書き上げさせた帳簿が残されており、それによると「年貢免定」に記載されていない小物成（雑年貢）が具体的に記載されて、その数は入野谷郷溝口村でさえ二四種類もあったことが判明する。同村の小物成のうち、薪・中なわ・胡桃・渋柿・かちずみ・大豆・飼大豆・山芋・ぬか・藁・蕎麦・荏・大麦・小麦の一三種類は毎年定納することを義務づけられたものとして明記されている。このうち山芋は「ござ」の現物納入で当初は同郷の小原村・山田村両村をあわせて一〇枚を溝口村に納めていたものを、のちには領主への上納に変更されていった。このほかに「ふり売り運上・上ケ酒運上」があって、営業許可の証明札を藩役所から請け取って営業し、運上銭を納入した。また、きのこ（松茸）・うど・萱および前述の胡桃は御用ありしだいに納入した。人足扶持や駄賃銭も納入するが、前者は江戸・在所高遠で使用する人足の費用で、後者は領主が江戸に参勤交代で出府する場合の駄賃銭で両方とも貢租量にかけて毎年徴収しているものであった。前述したきのこ（松茸）は採取された場合のみに納めるが、収穫量すべてを領主側で取り上げていた。そしてさらに、正月用の門松まで同村は上納していた。溝口村一カ村でこれほど多くのものが雑年貢（小物成）として上納されていたことから考慮すれば、全領では相当数の小物成があったと考えられる。

地方知行制

鳥居氏は農民の田畑からの貢租徴収だけではなく、家臣の知行地からも貢租徴収を行っていた。これは中世末期から近世初期にかけて大名が行った地方知行制の事実を証明するものであるが、近世の地方知行制は土地・農民・貢租を直接在地支配する中世武士の支配形態とちがい、その知行権は大名から貢租徴収

表1 家臣知行地（家中新田）の実数　（註）元禄二年「年貢割付状」にて作成する。

家臣名	入野谷郷		藤沢郷		川下郷			春近郷	上伊那郷			
	黒河内村	溝口村	北原村	板町村	笠原村	狐嶋村	御薗村	小出村	北大出村	沢底村	赤羽村	辰野村
金成孫左衛門	一反六畝一三歩	一町二反六畝二一歩	六畝四歩									
吉田勘右衛門	二反八畝	九畝一〇歩										
高坂権兵衛	七反三畝一六歩			一反三畝								
中根弥次郎									一町三反一一歩	四町七反八畝一五歩	一町八反二歩	一町六反八畝二三歩
高坂太郎右衛門						三町四歩	三町三反三畝二〇歩					
大沢六太夫					一町八反一四歩	七畝一七歩						
小嶋源五右衛門			四反三畝二四歩					二町六反三畝九歩				
藤沢清左衛門						一反二一歩						
大竹源五郎				一反六畝								
清水所左衛門				二畝								
大島金兵衛				二六歩								

・領地支配・司法権などに規制をうけた制限つき知行権であった。

「鳥居侯高遠屋敷帳」によれば、約一〇〇人ほどの家臣名とその居住屋敷の大小および職制が記録されているが、このうち三九人が知行取として記載されている。その内訳は二〇〇石取一〇人、一五〇石取六人、一〇〇石取八人、七〇石取一人、五〇石取一三人、三〇石取一人であった。この知行取三九人の存在は、明らかに鳥居氏が高遠入封（入封以前の山形領領有の時代にもおそらく採用していたであろう）以来、元禄二年まで「地方知行制」を採用していたことの証左である。「地方知行制」は一般的には一七世紀後半にはおおむね消滅したといわれるが、その形骸は明治維新まで残されていた。

元禄元年（一六八八）の「分限帳」によって実例をあげると、郡奉行の木戸文右衛門と代官の茂木十兵衛の両人が二〇〇石の石高を「知行地」と「蔵米」の両方でおのおの一〇〇石ずつ支給されている。表1でも明らかなように、領内各村落に家臣が知行地を所有した事例（いずれも残存する「年貢割付状」による実態である）が判明する。これらの史料によって鳥居氏が「地方知行制」を残存しつつ、かつ近世大名として権力確立を目指し、家臣の所有する知行地を自身の手に集中しようとする方向を表明しながら、蔵米支給（俸禄制）の方策に転換していく過程を示している。

この体制は、鳥居氏の領有地が後進地域とみなされる出羽国山形領や信濃国高遠領のような概して山国であったこと、また、鳥居氏が戦国大名としての性格から完全に脱却しえなかったことなどが、信濃国内でもそのまま「地方知行制」の支配政策として実施されていたのであろう。寛永検地や明暦検地にも知行地の存在が確認されており、元禄二年の「年貢割付状」にもしばしば「家中新田」と明記された家臣の知行地の存在をみることができる。一例を入野谷郷黒河内村にとってみると、家中新田が一町一反七畝二九歩あって、金成孫左衛門分が水田一反六畝一三歩、吉田勘左衛門分が水田二反八畝歩、高坂権兵衛分が新田一反九畝三歩と畑地五反四畝一三歩として記載されており、これは明白に知行地であった。

元禄二年の「年貢割付状」をみると、家臣知行地の多くは新田・新畑・山畑・原畑などの悪地であったことが知られ、これらの未開発地を知行地として家臣に与え、これをその地の農民に開発させる「開発見立新田」の形態をとって開発していったのである。

小野沢新田の成立

藩は単に既成の田畑からの貢租だけでなく、貢租増徴のために新田開発も実施されており、この著名な事例が寛永一五年（一六三八）の洗馬郷小野沢新田の開発であった。

すなわち、寛永一五年に洗馬郷西洗馬村の農民林茂右衛門・筒井喜右衛門・三村権四郎の三人が「新田大庄《(将)》」となって談合し、八月三日に筒井喜右衛門が代官加藤九郎右衛門に出願して開発の許可を得た。同月一三日から開発農民として西洗馬村から先述の三人を含めて八人、小野沢村から三人、針尾村から一人がおのおの出作した。同月一七日には井堰を見立てて、同月二〇日には「鍵かけ松」五本を植えてこれを基準として屋敷割りを実施して、一人平均一二間間口の家作に取りかかった。そして、約四〇日後の一〇月六日までに出作人は全員が開発地に定住して、村役人として筒井喜右衛門が庄屋となり、曽右衛門が組頭役に任命され、林茂右衛門と三村権四郎の両人は年寄役に選出され、ここに小野沢新田の成立をみたのである。

第二節　鳥居氏の藩政の実態

領民への負担増

鳥居氏は財政確保のために農民に対する貢租をとおして確実に確保することと、貢租以外のものも可能なかぎり徴収の対象として取り上げていった。鳥居氏は、山形領時代は二三万石の領地を所有していたが、高遠時代は約七分の一に相当する三万二〇〇〇石しか支給されず、それが鳥居氏の財政に大きな支障となり、山形領時代の石高所有に戻りたいとする希望もあって日夜財政確保や幕府御用に必死となって立ち向かった。

それが一方では農民に対する負担増となったものと考えられ、寛文一三年（一六七三＝延宝元年）正月には領内藤沢郷の全農民が藩の奉行に差し出した「嘆願書」があり、大幅な負担が農民に課せられていたことが知れる。この「嘆願書」のおもな点をあげると、

⑴　本田畑は高免である。

⑵　二五年以前の慶安二年（一六四九）から新年貢になり、寛文六、七年からとくに高い税率となったので、幕府指定の一〇合桝で徴収してほしい。

⑶　夫丸（人足）は一四人を出している。先の保科様の代は高千石につき一人の割合（千石夫）で負担

したが、鳥居様は二八〇俵（俵四斗入りで約一一二石）に一人の割合で負担している。

(4) 駄賃銭の徴収も先代（保科氏）にはなかったのに、当代では徴収されている。

(5) 山林・竹木は山主にさえ与えられず、すべて藩で取り上げて商売用として売買されている。漆の木は田畑のかげになり、風で枝木が折れると曲事を仰せ付けられた。

(6) 先代は楝木・桶木類・麻布・麻苧などは分一運上なしであったが、当代では分一運上を徴収されている。

(7) 農民が猪鹿打ち払いのために利用する威し鉄砲も召し上げられ、郷内の原野は御留場となり、田畑は猪鹿に荒らされて迷惑している。

(8) 城下町にくる行商は従来は諸事自由に商売ができたのに、近年は塩かます・青物・茶などは城下の下町一町のみの商いとなって、一駄について二四文の新役銭をとられて迷惑している。

などと書き上げている。

ようするに、駄賃銭の新規徴収、夫丸の員数と賄金、穀留めの自由、山林・竹木の召し上げ、運上銭の課税、鉄砲の使用禁止と留野、御伝馬賃銭の徴収、城下町人の営業権の独占など、先代の保科氏時代と比較しても、当代の鳥居氏の施策による農民の負担がいかに大きかったかを裏づけている。

寺社領の召し上げ

また、鳥居氏は領内の寺社領に対しても目を向けて課税の対象として拡大し、その地を召し上げた事例がみられる。

すなわち、藤沢郷荒町村の三王社免田・氏神免田、同郷御堂垣外村の腰懸原明神社領、川下郷鉾持村の鉾持神社領などが、この一例としてあげられる。鉾持神社の事例をあげると、武田勝頼の時代は燈明銭として三貫六〇〇文を支給され、保科正之の時代は鉾持村のうちに高一〇石の神領を下された。しかし、鳥居様の時代になると神領一〇石の地は取り上げられ、わずかに四月に六俵、一〇月に三俵の祭礼費用（一俵三斗六升入り）の米しか与えられなくなって困窮しているとの理由をあげて返還願いを出している。領主が本来手の出せない寺社領にまで手を伸ばして広範に土地取り上げを行った状況をうかがい知ることができる。

元禄三年（一六九〇）に真田氏による高遠領検地が実施された際、領内の寺社は検地奉行であった真田氏の家臣望月監物、新入封の内藤清枚藩役所に対していっせいに返還願いを差し出している。鳥居氏が寺社領を召し上げたのも、ようするに、その地の収入を可能なかぎり藩財政に充当させることを目的とした政策であったことは否定できない。

第三節　藩財政の困窮と藩主の奢侈

藩の借財

鳥居氏は困窮する藩財政を打開するために領民から可能なかぎり貢租の徴収を行い、貢租の対象となりうるものを各方面にわたってあさり、「百姓はしぼればしぼるほど出すもの」を地でいく施策をとって財政確保にやっきとなったのであるが、これらの藩側の対策もおのづから限界があり、ついには領内外の豪商農層に寄生して借財による藩財政の困窮切り抜け政策へと転換していったのである。

貞享三年（一六八六）閏三月に松本領出川村の豪農仲田八郎兵衛・同源次郎両人から、秋の収穫米を担保に一二〇両を借財した際の「借用証文」によると、本来は現物で手渡すのであるが、その現物が気にそわない場合は現金にて返却するという「一札」を手渡した。しかし、藩役所は返済が滞って現物での返却が不可能となり、また、現金での返済約束も結果的には反故となった。貸主の仲田八郎兵衛ら両人は幕府に訴願したため借財返済滞り出入りに発展した。証文記載の茂木十兵衛と鈴木文蔵の両人は証文裏書の星野十郎兵衛と三人で江戸に出府して仲田ら豪農と評定所で対決し、藩財政の困窮で苦慮していることを縷々申し述べたが敗れ、仲田八郎兵衛から別口で借財していた二〇〇両と一括して三二〇両を、春と夏に各三二両ずつ年二回の返済で五年賦で終了とすることを約束している。

また、箕輪領（高遠領の城付地と飛地の上伊那郷にはさまれた地域で天領地である）の豪農漆戸三郎兵衛から貞享四年に同じく領主要用のためと称して一二〇両を借財し、返済は毎年春に一二両ずつの一〇年賦で返済するという証文もあった。

右の借財は少額ではあったが、二年後の元禄二年（一六八九）六月に発生した高坂権兵衛事件（先の「年貢割付状」に記載の高坂権兵衛と同一人物）によって、鳥居氏は高遠領を没収されて能登国下村に転封となった事実から推して、両者への借財返済は不可能となって返却されなかったことがわかる。借財証文がそのまま両家の手元に残されていることが、その事実を端的に物語っている。

藩主の生活

鳥居氏の時代には高遠城下の殿坂と上伊那郷平出村に御茶屋が造設されていた。後者の平出村は宿駅も兼ねていたから、平出村の御茶屋は郡代の支配下にある大庄屋の管轄で、設置年代は慶安年中といわれ、東西三三間、南北二四間の建物であった。鳥居氏が領民に増税したころと一致する。

藩主の鳥居忠春は毎年五～六回この平出村（宿）の御茶屋に訪れて奢侈のかぎりを尽くしたという。その事例をあげると、御茶屋下の天龍川に郷中の普請で簗を造作して簗掛けをし、人足まで村々に割り付けて天龍川の鮎などを獲って食膳に出させ、大杯を傾け、酔って美女の膝を枕にしたという。藩主が御茶屋にくる際は郷中一四カ村の庄屋・名主はもちろん、大勢の農民が郷境まで出迎え、滞在中は農民が交代で火の番を行い、献上物を差し出し、御機嫌伺いで村役人が毎日顔出ししないと不機嫌になったといい、その他一〇〇人余の家来に威張られ、領民はたいへん迷惑したという。

藩主が年に五～六回も御茶屋にて豪遊し、村民にたいへん迷惑をかけた上で来邸した際の領民負担は大きくなり、しかも秋には高い貢租を上納しなければならない領民たちの苦労がしのばれる。しかも、この御茶屋には平出村の貢租を納める建物が二戸あったといい、来邸のたびに藩主やその家来たちはこの蔵の貢租米を食事用として使用したのであろう。

先述したように、鳥居氏の貢租徴収は苛酷であり、しかも、その上で藩主の御茶屋での豪遊のために資金を負担せざるをえなかった領民の困苦を、鳥居氏はほとんど意に介さなかったのである。このことが高遠藩鳥居氏の藩政を短命に終わらせ、そして、二人の藩主がともに非業の最後をとげたのも、領民の苦労を考えない利己主義にその遠因があったのではなかろうか。

(註) 高遠領鳥居氏時代の史資料の皆無について、地元では内藤氏の入封にあたって、前代の古文書類をことごとく差し出させて、河原にて焼き捨てさせたということを多く耳にしたことがあり、それゆえに鳥居氏時代の古文書が皆無とされている。

第二章　内藤氏の財政構造

第一節　元禄検地

元禄検地の目的

幕府財政は四代徳川家綱時代から徐々に収支の均衡を失いはじめたといわれ、天災地変の続発、明暦・万治の大火とその復興費の下賜、鉱山採掘量の減少、長崎貿易の利益減少、商品流通経済の農村浸透、生類憐みの令の発布、寺社の造営とその修築など極端な支出があって幕府財政を困窮に追い込んだ。

このため、財政確保の体制を維持するために寛文～延宝期（一六六一～八〇）に関東および畿内地域に検地を実施するとともに、延宝元年（一六七三）に「分地制限令」を発布して農民経営の安定を企図した。さらに、貞享四年（一六六七）には「御勘定組頭並御代官心得べき御書付の定」を制定して、勘定帳・諸国廻米・貢租未進・荏、大豆の上納など財政方面に万全を期することと並行して、延宝～元禄期（一六七三～一七〇四）には諸大名の転封・減封・没収などの厳格な「厳明賞罰」を行い、全国的に幕府領や改易により没収した諸大名の領内に検地を実施している。これは天領農民に対する支配強化と、旧大名領の天領組み入れ策の強化を狙うとともに、その地からの貢租収入を目的としたものとされている。

延宝・貞享の両「検地条目」で検地を実施した幕府は、元禄三年（一六九〇）に一七カ条に及ぶ詳細な「高遠領検地条目」を制定・発布した。この検地条目は高遠領検地のみに適用されたのではなく、高遠領検地を基礎としてのちの一連の元禄検地すべてに適用されていった基本条目であり、元禄一〇年実施の「地方直し」の前提ともなり、小農経営の確立を企図したものであった。

元禄検地の分析

この元禄検地の分析については、森安彦氏が彦根藩世田谷領において検討され、これを下地として世田谷領と銚子近辺の農村を対象に元禄検地と「地方直し」の意義について分析された所理喜夫氏の成果もあげられる。

これらの成果を背景に森氏は元禄検地の特色をまとめられ、

(1) 幕府権力による最終的な村落耕地の把握にあったこと。
(2) 検地地域に無関係な大名を検地奉行に任命して実施した御手伝検地であること。
(3) 検地の把握による天領諸村落の村高が固定されたこと。
(4) 新田畑の開発地をすべて村高に編入すること。
(5) 芝原・雑木林・稲干場など村中の入会地であった地域の小物成を個人に分割して、おのおの名請人を定めて貢租負担者を明確化したこと。

の五点を、その特色として位置づけられた。

さらに、大名課役の立場から元禄検地の特色を検討された大森映子氏の論考もあげられる。大森氏は元禄検地の諸大名検地はいずれも支配関係の変動を契機として実施されたものであり、単なる土地の丈量と査検だけにとどまらず、改易地処理の一環としての性格を色濃く有していたと述べられており、その検地は、

(1)　家中騒動や領内仕置の不備によって混乱状態にあった地域。

(2)　元禄期段階にいたってもなお六尺一歩竿が使用されずに、旧来の検地結果にもとづく石高標示が混在されている地域。

(3)　検地水帳そのものが欠損、あるいは不完全な地域。

などに実施されたとして、その特色を分析されている。

以上のように、元禄検地の特色は検地地域と無関係な諸大名による御手伝検地であるとともに、田畑位付の細分化による小農の自立確保を意図し、さらに家抱や小作農民などを「分付百姓」として記載する形式で登録することを狙い、地主手作を中核とする農奴的な農業経営から、寄生地主的な農業経営への転換をともないながら小農の自立を企図して支配強化を打ち出し、農業生産力を最大限に確保しようとした幕府政策にあったものと把握されよう。

この元禄検地に関する最初のものは、天和元年（一六八一）六月越後国高田領（松平光長）二六万石の

地を陸奥国弘前の津軽信政・信濃国飯山の松平忠倶・同国高島の諏訪忠晴・同国松代の真田幸道の四人に担当させた事例である。これ以後の検地では、貞享元年（一六八四）上野国沼田領（真田信利）三万石を同国前橋の酒井忠挙に、元禄元年（一六八八）陸奥国窪田領一万八千石（土方雄隆）の地を同国磐城平の内藤義孝に、同五年出羽国米沢藩預り領を陸奥国二本松の丹羽長次に、同八年以降の関東幕府領を上野国前橋の酒井忠挙・同国高崎の安藤重博・同国小幡の織田信久・下野国黒羽の大関増恒に、同七年飛騨国金森領（金森頼旹）三万二〇〇〇石の地を美濃国大垣の戸田氏定に、備中国松山領（水谷勝美）五万石の地を播磨国姫路の本多政武に、同一二年備後国福山領（水野勝岑）一〇万一〇〇〇石の地を備前国岡山の池田綱政におのおの担当させた事例をみることができる。

高遠領検地条目

これら一連の元禄検地の一環として高遠領の検地も実施されているが、前述のように「高遠領検地条目」は詳細であり、のちの元禄検地の基本ともなっている。この高遠領検地は大森映子氏の指摘にもみられるように、「領内仕置や家中騒動の不備による地域」に対する検地であったことが明らかとなる。

すなわち、鳥居忠則が元禄二年六月に発生した家臣高坂権兵衛の不始末から領地没収となって、長子忠英は能登国下村（羽咋・鹿嶋・鳳至・珠洲四郡）に転封後、幕府に引き渡されて代官支配となった。翌三年三月同国松代藩主真田幸道の手になる御手伝検地が実施されたが、真田氏にとっては二度目の検地であった。

幕府は真田検地に先立って同三年二月九日に、二七カ条の詳細な条目を発布した。

この条目の内容をみると、検地にあたって厳正公正を期するため、検地奉行をはじめ案内にたつ各村落の村役人にいたるまで誓詞・起請文を差し出させ、「縄目延び縮みなき」ように実施させた。もし、検地施行にあたって検地役人に非議があった場合は、検地奉行への訴訟を農民に認めさせて詮議する（第一条・第二条・第二六条）ことを規定して、農民側にも検地の趣旨を徹底させた。間竿は六間一尺のつもりで一丈二尺竿を使用し、一反三〇〇歩を原則（第三条）として歩詰は四捨五入し、長さは野帳には見積りの間積を書くことを指示（第四条）している。田畑の位付は上・中・下の三段階に分類して、田は上々田からはじまり、場所によっては繭田や麻田を一段におき、地味の低い場所はさらに下々田や山田・砂田・谷田などを別に仕立て、畑も上々畑にはじまり、下々畑・麻畑・茶畑・焼畑・砂畑などを設定し、位付も地面相応に一から一五、六までに決定し、屋敷は上畑なみとした（第六条）。

また、山方・野方村の別により位付は異なるし、旱損・水損・用水懸りの土地は五カ年平均をもって位付する（第八条）。検地場所については毎日野帳を農民に見せ、相違のあった場所はその場で訂正して付箋をする方法（第九条）をとり、他領との入り組みの場所はよく吟味して検地を実施（第一〇条～第一二条）し、山林・原野・池沼・永荒場・山崩れなどの土地でも耕地になりうる可能性のある場所や、立返りの可能性のある場所までも検地を行う（第一三条・第一五条・第一八条）。堀田は本田畑のうちに含み、道路の規定についても支障がなければ認定（第二〇条・第二一条）し、家抱地や小作地は検地帳に肩書を記し（第二三条）、田畑成の場所はよく吟味して検地を行う（第二五条）など、じつに詳細をきわめている。

検地触れ

この検地にあたって、検地奉行以下村役人・全農民にいたるまで「起請文」を差し出しているが、検地奉行に対しては公儀のためであることをよく認識して、田畑位付や石盛については念入りに検地を行うこと、御料・私領・寺社領などの入り組みの場所があった場合も念を入れて調査し、検地役人の諸色入用については農民の負担とならないようにさせ、幕府の威光を背景に不作法することを禁止している。

元禄三年二月に幕府は代官高室安右衛門政典と嶋村惣左衛門俊重両人の名で、「申渡覚」を高遠領村々に検地触れとして通達している。この「申渡覚」は、検地役人が実施にあたって支障のないように幕府代官から高遠領内村々に触れ出したものである。そのなかで、検地役人への止宿の提供と宿賃銭の決定、田畑の所在地と持主名の明記、検地案内人からの誓詞状の提出、検地役人使用の人馬の提供、役人用事の際の付け届け、役人使用の薪炭の提供、道路工事などについて申し渡したのである。

この「申渡覚」を背景に、松代藩真田幸道の家臣で検地惣奉行に任命された望月監物が翌三月に「覚書」を発布することによって、検地時の「心得」を領内に通達している。すなわち、

(1) 検地にあたって村方の案内人は大小の百姓のうち吟味して地面をよく存じ、正路なる者を五人から七人を選ぶこと。

(2) 田畑の位付は一から一〇まで、場所によってはは見立てしだいに一四、五まで設定し、さらに見分帳

も田畑の耕地ごとに寄せて書き出すこと。
(3)　田畑や野山で出入りのある場所は代官所に申し述べて、検地前に解決して検地の支障にならないようにすること。
(4)　役人の宿所も適当な家屋がなければ寺社でもよいし、また相宿でもよい。
(5)　道路を新たに造作することは無用であること。
(6)　御用の品物がある場合は別紙に記して手渡しすること。
(7)　検地に際して無用の人馬を出して百姓の支出にならないようにすること。
(8)　検地当日は地主のほかは外出しないこと。

などを触れている。
右のように、幕府や松代藩からの「覚書」によって、高遠領村々は検地担当の松代藩に対して「誓詞状・起請文」を差し出して、検地時に支障のないように誓約するのであった。村落からの「起請文」には、①検地にあたって口留料は用いない。②検地前に土地を隠すような仕方はいっさいしない。③毎日検地野帳を確認してまちがいのないようにする。④新堀・新堰の普請や、御料・私領・寺社の入り組み地境の有無を行う。⑤検地役人への届け物や進物を禁止する、などが記載されている。

各村落の村役人に対するのと同様に、村落内の全農民に対しても検地時の「申渡し」を行っているが、この「申渡し」の内容も村役人へのものと内容はほとんど同様であった。この「申渡し」をうけた村の全農民も検地役人に「起請文」を差し出して、不正のないように、また、依怙贔屓なくうしろめたいことをせずに協力することを約束している。

検地の施行

以上のような準備段階を経て実際に検地が施行されていくのであるが、検地惣奉行に望月監物が任命され、これに大奉行二人、元〆役が二人、目付兼足軽中間支配一人、賄方二人、地見三人のほかに二人一組の検地奉行以下一〇組が編成されている。

この一組の人員構成は勘定二人、帳付二人、竿取り六人、使番二人、惣持物中間一〇人、宰領一人ずつをもって構成され、元禄三年三月一八日から検地が開始されている。さらに、後手四組が編成されて先手の組に合流している。この後手組の人員構成は医師・祐筆各一人、大工二人、徒士目付二人、勘定五人、賄役一人に下役二人、中間五人、帳付二人、元〆勘定一人、絵師一人、草履渡し二人からなっていた。しかし、右の一四組では手不足となってきたために、高遠で編成しなおして五組を新たに増加させた。それでも手不足となったので、新たに加勢として松代から四組が出て、四月一九日に筑摩郡洗馬郷五〇〇〇石のうち同郷今井村で終了となり、出役人数は延べ八八四人に達したのである。

なお、この検地を実施した検地奉行（竿手奉行ともいった）について書き上げた史料が残されている。それによると、検地惣奉行のほかに大奉行として海野清左衛門と鈴木治部左衛門の二人、元〆役として池村八太夫と太田助太夫の二人が記載され、そのあとに検地奉行として四二人の名が記されている（なお、原文書は一部欠損があるように思われる。それは担当村落名に不足がみられることからいえる）。検地奉行と担当村落名は左のとおりである。

○近藤孫太夫・鹿野四郎左衛門（入野谷郷勝間村、藤沢郷板町村）

○野々山喜左衛門・森庄右衛門（藤沢郷板山村・中村・野笹村、洗馬郷本洗馬村、川下郷青嶋村）

○山田源太夫・金井□(不明)右衛門（藤沢郷片倉村・荒町村・水上村・御堂垣外村、上伊那郷辰野村）

○小川半右衛門・沢新八（川下郷野底村、上伊那郷平出村、入野谷郷市野瀬村）

○久保権兵衛・森甚兵衛（春近郷田原村）

○岡崎弥平次・春原六左衛門（春近郷表木村）

○井上庄兵衛・児玉九郎右衛門（春近郷宮田村）

○竹内新兵衛・平林忠太夫（春近郷小出村、上伊那郷沢底村・上嶋村、藤沢郷栗田村・北原村）

○蔦杢(マヽ)右衛門（中沢郷大久保村）

○峯永治左衛門・瀧沢杢右衛門（中沢郷福地村）

○矢野小平太・斎藤利右衛門（中沢郷塩田村）

○小峯(マヽ)仁兵衛（川下郷狐嶋村・東伊那部村）

○小林門右衛門・宮沢加兵衛（入野谷郷小原村・山田村、上伊那郷横川村）

○宮下伊右衛門・依田喜平次（春近郷中越村）

○太田助八・関口忠兵衛（上伊那郷宮所村、入野谷郷黒河内村・溝口村）

○綿打彦兵衛・渡辺弥右衛門（上伊那郷新町村）

藤沢郷					川下郷		上伊那郷
的場村	弥勒村	荒町村	水上村	台　村	御薗村	狐嶋村	北大出村
	20.14	9.23	20.09	41.17		8.11	1.06
26.09	74.27	75.24	160.28	89.12	160.08	24.12	17.09
44.06	79.13	149.22	266.19	74.00	211.27	23.04	100.29
13.16	135.20	92.16	118.13	124.09	229.10	347.17	335.04
38.14	179.14	69.06	6.15	39.02	955.02	855.24	352.05
47.05	104.16	87.25	2.15	14.18	5.09	372.27	14.24
12.25		10.08	2.04	41.28	117.17	749.06	117.10
	110.08			1.03			
						70.08	
182.15	704.22	495.04	577.13	425.29	1679.13	2431.19	938.27
	2.10			1.18	69.08		14.21
62.22	39.13	118.23	7.05	18.06	93.29		125.22
155.17	770.08	206.04	94.22	85.24	289.28		734.29
257.14	242.00	111.02	71.18	138.18	404.24		1291.15
277.23	359.06	37.14	21.09	81.11	508.15	105.03	3345.06
80.01	354.12	63.25	156.14	119.06	1181.26		1478.12
41.24	146.23	3.02	4.23	2.27	30.02	201.14	48.23
18.04	796.23	545.28	286.20	216.02			
52.12	70.07	104.21	71.16	27.07	81.04	84.21	270.14
945.27	2781.12	1196.29	714.07	690.29	2659.16	391.08	7309.22
1128.12	3486.04	1686.03	1291.20	1116.28	4338.29	2822.27	8248.19

○近藤郷右衛門・鈴木彦兵衛
（上伊那郷赤羽村、入野谷郷非持村・山室村・荊口村）

この史料によって検地の施行状況をみると、検地奉行一組が検地を実施するにあたって一定の地域に集中して検地を行うのではなく、かなり分散的に検地を施行していたことがわかるのと同時に、一カ村しか実施しない組もあれば、精力的に数カ村を検地した組もあってその対応は一様ではないが、最高で五カ村を担当した組が三組もあった。

検地野帳は「検地条目」にもあるように、農民側に手渡して野帳の記載にまちがいないこと

表2　村落別田畑反歩表（各「検地寄帳」にて作成する）

村名／品等	入野谷郷						
	市野瀬村	浦　村	溝口村	中非持村	勝間村	山室村	板町村
上々田					138.20		7.20
上　田	3畝21歩		2.03		182.17	26.02	11.21
中　田	40.06		191.04		193.26	137.26	245.14
下　田	348.03		173.14	56.19	114.01	411.01	330.07
下々田	297.12	15.19	111.26	228.12	235.29	1286.22	161.28
悪地下々田	136.25		43.01	1.25	22.20	148.16	34.04
砂　田	78.08	0.12	24.17	2.10	19.24	138.14	24.00
山　田							2.28
河原田	4.10		543.23				
計	908.25	16.01	1089.28	238.06	907.17	2148.21	818.02
上々畑					223.23		45.06
上　畑	51.04		163.10		640.20	31.09	221.28
中　畑	402.29	319.02	768.23		632.00	325.27	580.06
下　畑	1416.23	545.25	1099.22		387.07	237.21	371.29
下々畑	2003.07	517.27	1015.00	23.13	301.04	1017.29	902.17
原　畑	1045.23	236.07	814.15	395.05	381.20	233.16	942.08
砂　畑	378.03	80.24	30.25	9.25	108.07	1042.27	185.02
山　畑	5925.17	2515.05	735.04	388.28	641.13	2496.00	
河原畑	1.22						
屋　敷	202.17	82.12	179.04		211.26	152.19	272.21
計	11427.25	4297.12	4806.23	816.11	3528.00	5537.28	3521.27
合　計	12336.20	4313.13	5836.21	1099.17	4435.17	7686.19	4339.29

を確認させることが明記されているが、農民側は手渡された野帳の田畑一筆ごとに相違ないことを確認した上で検地役人に戻して検地を進行させ、検地が終了すると農民側は検地役人は非儀なることはなく、検地の節も作物は踏み荒らすことはなかったことを「一札」として検地奉行に差し出している。その後、検地役人は野帳を清書して元禄三年九月の年月で検地帳を二部作成し、一部は検地絵図を添えて幕府に提出し、一部は領内各村々の名主を通じて保管させている。

検地帳を請け取った各村落は、

表３　高遠領郷別検地石高数

郷　名	村数	古　　検	新　　検	出村	減村	増加率
藤　沢	16	2172石	2098石054	8	8	0.97倍
入野谷	11	2750	3544.444	9	2	1.29
川　下	15	4731	5445.244	6	6*	1.15
中　沢	15	5355	5581.952	9	6	1.04
春　近	8	5422	6121.905	6	2	1.13
上伊那	14	4678	5804.118	12	2	1.24
洗　馬	7	1700	4473.278	7	0	2.63
計	86	26898石	33000石	57	26	1.23

（註）『上伊那誌』，『高遠地方旧記』による。＊川下郷３カ村は古検なし。

明細を拝見し、春中に写し置き申し候の野帳の内残らず引き合わせ、村中寄合い吟味致し候のところ、田畑間数・位付・名付・持主名、そのほか分村・他村の出作地などに至るまで、少しも相違なきことを、検地奉行に「一札」の形で「請書」を差し出すことによって最終的に検地が終了するのである。

検地の結果

高遠領鳥居氏時代の三万二〇〇〇石が真田氏の御手伝検地によって三万九三〇〇石余と新たに打ち出され、じつに九〇〇〇石余の増加となった。この領内石高の増加は単なる新田開発などによる増加ではなく、「検地条目」にみられる厳格な打ち出し政策の結果であり、同検地の特徴を如実に示している。同時に、**表2**にみられるように下々畑・原畑・山畑のような品等の低下した土地の増加が目立つとともに、高遠領内の農業生産力が畑作経営を地盤としていたことを証明するものとなった。検地終了の翌元禄四年に内藤清枚が三万三〇〇〇石で摂津国富田林より入封し、残余の六三〇〇石余は幕府領（旧洗馬郷の北部に位置した一三カ村）に編入されている（表3参照）。

以上みてきたように、他の元禄検地と同様に、所理喜夫氏の指摘されるように「幕府は『改易ないし、転封→旧大名検地→新領主転封・天領編入』によって、そこで生じた差額を天領に編入し、天領の拡大を狙った」ものであると同時に、「元禄検地の多くは、一般に改易・転封によって生じた無主空白地に検地を施行して峻烈な打ち出しを強行」して、大名統制と財政強化を目指したという特色が、この高遠領元禄検地の場合も指摘できる。

この元禄検地によって田畑の位付や貢租負担率が高くなったため、領民の負担が重くなったことは事実であった。それゆえ、入野谷郷溝口村・市野瀬村・杉嶋村など四カ村が宝永七年（一七一〇）にときの幕府巡見使に対して再検地を要求して訴願し、村内農民が「唐傘連判」で署名して結束を固めている。時を同じくして領内各村でも同様に巡見使に対しての訴願例をみることができる。このことから元禄検地は領民にとっては過酷な打ち出しとなったことはまぎれもない事実であった。

検地の実態

この元禄検地により高遠領は鳥居氏の明暦検地の石高をいっさい考慮せずに新石高の打ち出しをみたのであるが、沼田領検地の際の条目である「貞享検地条目」と、今度の「高遠領検地条目」とを比較してみると、ほとんどの条文が両者相似た内容のものとなっていることから、「貞享検地条目」をさらに詳細にしたものが「高遠領検地条目」となったものと推考される。一例をあげるならば、田畑位付は「貞享検地条目」よりも「高遠領検地条目」の方がより詳細なものとなっているが、屋敷の周囲から一間宛ずつ除外することはすでに「貞享検地条目」にもみえている。このため、幕府は「貞享検地条目」にて打ち出された検地方針を「高遠領検地条目」にて集大成し、これをのちの一連の元禄検地の基本事項としたものであることが証明される。

つぎに、この「高遠領検地条目」と実際に作成された各村落の検地帳とを比較することによって、この「検地条目」がいかに実地の検地に反映されたかを、少数の事例を通じてみてみよう。

まず、「田畑位付」であるが、「検地条目」では上々田からはじまり藺田・麻田などを一段にたて、悪しき場所は下々田・山田・砂田・谷田も段々にたて、畑も麻畑・茶畑・焼畑・砂畑など場所によって見計らいとして細分化されている。この上々田畑の設定はかならずしも平野部村落でしかも地味のよい村落に位付されているのではなく、**表2**にみられるように入野谷郷・藤沢郷のような山あいや谷あいに位置する郷内村落にも設定されている。また、山田・砂田・悪地下々田・河原田畑・山畑など「検地条目」にみられない新しい位付もみられ、特殊な耕地として見立てられていることは、領内の土地が劣悪地の多い土地柄であったことを指摘することができる。それだけに領民の負担の重さが前述のような幕府巡見使への訴願となったといえよう。

この位付について少し詳細にみてみよう。

上伊那郷宮所村では、明暦検地における田の位付は上・中・下・下々・下々の下の五段階であったが、元禄検地では「下々の下」の位付が消失して「悪地下々田」に代っている。畑では「下々の下畑・鹿畑」

が消失して砂畑や山畑が登場しているが、検地の結果同村は石高の減少した村落であった。

川下郷西伊那部村荒井組の事例では、明暦検地の上々田が消失して上田と下田に分類されてそれぞれに組み入れられ、「下々の下田と新田」が消失して「悪地下々田と砂田」に変更されている。また、下田三町八畝はそのまま中田の位付に昇格し、下々田は上田・中田・下田の三つに分類されてそれぞれに編入され、「下々の下田」は下田と下々田に格上げされて組み込まれて消滅している。畑では「廉田」がそのまま「見取畑」の位付に変更となった。上々畑は一部がそのまま残存したが大部分は上畑に格下げされ、畑地は中畑と下畑に集中し、反対に屋敷地が増加するという点が注目される。

また、「附たり」の部分に農民の屋敷地を四方から一間ずつ除外することが決定されているが、川下郷御薗村の事例によると、農民六兵衛の屋敷地は三畝一二歩であり、ほかに四六歩の四壁引きが記されている。これを「検地条目」どおりに四方から一間ずつ差し引いてみよう。すなわち、一一間×一〇間は記載どおりに三畝二〇歩となる。この一一間×一〇間に一間ずつ加算して計算すると、記載どおりに四六歩の引きとなって「検地条目」どおりとなっている。この方法はどの村落の検地帳記載でも一致している。

永荒場・川欠・山崩れなどの場所も見分した上で復旧できる場所は田畑成りとして相応の位付をし、吟味の上水帳の末の外書に記すことが決められているが、そのとおりに実施されている。入野谷郷溝口村の事例では、「河原田」として九反五畝歩余がのちのちの開発見取場として位付・石盛が行われ、不可能な場所は荒地三七町五反歩余、川欠一反八畝歩余とともに村持として記載されている。

野手・山手の場所や山林は検地をして水帳の末に委細を記し、山林などの検地は大山・嶮岨・場広山にて境目が明らかなところは検地に及ばずとあるが、藤沢郷板町村では竹藪一畝歩が徴税の対象となり、入野谷郷勝間村では山林五町七反六畝歩が二斗八升余の山手米を、同郷山室村では山林五三町五反二畝歩余が五斗三升余の山手米を賦課されている。検地不可能の場所については、入野谷郷市野瀬村・浦村では御立山が高山で嶮岨のために検地不可能であることの記載が末書にみられる。

鳥居氏の明暦検地では林野の丈量を省略しているが、元禄検地ではその林野にまで検地が及んだため、これまで不明確で常に出入りを起こしていた入会地の問題も多く解決をみるにいたった。藤沢郷台村・殿垣外村両村と栗田村の入会地については、栗田村がのちに林・萱野などの採集を元禄検地では立ち入って採集することを禁止されている。これは元禄検地が林野の専有権や利用権をも否定したことの事実を物語るものである。

稲干場・土取場・廟所・古塚・井筋・堤・死馬捨場についても、高に入れがたい場合は反歩をあらため、水帳の末書に記すことが決められていた。川下郷御薗村では井筋（三筋あって一畝一六歩の添地を含む）一反九畝歩余、新道二畝一六歩が、藤沢郷弥勒村では廟所二〇歩、井筋三反一畝歩余などの事例が末書に記載されている。

右のように「高遠領検地条目」に示された項目の多くは実際の検地にあたって「条目」のとおりに実行されているから、同「条目」はかなり厳格に施行されたとみてよい。このような厳密な検地は当然農民に強い影響を与えるから、検地役人、その他に対して田畑位付の格下げ要求となって表面化し、前述の入野谷郷溝口村など四カ村や、川下郷西伊那部村荒井組が訴願したのも、この例にあたるものである。

第二節　内藤氏の財政収入

財政基盤

幕府の元禄検地により打ち出された約四万石に近い石高から内藤氏が得たのは三万三〇〇〇石であった。しかし、山国であることから新田開発による広範な増し石はほとんど実現できず、しかも元禄検地による限度いっぱいの打ち出しによって維新までの期間中裏高でさえまったく伸びはみられなかった。財政の基盤は領内の生産物地代のみで、この状況のなかからの財源確保を余儀なくされていったのである。

これを他藩と比較すると、同じ信濃国松代藩は表高一〇万石に対して新田開発による増加分を加えて裏高は一二万七〇〇〇石であり、同国須坂藩では表高一万石に対して裏高は一万三〇〇〇石であった。東北の津軽弘前藩では表高五万石に対して裏高は元禄期ですでに三〇万石に近い実収がみられており、仙台伊達藩の場合は表高六二万石に対して新田開発による増加分があったとしても、裏高はじつに一〇〇万石を超えた実収があったといわれている。

右の各藩のごとき裏高があったとしても財政難にみまわれている現状からすれば、高遠藩は実高をあげる余裕のない状況下にあった。北陸の小浜藩は入封前に浅野氏による検地によって八万五〇〇〇石と規定されたために、幕末まで実質的な石高が伸びなかったのと同様に、高遠藩も元禄検地で三万三〇〇〇石の石高に規定され、小浜藩と同じように検地による在地再生産の把握による財政増加への道は、元禄四年

（一六九一）の高遠入封時点ですでに絶たれてしまったのである。

内藤氏の財政は、領主財政の基盤である生産物地代収入はほとんど増加させるには困難な状況にあり、それも伊那谷北部地域の狭小な、しかも生産性の低く乏しい土地からのかなりきつい地押しの結果にもよるのであった。よって内藤氏は藩政の出発点においてすでに貢租収奪の限界を内包しており、藩財政の展開に一つの制約を課せられた状況での入封であった。それゆえ、なんらかの形で財政収入の方策を模索することを考慮せねばならないところまできていた。領内の国産品の販売による収入も成果はあまりなく、わずかに藩有林からの収入、商工業者よりの各種運上、冥加金以外は、結局のところ領内外からの御用金・才覚金、または借財などに依存する方法しかなかったのである。

生産物地代

三万三〇〇〇石からの収納量を「高遠領御取箇帳」によってみると、正徳四年（一七一四）では本途物成（本年貢）一万四二八〇石余に、小物成（雑年貢）六六〇石を加えて約四割五分、安政四年（一八五七）は本途物成一万四〇七八石余に、小物成一二五〇石を加えて約五割、明治元年（一八六八）は本途物成一万三五〇〇石余に、小物成一一五〇石余を加えて約四割四分の収入であった。これを郷別でみると、正徳四年では上伊那・川下・藤沢・中沢の四カ郷が五割、入野谷・春近郷が約四割、洗馬郷のみ三割であったが、安政四年では前述の四カ郷は五割と変らず、春近・入野谷郷は四割六分と上昇し、洗馬郷は相変らず三割の徴収となっている。明治元年では川下・藤沢・中沢・上伊那・春近の五カ郷は五割から五割五分の率となり、入野谷郷は四割六分、洗馬郷は当年も三割程度の徴収であった。

内藤氏の貢租は三万三〇〇〇石から田畑品々引・役付引・御蔵屋敷引・旱損引・御救用捨引などを除外した毛付高（残高）よりの徴収で、この徴収は本免・免下・下々免の三種類に分類した形での徴収であり、これに小物成や分一運上を加えた収入量が表高を基盤とする収入であった。

元禄四年から安政四年までの貢租量を検討すると、享保期までの貢租量の著しい高低差のみられる時期、元文期以降から文化初年までの大略平均化した収納量の得られた時期、そして、文化五年（一八〇八）以降幕末期にいたる大幅な貢租上昇期の三つの時期に区分されることが一つの特徴として指摘できる。

貢租量の高低差のみられる時期は「検見法」による徴収が行われた時期で、当然実収量に見あった形で徴収した結果である。元文期以降の時期は「定免法」の採用があったためである。この時期における内藤氏の破免は、村々を平均して五割の損亡時のみであったといわれる。文化五年以降の上昇期であるこの時期は、領内田畑からの厘増上納政策がしばしばみられた結果であり、同年は定例の「免定」が出されたあとに増徴分が加算されて負担した結果であった。この増徴は文化七年の無尽政策で一時中止されたが、その後は政策上の課題として実施されたことが知られる。

しかし、生産物地代の収入の不安定さは農民への過酷な収奪となって表面化するが、文政一二年（一八二九）・天保一二年（一八四一）には、翌年秋の貢租米を担保にして御用金を前年に納入させる先取り徴収（先納金）まで実施した事例もみられる。

藩有林よりの収益

以上のように、内藤氏の財政の中心は生産物地代を基本としているが、ここで藩有林からの収入をみよう。

領内御用林・藩有林からの収入状況をみると、寛政期以前の営利生産はその数量や流通点からみても、きわめて小規模なものであったといわれる。しかし、藩財政の窮乏はその主要な財源として御用林・藩有林の生産拡充を実施せざるをえなくなり、販路を求める政策に転換していった。藩は材木売り捌きのために文政一一年に深川嶋田町の下屋敷に木場を設定している。ただし、この木場の設定は借財の担保として尾張徳川家の所有となっていた同屋敷を借り請けたものであった。

藩は領内生産の木材を筏に組み、三峯川を下し天龍川を河口の遠江国掛塚湊まで流し、そこから廻船を利用して江戸深川嶋田町の木場に収納した。文政年中、黒川谷の材木二間尺、角廻り尺〆五二〇〇本を掛塚湊まで運材する費用は一五〇両を必要としたが、掛塚湊着木値段は五本で二両であったことから、約一四倍(二〇八〇両)の利益となった。これらの木材は江戸城二の丸・水戸徳川藩邸・弘前津軽藩邸・公卿二条殿邸・同九条殿邸の用材として、また一般にも売り捌かれている。また、文政の財政改革時には北沢勝兵衛・黒河内谷右衛門の両人によって御用林が見分され、川下郷御薗村・藤沢郷荒町村など領内二二カ村に九町五反歩余の山林・竹藪を売り捌いて九〇二両の収入を得ている。このほかに、入野谷郷を木地郷に指定して木師札を下付し、「御立山」の山稼ぎを許可した。元禄四年以降、毎年木地郷五カ村(黒河内村・中尾村・市野瀬村・浦村・杉嶋村)から「木師役」として金三〇両と銭五〇〇文、「斧札役」として一人銭三〇〇文、その他轆轤運上などを徴収している。

御用金・才覚金

藩は財源が充分でないため、結局は領民に対しての御用金・才覚金にも頼ることとなる。それゆえ、内藤氏は高遠入封と同時に城下町人を御用達に任命し、さらに享保一〇年（一七二五）には御用達とは別に「町仕送役」を設定して、毎年八〇〇〇両の御用金を上納することを義務づけ、文化期以降は領内農村に対して従来の「御米取捌方」を改称して「在仕送役」を新設して、前金才覚の形式で仕送金の上納確保の政策を打ち出した。この仕送金・才覚金が漸次増加していったのは藩財政の切迫した危機を物語るものであり、さらに臨時に献金させた事例もみられるが、その際は、かならず「領主要用・旦那勝手方」なる語句を使用して上納させている。

この臨時の財源確保の事例をみると、寛政一二年（一八〇〇）藩主頼以の高遠御初入りに際し、文政四年（一八二一）藩主頼寧の大坂加番役への就任、天保一一年（一八四〇）の頼寧の江戸城西丸若年寄への就任、嘉永三年（一八五〇）一〇月若殿頼直の幕府への御乗り出し、安政六年（一八五九）頼寧の隠居したことに対する領民の祝儀などがあげられ、天保七年と九年の江戸上屋敷の焼失にあたって、領民が御用金を上納した事実があり、**表4**は天保九年上屋敷焼失の際の川下郷村々の献金額の一例をみたものである。また、安政二年一〇月の江戸大地震による上屋敷を再建するにあたって、藩は幕府より借財し、その返済を一〇年賦で領民が肩代りをしている（後出）が、自己の借財返済責任を領民に転嫁させている事例

表4　上屋敷類焼の節の献金額（天保9年）

村名	金額
鉾持	金6両1分
芦沢	金16両
笠原	金27両1分
上大嶋	金20両3分
下大嶋	金26両
上大手	金20両
下川手	金10両2分
青嶋	金7両
日影	金15両2分
境	金16両3分
古町	金14両1分
狐嶋	金17両
上新田	金9両2分3朱
下新田	金11両
上牧	金18両1分
野底	金12両2分
山寺	金28両2分
御薗	金9両1分
西町	金22両1分
荒井	金14両2分
小沢	金19両2分
平沢横山	金18両
計	金360両2分3朱

（註）「江戸御上屋敷御類焼ニ付献金割合帳」により作成する。

である。なかには領民側の明確な意志によって藩財政の一部が補塡された事例もある。すなわち、文政五年の全藩一揆後に藩の名目を汚して不名誉をもたらしたお詫びのためにと、各郷から一〇〇両ずつが臨時に献金された事例がある。

藩の借財

藩財政の不足部分を補足する借入金は藩にとっては重要な財源となっていた。文政九年一二月の段階で藩側が領民に閲覧させた借財額は約一〇万両であった。この借財は藩役所が貢租米を担保にして借入した場合と、藩主の責任では江戸藩邸が借財したものとがあったが、幕府・木曽や近江商人からの借入金はかならず返却せねばならないものであった。

借財の一例をあげると、文政二年閏四月に洗馬郷大庄屋原熊三郎と名主三溝久左衛門の両人が領主要用の理由にて木曽一一宿から一〇〇〇両を借財しているが、返済責任は藩役所ではなく、原と三溝両人の責任で借用したものであった。また、同五年七月には藩の元〆方深谷忠左衛門・仕送方山下源太夫・年寄役河野八郎右衛門・御用人荒木兵蔵など一九人が、同じく木曽福島宿白木郷左衛門・藪原宿岡田弥平太など九宿一七人から藩主頼寧の勝手向趣法替の目的で、蔵米年々一万石を引きあてて木曽に送ることを条件にして借財した事例もあげられる。

無尽政策

無尽は藩にとっては一時期的なものではあるが、藩財政再建政策の一環として実施されることが多く、最初は明和四年（一七六七）にその事例（同年以前にも実施されたことがあるようであるが、史料的には証明ができない）をみることができる。ついで、文化七年六月に「御頼金御趣法立政策」として名主および郷中惣世話役の協力で行われ、同一〇年からは無尽の規模が拡大され、藩の元〆方役人と領内豪農らが立案し、松本藩預り領小俣村の豪農大和又兵衛にはたらきかけ、又兵衛を発起人として松本藩・諏訪藩家中から近在の豪商農層を中心とする大掛かりなものとなった。この無尽と併行して領民による領内無尽も新たに企画されたが、領内のなかには無尽の掛金を御用金と同様に考えて、会ごとに「歎願書」を出して辞退しようとする村落もあった。これらの無尽はかなり強制的な面のあった実情から考慮すれば、無尽による積立金を藩財政に充当する意図があったことは明白である。

運上金

右の収入以外に、城下町で実施される「セリ駒市」からの売上金の一部が上納され、領内からの「分一運上」も藩財政には欠くことのできない収入であった。宝永五年（一七〇八）川下郷村々の石工四六人が銭二九貫文を上納した例があり、この運上金を安政四年の領内全域の事例でみるならば、石切運上・灰焼運上（石灰焼）など一六種類から金二四六両、銀六三匁余、銭一七〇貫文余を得ているし、このほかに「諸運上御定法」によれば、四〇種近い運上が記録されているので、藩財政にとってはかなり重要な一面をもっていたことが証明される。

以上のように、内藤氏の財政収入は生産物地代を基盤とし、これに領内御用林からの収入、「分一運上」などを加え、さらに領内外からの借財、領民からの御用金・才覚金・冥加金などの臨時上納金を加え、これに家中藩士からの「御借上」がプラスされ、また、その時々の思いつきによる施策などで賄うのが実情であった。

第三節　内藤氏の財政支出

年間収支

前述したごとき財政収入では藩財政の窮乏はとうていまぬがれないところであった。このため、家中藩士への俸禄削減は当然のごとく実施されて「御借上制度」が表面化し、その不足は領民への過酷な増徴と御用金賦課によって補足するという姑息な手段しかなかったのである。

内藤氏の年間収支を示す史料は、現在のところ文政九年（一八二六）の財政改革にあたって領民に示した一年分しかない。しかも、藩側の通常における実質的な収支ではなく、改革にあたって藩側が黒字になるように操作したものであった。

御収納米　米壱万五千四百八拾五石余り
　内米四千七百弐拾五石ほど　　御蔵詰め米
　　米三百六拾石ほど　　郷中御入用米
米残て壱万三百九拾五石余り
　此の代金八千三百拾六両ほど　　但し、両に米壱石弐斗五升図り
米四百五拾五石　　御蔵詰め米より請け取り
　此の代金三百六拾両　　但し、両に米右同断
一金八百両　　臨時ほか物の上納金
　　三口しめ金九千四百七拾六両
　此の払い
一金三千八百八拾五両弐分弐朱　　江戸定め御入用
一金九百両ほど　　御役方の御入用壱ヶ年の大概り

但し、御留年の平均

一金百三拾七両弐分　御小納戸の御分量
一金四百八拾壱両　御隠居様の御分量
一金百六拾弐両　祥雲院様同断
一金百四拾五両　浄光院様同断
一金百拾五両壱分　良之進様同断
一金百三拾七両弐分　銀姫様同断
一金百六拾五両　但し、百三拾両平均　御参府の御入用
一金八百両　高遠定め入用
一金千両　御方々様ならびに双方御家中御割り替への御入用
一金千四両弐分　馬喰町郡代御役所ならびに木曽・近江より御借入れの利金
一金六百両　津出し駄賃、同割金の利足

しめて金九千百三拾三両壱分弐朱

差し引き　弐両弐分弐朱　御残金

右の史料によると、収納米より当年の御蔵詰め米と郷中入用米分を引いた残りの一万三九五石余の代金八三一六両に、昨年の御蔵詰め米からの請け取り米の代金三六〇両、臨時ほか物上納金八〇〇両を加算し

て、全収入は九四七六両であった。

一方、支出面をみると、江戸での定例の入用費が三八八五両余と在所高遠での定例の入用費が八〇〇両、参勤交代費用一六五両（年間平均は一三〇両）、役方の入用費一年分が九〇〇両（ただし、藩主が留守の場合）ほどであった。その他に藩主頼寧の御小納戸金（必要な経費）は一三七両余、隠居頼以を含めて一族の年間費用は一〇四〇両余であった。そのほか御方々様と江戸・高遠双方家中の割り替え入用が一〇〇〇両、諸所からの借財返金が一〇〇四両余などが計上されて合計九四三三両余で、差し引き二両二分二朱が残金であった。

以上によって、藩収入の大半が貢租米で占められていたことが明白となり、その換金化が藩財政の桎梏であったと考えられ、同時に、藩が貢租米に依存せねばならない現実を浮彫りにしている。しかも、江戸藩邸における経費（藩主やその一族の経費を含む）が五割以上にも達しており、高遠での経費がわずかに八〇〇両ほどしかない現実をみると、当時の財政難がいかに深刻であったかを物語っている。

家臣への俸禄

家臣への支給状況の実態をみてみよう。

「宝永分限帳」と「侯臣名籍録」および藩の総収納量の三つから支給状況をみると、**表5**のようになる（すべて石高表示にあらためた）。宝永六年（一七〇九）の場合は貢租徴収量一万四八〇〇石余のうち家臣支給量は一万一二九〇石未満で、残高は三五〇〇石余となり、化政年中——「侯臣名籍録」は文化後半か

表５　家臣俸禄支給量の概算

		宝永６年	文政元年
収納高		14802石	15230石
支給高		11289石９斗２升	10275石７斗５升４合
内訳	石高	898石	6561石４斗３升４合
	扶持高	250石８斗	2548石８斗
	俵高	191石７斗３升	1132石２斗３升
	金高	1867石３斗	33石３斗
残高		3512石８斗	4954石２斗４升６合

（註）「分限帳，侯臣名籍録」による。

ら文政初年ごろのものであるため、一例として文政元年（一八一八）をとった——では、総収納量一万五二三〇石余から家臣支給量一万二七五石余を除いて残高は約五〇〇〇石であった。しかし、家臣への支給には「借上制」が実施されているから、かならずしも「分限帳」どおりには支給されないのが現状である。

宝永期には扶持取りが少数で金給者が多かったが、化政期には反対に扶持取りが圧倒的に多くなっている。扶持取りが多いのは、藩主頼由が元文二年（一七三七）に「金給制」を廃止して扶持米支給に切り替えたためである。翌三年には家中藩士への給分渡し方の規定を改正して「三季渡し」としたり、寛保二年（一七四二）にも藩士への給分渡し方を定め、延享二年（一七四五）には寛保二年の規定を変更すると同時に、以後の改訂を含めた政策が実施されていることから中期以降は扶持方支給が多くなったのである。

「俸禄制」にしておけば、「借上制度」の実施によって蔵米支給の支出量を減らし、藩側に現米を残すことが容易であるところにその目的があったと考えられる。「借上制度」は現在のところ、享保初年・同一九年・寛延二年・宝暦一一年（一七六一）・安永二年（一七七三）・享和二年（一八〇二）・文政九年・慶応二年（一八六六）・明治二年（一八六九）などに実施（史料により明確に判明する年度で、史料に表れない他年度にも当然施されていたことは事実であろう）されたことがわかる。文政九年の「御家中渡米」の割合をみると、給人に一四五〇石余、無足に一〇三〇石余、無格から町人扶持までが二二八〇石余の支給となっている。先述の宝永六年と化政年中との支給状況と比較すると、文政九年の場合は二分の一以下の支給状況で「借上制」の実施がきびしく行われていたことを示している。しかも、明治二年の扶持米給与と比較すると、大幅な削減状況にあったことが判明する。

文政九年の場合は上席の家臣ほど俸禄削減率が高く、末席ほど支給率は高くなっている。すなわち、高二〇〇石取りの浅井杢之助は二分六厘五毛（五三石支給）、高一五〇石取りの河野浅右衛門は四分二毛（六〇石余支給）の支給状況であった。高一〇〇石取りは五分五厘一毛から二分六厘五毛まで五段階、高六〇石取りは六分四厘二毛から四分一厘二毛まで三段階に分類され、高四〇俵取りでは中村甚右衛門のみ全給で、高三〇俵取りでは矢野藤左衛門のみ九分六厘八毛の支給で、他は全給であった。高八人扶持では岡村菊叟のみ全給で、それ以外の高三二俵取り、二八俵取り、御中小性・御供番・御供番格・徒士などは全給であった。

このほか家中藩士への手当金の支給も大幅な支出となっている。文政七年五月に藩財政困窮のおりではあるが、とくにきびしく家中に倹約・節約を触れ渡し、御用に精勤すべきことの理由で手当金を支給しているが、同七年一二月の事例では、高遠在中の藩士に手当金を支給し、給人と無足の藩士一五九人に金二四八両一分余、無格以下および組支配の藩士一六五人に銭三〇二貫三〇〇文を与えている。

江戸藩邸では藩主の家族や常住家臣およびその家族も居住し、さらに一年間のみではあるが参勤交代による藩主や御供の藩士も生活したから、藩邸費用は膨張して財政難に拍車をかけたことは当然である。先述したように、江戸定式入用・参府費用・前藩主頼以や家族の諸費用を加算すると、江戸藩邸での費用は五割以上に達している。このような状況では藩邸常詰藩士への俸禄も全給はありえずに「御借上」が実施されて緊縮財政となっていくことは明らかである。年不詳の丑一一月の「江戸家中宛行之定」によると、高一六〇石取りの藩士は三分四毛（四九石支給）の支給にはじまり、最高は高八人扶持の六分七厘二毛の支給率であったが、全給者はなかった。この場合も前述の事例と同様に、上級藩士ほど支給率は低く、下級藩士ほど高くなっているが、付扶持や役料米は無引であった。これらをみるかぎり、江戸定詰藩士への俸禄削減はかなりの高率であったことがわかる。藩役所は江戸藩邸の支出増大に悩まされ、大幅な削減を実施して緊縮政策を藩士に要求し、藩士の生活をぎりぎりまでに追い込んだのである。

藩主の御用

藩主交代時の諸費用、大坂加番役中の諸費用、幕府要職勤仕中の諸経費、諸大名との交際費（藩主の交際や御留守居役の交際など）、参勤交代や高遠~江戸間往復の費用（藩主の命による家臣の往復）、冠婚葬祭の諸費用など、これまた財政支出の重要な部分を占めていた。

藩主交代時の費用については、正徳三年（一七一三）二月頼卿が高遠在住の藩士に初の御目見得をした際に祝儀として料理をふるまい、享保二〇年（一七三五）閏三月に藩主頼由が高遠領を継承した際、公儀に対して献上金品として徳川吉宗に太刀一腰、紗綾五巻、馬一疋代黄金二〇枚、徳川家重に太刀一腰、馬一疋代黄金二〇枚を差し出している事例があげられる。

大坂加番役は一年間の在坂で、勤番中は多くの費用を必要としたからその負担には頭を悩まし、この加番役費用の捻出計画が文政五年（一八二二）七月以降の全藩一揆に発展した事実は藩政史上著名な事件である。幕府要職中の経費としては頼卿が享保九年三月に、頼以が文化五年九月に、頼寧が文政九年六月におのおの奏者番役就任の御礼として公儀に金品を献上した事例があげられ、また、江戸城外桜田御門の警備における諸経費も多く必要としている。

諸大名との交際、上屋敷常住の御留守居役の交際費も多額になったものと考えられる。前者の事例として元禄年中における内藤清枚の交際をいくつか参考にあげてみると、元禄四年（一六九一）四月一三日に高遠領拝領を祝って板倉重相・松平信孝・戸田采女正ら一〇人を藩邸に招待したり、同七年二月九日に老中阿部正武邸の落成を祝って干鯛一箱・蠟燭一〇箱・花毛氈一〇枚を贈呈し、同一一年六月一八日に将軍綱吉の娘八重姫との結婚を祝して水戸徳川家に塩鯛二箱と御樽代一〇〇〇疋を進上、同年一二月二二日に勘定吟味役荻原重秀の石高加増を祝って一種三〇〇疋を進上、同一五年三月二三日に柳沢吉保の知行加増を祝して一種五〇〇疋を進上したなど多くの例がみられる。

冠婚葬祭については、元禄一五年（一七〇二）に前藩主内藤重頼の一三回忌の法要にあたっては、京都黒谷の金戒光明寺に白銀一〇〇枚・紋付麻裃、江戸四谷の太宗寺には米二〇俵・白銀二〇枚を奉納した事例があり、幕府の場合は天明三年（一七八三）に将軍徳川家治の女種姫の婚儀にあたり、本丸と西丸に各

享保8年9月の諸入用			10月への
9月への繰越・繰越量	買入・受取	使用の金額・量	繰越金・繰越量
3斗2升6合	5斗(御蔵方より受取)	5斗2升7合7勺7才	2斗9升8合2勺9才
8升6合6勺9才	1石2斗5升(同上)	1石9升2合2勺2才	2斗9升4合4勺7才
	1斗9升(同上)	1斗6升	3升
4升9合		1升	3升5合(ママ)
4升1合	2斗(町人より買入)	2斗2升6合	1升5合
3升6合9勺	2斗5升(同上)	2斗6升1合	2升5合9才
	105丁	105丁	
	2貫589文(同上)	2貫589文	
	8貫588文(同上)	8貫588文	
	2貫767文(同上)	2貫767文	
箸(500膳)	179文(同上)	179文	
	15貫(同上)	14貫	1貫
	15貫(同上)	14貫	1貫
	1貫(同上)	1貫	
7升	2斗(同上)	2斗2升	5升
6升		6升	
2升	1斗5升(同上)	1斗4升	3升
2間	8間(同上)	6間半	3間半
22俵	120俵(同上)	108俵	34俵
3斤半	2斤(同上)	3斤半	2斤
7斤		2斤	5斤
3升		1升5合	1升5合
	1升(同上)	1升	
1斤		半斤	半斤
77節		52節	25節
	1升5合(同上)	1升2合	3合
2升8合	1斗4升3合	1斗2升2合	4升9合
	1斗5升(同上)	1斗2升4合	2升6合
	5升(御蔵方より買入)	4升9合	1合
	25把(町人より買入)	10把	15把
20把		20把	
	40挺(坊主衆より受取)	40挺	
	4帖(大納戸より受取)	4帖	
	7帖(同上)	7帖	
	1対(同上)	1対	
	中間昼食164人分	164人分	

表６　享保８年８月・９月の御台所諸入用

	享保８年８月の諸入用		
	7月よりの繰越金・繰越量	買入・受取	使用の金額・量
御膳白米	２斗２升４勺９才	６斗(御蔵方より受取)	４斗９升４合４勺３才
中白米	４斗８合９勺１才	７斗(同上)	１石２升２合２勺２才
餅米	１升７合	８升(同上)	９升７合
舂麦	４升９合		
御膳酒	４升５合５勺	２升(町人より買入)	２斗４合５勺
御次酒	３升４勺	４斗(同上)	３斗９升５合５勺
豆腐		69丁(同上)	69丁
生肴色々		１貫５５文(同上)	１貫55文
塩肴色々		６貫334文(同上)	６貫334文
青物色々		３貫128文(同上)	３貫128文
漬粕		100文(同上)	100文
箸(900)膳		327文(同上)	327文
御膳赤味噌	１貫500匁	10貫(同上)	11貫500匁
御次味噌	１貫100匁	10貫(同上)	11貫100匁
白味噌			
醤油	２升	３斗(同上)	２斗５升
塩	２斗３升		１斗７升
油	１升１合	１斗(同上)	９升５合
薪	２間	６間(同上)	６間
炭	３１俵	80俵(同上)	89俵
太白砂糖	１斤半	７斤(江戸町人より受取)	５斤
干菓子	２斤	７斤(町人より買入)	２斤
葛粉	５升		２升
水干粉	５合		５合
氷おろし	３斤		２斤
鰹節	116節		39節
酢	３合	２升５合(同上)	２升８合
蕎麦粉	２升８合		
寒晒蕎麦挽抜		２升５合(同上)	２升５合
小麦粉	６升１合３勺４才	５升(同上)	１斗１升１合３勺４才
小豆		２升(御蔵方より受取)	２升
付木	10把		10把
燈心	９把	20把(同上)	９把
蝋燭		40挺(同上)	40挺
嶋田紙		１帖(大納戸より受取)	１帖
今田紙		７帖(同上)	７帖
筆		２対(同上)	２対
墨		２挺(同上)	２挺
下白米		中間昼食184人分	184人分

一種一荷ずつ、御台様に一種、種姫に一種三〇〇疋を献上した事例がみられる。

なお、藩主が在城中における勝手方の支出（食生活）を具体的にみてみよう。享保六年（一七二一）と八年の両年のみの史料ではあるが、藩主が毎日食事をした品物の消費量が記された決算書というべきものであり、これを表示したのが**表6**である。表は単に享保八年の八月と九月の二カ月分のみではあるが、非常に興味ある史料である。これをみると、予算の多くは前月からの繰越金であるが、この繰越金や残りの量で不足が考えられる場合は町人からの買い入れで賄うことがわかる。しかし、具体的な金額が記されていないために厳密な検討はできないが、年間にすればこれも大幅な支出が見込まれるものと思われる。

農業政策

藩財政の基礎を拡大強化するための施策（新田開発・植林・灌漑設備など）があげられる。寛政七年（一七九五）二月から三月にかけての領内灌漑工事の際には約九〇両の臨時出費があり、嘉永元年（一八四八）からの藩の直営で開始された川下郷六道ケ原の新田開発にあたっては、藩財政窮乏のおりから開発資金を在方の仕送役二一人に一〇〇〇両を用立てさせてはいるが、藩役所も井筋普請人足延べ一万八四八〇人余を使用して金五二八両三分余に米一九五石余を、堤普請人足延べ三万六八〇〇人余を使用して金一三九〇両余に米四〇九石余を支出して、文久三年（一八六三）一一月に末広新田村として一村立ちとなっている。

領民への助成

この方面への助成金品もかなりの額をさいている。これには城下町人への助成、宿駅や助郷への助成、天災地変時の際の救済、火災の復旧などがあげられる。

城下町人への助成には町役人への役料支給、入牢者への食事や経費と牢番の手当金、セリ駒市の実施時の手当金などがみられる。宿駅・助郷への助成例としては、元文二年（一七三七）藤沢街道（別称金沢街道）御堂垣外宿の課役免除、元禄九年（一六九六）以降宿駅への米や大豆の支給、年不詳戌の一二月における御堂垣外宿本陣修理費用の下付などがあり、さらに宿駅と助郷村との出入り、助郷村と他領宿駅との出入りにあたり、その際の訴訟費用、審理中の諸費用、訴訟にあたっての江戸出府、木曽出立などの往復費用などまで藩が援助したことがある。天災地変にあたっての救済については、天保三年（一八三二）から同七年にかけての領内凶作による藩営の御救小屋の設置、火災や凶作による領内村落への御救米の支給、夫食貸しなどもあげられ（凶作などの場合は藩のみではなく、領内の豪農に対して世話掛を設けて、彼らの資金品の提供などが付随する）、火災復旧では文化一一年（一八一四）六月御堂垣外宿本陣の焼失にあたり、再建費用の下付がみられる。

幕府の御用金

幕府からの御用金・国役金の提出とともに御手伝普請などもあげられる。

御用金の事例では、弘化二年（一八四五）に江戸城本丸が火災で焼失した際に、高遠藩は三季に分割して五五〇両ずつ合計一六五〇両の復興資金を上納している。国役金の事例では文化五年三月の朝鮮通信使の来朝にあたり国役金や高役金の提出が命ぜられ、安政五年（一八五八）八月東海道・関東・越後諸河川の治水工事の際には、幕府が駿河・信濃以下一八カ国の大名・旗本に命じて一〇〇石について銀二九匁九分を上納させている。このときの上納額は不明であるが、天保八年時の国役金上納額が一〇〇石について銀二八匁五分の上納（金一五八両余となる）であったことから判断すると、安政五年の場合は約一六五両程度にはなったものと考えられる。この上納は藩財政に直接影響はないが、農民が藩の納入すべき金額を肩代りして上納するために、農民をより一層疲弊させていく要因をもっており、結果的には藩財政への困窮という形ではね返ってくるのである。

つぎに大名御手伝普請の具体的な事例をみてみよう。

宝永元年（一七〇四）七月江戸城二の丸御殿の御手伝普請を命ぜられた高遠藩は、財政窮乏のおりから資金集めを領民への御用金提出という形で負担させた。左のとおりである（文中の傍点筆者）。

（前略）当春より御用達の者五百五十両、木師仲間百両、都合六百五十両の御用に相違し候の上に候へども、当分五百両才覚致し差し上げ申し候、ほかに五百両ほどまた御用に有るべく候の間、千両の積り用立て仕るべく候、（中略）此のたびの儀は殿様御内用の義にてもこれなく、御公儀の御役義の事に候へば格別の事ゆえ、町在ともに随分精出し差し上ぐべく候、江戸より仰せ遣わされ候の間其の意をうべく候、もっとも、我がままを申し候いて相調へ候こと不埒に候はは、御城下の住居も成りがた

くこれ有るべく候、たとへ質物に置き候ても調へ出し申し候（下略）

すなわち、城下町人から春に六五〇両を出させ、不足金としてさらに一〇〇〇両を才覚させているが、それも藩主の御用ではなく公儀の御用であることを強調し、もし不納の場合は高遠城下での生活はまかりならぬとして他所への移住をほのめかし、家屋敷や家財などを質物に入れても御用立てするようにときびしく通達をしたのである。かつ、領内農村に対しては秋の貢租米を担保として負担させている。

この藩の要求に対して城下町人は財政状況の悪化を理由に上納を拒否したので、藩役所は町人に再三督促し、しかも藩役所に出頭させて厳重な注意を与え、御用金を上納させて江戸城二の丸御殿の普請を完了したのである。

藩役所は当初元利ともに返却すると約束しながら、一二月になると城下町人には勝手方不如意を理由に利息以外は返済できないと返答し、領内の農民にも町人と同様に利息のみを渡し、「割付のほか御用金差し上げ候の分は、元利ともに此の節下され候、もっとも他借をも致し御用達し候の者も有るべく候へども、御不勝手の儀に候の間、御年貢の儀も例年の通りいよいよ精を入れ相納むべく候（なお傍点筆者）」との理由で担保とした貢租米を渡さずに宝永元年分の貢租を強引に取り立てたのである。

なお、領民から御用金・才覚金を上納させた場合は元利ともに返却するのが筋であるが、藩の返却はほとんどが利子のみであったことが史料によって証明されている。こうした利子のみを返却することがたび重なるにしたがい、領民の藩側に対する不信と抵抗を引き起こし、ついには藩財政の窮乏を抜き差しならない事態に落とし入れていったのである。

幕府への献金品

御手伝普請以外に幕府への献金・献品もしばしばあって、数少ない藩財政を圧迫し続けた。『徳川実紀・続徳川実紀』や「世乗・内藤家十五世紀」からみた事例を数えると、元禄年中三二例、宝永年中一三例、正徳年中一四例、享保年中五五例、元文年中一八例、寛保年中七例、延享年中九例、寛延年中六例、宝暦年中五八例、明和年中二七例、安永年中三八例、天明年中五〇例、寛政年中八〇例、享和年中九例、文化年中七五例、文政年中八一例の多きに達している。一例として正徳四年（一七一四）内藤清枚の子頼卿が高遠領を継承した歳のお礼として将軍徳川家継に太刀一腰、帷子五着、馬代黄金一〇〇両、一位様に白銀一〇枚、月光院様へ白銀五枚、遺物として家継に刀一腰をおのおの献上した事例があげられる。

その他の例としては前述した弘化二年正月の江戸城炎上の際の献金、慶応四年（明治元年）朝廷東征軍への御用金として一万石について三〇〇両の金九三〇〇両を三季分納することを認められた事例もみられる。また、元禄四年閏八月から猿楽配当米として五石四斗余（一万石について一石六斗五升ずつ）の米を以後毎年九月に江戸浅草の幕府蔵屋敷に上納することも義務づけられている。

また、領内の産物（松茸・干瓢・独活・温飩・麦・大豆など）も例年献上した事例もみられ、『文政武鑑』によれば、三月・四月のうちに芽独活、暑中に信濃の寒晒蕎麦、八月・九月のうちに信濃の松茸、寒中に岩茸をそれぞれ時の献上物として上納することを記している。このような幕府への献上はいかに儀礼とはいえ、財政難の高遠藩にとっては精一杯の努力であったと考えられる。幕府の諸大名に対する厳格な支配政策が、藩の幕府に対する対応の一つとして行われたのである。

臨時の出費

元禄四年内藤清枚が高遠領の拝領を祝って、城下町の町方三役（問屋役一人・名主役二人）に銭一貫文ずつ、各町の町代一人に銭五百文ずつ、町方一〇町に銭三〇貫文（一町に三貫文）を、領内の村々には名主に銭五〇〇文ずつ、組頭役に一人銭三〇〇文ずつ、全農民に高一〇〇石について米二斗四升ずつを支給した事例や、寛政二年（一七九〇）正月内藤氏の高遠領拝知一〇〇年にあたるを祝して、領民に酒・肴・鳥目を支給した事例、さらに天保一一年（一八四〇）正月同じく拝知一五〇年を祝って同様に酒・鯣を配付し、万延元年（一八六〇）には新藩主となった内藤頼直の初の帰国を祝って、領民に米穀を支給するなどしている。また、宝永五年（一七〇八）閏正月に宝永山（富士山）の噴火による被災地救援のために、高一〇〇石について金二両の支出（高遠藩の場合は六六〇両）を余儀なくされた事例などもあげられる。

以上、内藤氏の財政収支の実態を検討してきたが、内藤氏は収取の大半を当然のことながら貢租米に依存せざるをえなかったにもかかわらず充分な農村対策を実施せず、しかも商工業への依存も不充分であった。また、国産奨励策も積極的には行われず、専売制を強力に打ち出すこともできなかった。このことが藩収入の停滞をまねく一方、譜代大名であるがゆえに幕府重要職への就任御用の負担、公儀への金品献上が頻繁に行われて支出増加となり、借財の上に借財を重ねて藩財政困窮の度合を深めていったのである。

第四節　内藤氏の財政的基盤

幕府領時代の貢租としての年貢割付状

元禄二年七月鳥居忠英は能登国下村に転封後、高遠領は幕府預り領となり、嶋村惣左衛門俊重と高室安右衛門政興の二人による代官支配の地となった。幕府は領内の貢租徴収にあたり鳥居氏の貢租徴収仕法を継承し、従来「家中新田」として扱われてきた家臣知行地である新田畑の無高地や屋敷地を高入れする方針を打ち出して、新たに「年貢割付状」に明記して徴収することを徹底させている。

すなわち、川下郷狐嶋村の事例をみると、屋敷地三反九畝八歩から御蔵屋敷を引いた残りから反あたり二斗の貢租を取り立てている。元禄元年まで屋敷地は無貢租地であったが当巳年（元禄二年）からは貢租対象地とすることを明記している。そして、従来村高に入れなかった新田畑一町七反二畝歩余と、家中取立新田四町八反三畝二六歩を村高に編入して貢租徴収することを「割付状」に記載している。この「家中取立新田」は鳥居氏の旧家臣であった高坂太郎右衛門・大沢六太夫・藤沢清右衛門の三人の知行地であったことがわかる。さらに、鳥居氏時代に狐嶋村が拝借した米二四石七斗五升を五カ年で返済することになって、その第一回が当年に実施されたのである。

当代の「割付状」はほとんどこのような書式をとっており、本田畑・新田畑・家中取立新田を問わず等級ごとに反歩の記載と取米を記し、その下に反あたりの貢租量を明記している。鳥居氏は単に反歩と取米

（貢租米）のみを通告する仕法で貢租徴収を行ってきたが、幕府は鳥居氏の貢租徴収方法を踏襲しながら、反歩ごとの記載を行う幕府徴収法を示して農民の納得する書式に書き改めたものと思われる。

「年貢割付状」にみられる「本免・免下」は田畑ともに表現される名称であるが、「本免」は村落にとっては一般的な生産量の見込まれる土地を対象とし、「免下」は当然それより生産力の低下する土地を対象としたものである。中沢郷下高見村が享保一二年（一七二七）に藩役所に差し出した史料によると、「本免」と「免下」の基準について書いている。それによると上田でも「免下」の範囲に編入された土地もあれば、悪地下々田でも「本免」の範囲に組み込まれたことをあげている。これをみるかぎり、幕府代官が念頭においているのは、元禄検地における位付とは無関係に代官独自の立場で考慮したものと考えられる。下高見村の事例をみるならば、「本免」への一方的な偏りがみられ、水田を取り上げるならば約九対一の割合で「本免」が多い結果となっている。

この代官支配のときの「年貢皆済状」がやはり狐嶋村に残されているが、元禄三年の「年貢皆済状」をみると、本途物成の他に小物成として山手・鶉飼運上があり、高掛物として六尺給米・御蔵米入用とがあった。本途物成を二対一の割合で三分の一徴収、三分の二徴収方法が示されているが、前者の方が「本免」にあたり、後者の方が「免下」に相当するものと考えられる。元禄二年のものも同様の記載で「皆済状」が出され、両者の相違は三分の二の部分が元禄二年では両替一石九斗五升となっている。三分の一相当分は両年とも変化がない。これにより「免下」、すなわち、三分の二の徴収部分では可能なかぎり増徴を狙って両替の率を高くしたためであろう。

畝引・有毛検見法

狐嶋村の「年貢割付状」をみると、元禄三年には従来の「畝引検見法」に代って収穫量に課税する「有毛検見法」の採用となったことがわかる。すなわち、村高一七九石から御蔵屋敷分と当午の年の「付荒分」とを除外した毛付高（残高）一五二石五斗余からの徴収となり、田畑ともに「本免」と「免下」の二種類からの徴収方法に変更となっている。後年の内藤氏時代の「年貢免定」と同様の記載となっているが、これはむしろ内藤氏が幕府の徴収方法を踏襲したものとみるべきであろう。

元禄二年に貢租徴収の詳細を示し、同三年から新田畑・屋敷地・家中新田を村高に高入れして、従来の位付や反取量を無視して「本免・免下」の二種類の上納方法に切り換えたのである。すなわち、この徴収方法が「有毛検見法」であった。「有毛検見法」は田畑の位付や石盛とそれに対応する根取米や当合を廃止して、実収量によって貢租を決定する方法である。当時、幕府は「畝引検見法」で徴収していたが、位付や石盛を基準とする方法では貢租量の増加につながらないし、制度そのものが当時の徴収方法にあわなくなってきた。それは農業生産力の向上があっても、その向上分を貢租として吸収しえないことがあった。ようするに、石盛以上に収穫量があったとしても、その向上分を貢租として確保できないことを意味している。これが元禄期以前の幕府財政の困窮となって表面化してきたのである。

三代将軍徳川家光までの放漫な生活がしだいに幕府財政を圧迫し、それに加えて四代徳川家綱時代から長崎貿易の利益減少、鉱山採掘量の減少、明暦・万治の大火とその後の復興費用の支出、生類憐みの令による多額の飼育費用、仏教の保護と寺社の造営・修築などによる財政難はますます拍車をかけたことは従来よりいわれているところである。それゆえに、農民からいかに貢租を確保していくかが当面の課題となってくる。このため、収穫量そのものに免率をかけて徴収する方法として考慮されてきたのが「有毛検見法」であった。貞享三年（一六八六）幕府領赤須村では従来の「畝引検見法」における固定的な根取免では増収分が確保できないことから、幕府代官は機械的に定率の適用を除外して、あえて免率の引き上げを実施している。これは「畝引検見法」の枠を超えて現実の実収穫量に注目していることを意味し、のちの「有毛検見法」に転向していく萌芽をすでにこの時点で赤須村に求めることができる。

この元禄三年の高遠領内における「有毛検見法」の実施について、小池宏氏は、

畝引検見法に代わる徴租法として有毛検見法はかなり早い時期から勘定方役人によって構成され、整備され、生産力の上昇により対処できる準備を整えていた。そして幕府はその仕法の有効性を試す時期と場所を選定する必要があった。その場所が鳥居氏の改易後におこなわれた高遠領検地であり、厳格な評価のできた高遠領が「有毛検見法」実施の具体的な場所として選ばれたのである。高遠領は幕府領としての「暫定制」の地域で、やがては大名領となる場所であった。この「暫定制」が本来的な幕府領に比して、新政策の試行には都合のよい条件を有していた。それに加えて直前に重租をもってなる鳥居氏の支配があったことを考慮するならば、新徴租法の試行にこれ以上の条件を備えた領地はなかったといえる。

と、高遠領における「有毛検見法」の試行について説明しておられる。

内藤氏の貢租決定

内藤氏は元禄四年高遠領に転封になると同時に、領内貢租の確保に努めた事実が知られる。内藤氏の貢租徴収を「年貢免定」でみると、幕府領時代と同様に村高より当年の、

旱損引・水損引・地損引・風損引・色違い・井代引・検見引・道代引・畝違引・役付引・御蔵屋敷引・苅大豆畑引・手余地引・田方及び畑方品々引・田畑仕付定引・御救用捨引・牢屋敷引・御茶屋引・家中屋敷引・田畑成地引・畑田成地引

などを除外した残余の毛付高からの徴収となり、幕府領時代と同様に本免毛付・免下毛付・下々免毛付の三種類の方法で免率をかけて徴収している。この方法は幕府領時代の政策を踏襲して、領民への刺激を避けながらも増徴を狙って採用した方策であろう。すなわち、短期間の領主交代による領民の不安をおさえることを目途とした政策であったと思われる。

同時に、幕府が元禄三年に採用した「有毛検見法」の踏襲により、以後この徴収方法を内藤氏は一度も変更することなく廃藩置県にいたるまで実施している。高遠領での「有毛検見法」の採用は幕府による「実験」政策であり、内藤氏に肩代りさせてその成果を見守ったのである。そのため、内藤氏は自己の立場で貢租徴収を行うのではなく、幕府の将来採用すべき「有毛検見法」の成否のための試策に沿って貢租を徴収し、その成果をみて幕府は享保期から採用したと考えられる。

小池氏の指摘のごとく、幕府代官はこの徴租法を内藤氏に委ねたものと考えられ、それは新徴租法に無

経験な内藤氏でも、幕府がつくり上げた路線を内藤氏がそのまま継承していくことは容易であったと思われ、そこには幕府代官からの示唆があったとし、入封早々の内藤氏が手慣れた仕法運用を展開している事実からも、そのような感触がもたれると主張されている。

それは入野谷郷黒河内村の「年貢免定」を検討すれば理解されるだろう。すなわち、元禄四年内藤氏の入封時の同村に対する免率を本免田方でみると、二年おきぐらいに徐々に免率が上がり、元禄三年で四三パーセントであったものが同一一年には約五五パーセントとなっており、宝永期では五八パーセントにまで達している。それゆえ、高遠藩で最高の貢租免率になった時期は宝永年中と考えられている。

一般に幕府の「有毛検見法」における免率は五〇パーセントであるから、内藤氏の免率は五八パーセントとなって大幅な増徴があったことが知れる。この傾向を把握した幕府は多少の増加は可能と判断したところに、享保期後半からの「有毛検見法」の全面的な採用となった一要因があろう。

内藤氏は領内村落に対して段階的に免率を引き上げて貢租徴収を実施してきたが、宝永末期の「有毛検見法」による免率が最高となったのが宝永七年（一七一〇）であり、その年に領内各村落から幕府巡見使に対する訴願となって表面化している。これらの訴願はいずれも元禄検地そのものに対しての不満を述べているが、内藤氏の貢租が重賦であると判断した裏には内藤氏が元禄検地の成果をそのまま「有毛検見法」に転用したことにある。すなわち、内藤氏に対する減免要求とみるべきであろう。小池氏は、内藤氏への訴願もみられ、それに対する藩役所の返答は「検地は自己の権限外」であるとしたことから、「或いは有毛検見法の試行をめぐって、幕府と内藤氏との間に何らかの約束ごとがあった」ことをうかがわせるとされている。

内藤氏の貢租徴収過程

つぎに内藤氏が各村落から貢租を徴収するまでの過程をみてみよう。

春期に水田耕作を行い、苗代づくりをし、籾を播種する。のち田植えをして終了すると、各村落は代官あてに当年の田植えが終了したことを申告する。藩側は田方仕付にあたってどのように作業するのかを領内村落に通達し、この通達に沿って領内村落は農作業を行って郷代官に仕付終了を報告したのである。その後施肥を行い、雑草取りをした水田は自然条件による被害がなければ秋期の収穫時期を迎えるのである。しかし、中途で被害をうけた場合は村役人が郷代官に見分願いを差し出す。すなわち、

田方青立ちに罷り成り候のところ、畑方の儀は風に合い候いて、是れまた不作仕り候へば（中略）、松戸耕地と申す場所、御分米高百六十五石八斗九升六合の耕地壱ケ所、別して青立ちすくみ一円実成り申さず、御年貢米いっこう出来仕るまじき、

状況である。このままでは農民ともども潰れになりかねないのでと見分願いを申し出るのである。

願い出をうけた郷代官は郡代に報告するとともに、その被害状況を出役して見分する。元禄一六年（一七〇三）の事例によると、同年六月二一日に領内の中沢郷と川下郷一体が「今日廿一日、午の下刻より未の下刻まで雷雨強く、氷降り、田畑の作毛を打ち荒し申」した。さらに、翌二二日には藤沢郷一体が「今日廿二日、申の上刻より戌の上刻まで強雨にて、砂押し、山崩れ田畑損ずる」ありさまとなった。藩役所

は郷代官の山口彦右衛門と並木惣内の両人を出役させて、三カ郷の被害状況を見分させている。なお、二一日の「氷降り」は雹が降ったと考えられる。
この郷代官の被害報告をうけた郡代の奥平宮内左衛門と河野八郎右衛門は、
田方三分の一、弐は六、七分の一ほども残毛これ有るべく候、畑方は八、九分の一も残毛（中略）、平均をもって田方は半毛の損毛、畑方は九分の損毛に勘定仕り、書付差し上げ申し候、
と、見分の模様を藩上層部（家老・御用人）に報告している。
ようするに、水田のうち三分の一から三分の二ぐらいは、六分の一から七分の一程度しか残らない。三カ郷平均して田方は五〇パーセント、畑方は九〇パーセントの被害を出しているという内容である。この時の被害状況を具体的な数字でみるならば、二日間で一六カ村二〇〇〇石余の被害となっている。被害をうけた村落は郷代官の見分後にそれぞれ「起請文」を差し出して、見分後の被害状況を相違ないように報告することを誓約する。これは見分に対する礼と依怙贔屓なく調査・免割をすることを藩役所に公約したことを示すものである。安永三年（一七七四）九月に春近郷宮田村南割の見分願いにより藩役人が見分して以後、宮田村南割は村内の田方の歩数と免付を書き上げている。
一方、郡代・郷代官は藩の農業政策や領内の作柄状況などを考慮しながら、当年の貢租徴収方法についての話し合いをすすめるとともに、惣代村に対して「手本米」を出させている。この「手本米」は上・中・下の三等級に米の質を分けて袋詰めにした米を「手本米（見本米）」として提出させ、上質米を中心として貢租を徴収したのである。先にみた藩の御台所にて使用された仲間昼食用の米が「下白米」であった

ことからも証明できよう。この話し合いで決定したことを背景に各村落に「年貢免定」を交付するのである。

九月十八日（宝永五年＝一七〇八）
一、当子の御取りか（箇）相定まるの事
一、田方の厘付、亥に同じく候
一、公事村六ヶ村、田方亥に弐分下がる
一、畑方下免に下がり候、免弐つより壱つは九分の村は亥に五厘上がる。壱つは九分より内の村々は亥に壱分上がる。但し、洗馬七ヶ村は蕎麦・粟草不作につき亥に同じに候。公事六ヶ村も亥に同じ
一、上大嶋・下大嶋、田方帳面に分ける、但し、上大嶋亥に壱分五厘下がる
一、小原村大沢耕地、本免分の高四石五斗七升五合八夕（勺）、子より下免に入る
一、高見村丸山耕地、子より下免に成る
一、山田村下割の免下げの田方、上割の厘付、今年より同じに候、川原耕地の免下がる、亥に二分上がる、是れはふりかへ故定上げの積り、但し、大沢分も川原同前に免下げに成る
一、芝平村、田方の引き三分の弐
一、溝口村新田、亥に弐分上がる

右の事例にみられるように、郡代や郷代官の会合によって貢租徴収の基本方針を決定したのである。右の史料にみられる「公事村」とは見分願いを差し出した村落を指しており、田畑の免率は前年の宝永四年

を基準にして上下したことが判明し、洗馬郷七カ村は粟と蕎麦が不作のために貢租の上納は前年と同様になった。川下郷大嶋村は宝永五年から上・下に分村となって貢租関係を含めて諸帳面は別帳となっている。そして、上大嶋村のみ前年に比較して一五パーセント免率が低下している。入野谷郷小原村の一部が本免分から免下に変更となり、同郷の山田村は場所によって免率の上下があったし、同郷溝口村は前年より二〇パーセント高くなったことを意味している。

宝永五年の事例は、当年の作柄状況をみての決定であるから、明らかに「有毛検見法」によっての徴収であったことを示す証左であると同時に、貢租決定の事実を知る貴重な史料といえよう。この決定後に見分願いを実施した村落には「不作引免状」を郷代官より手渡し、「年貢免定」で正式に差し引くのである。こののち、藩役所は各村落に「年貢免定」を交付するが、先にみた元禄一六年六月の被害にあった藤沢郷弥勒村の「年貢免定」をみると、当年の「田方検見引」として四石九斗六升余が藩役所の考慮によって、明らかに「年貢免定」から除外されている事実をみることができる。

右のように郡代・郷代官の協議によって決定した貢租は、名主の手を経て村内の各農民に小割りされ、各農民の出した貢租を名主が一括して藩役所に納入した。村ごとに納入される貢租は郷代官によって郷ごとに一括され、「何年何月何郷御年貢免定」としてまとめ、これをさらに領内総寄せした上で藩の家老に差し出された（享保年中以後は、代官から郡代への提出に変更となる）。

元禄一五年の領内「年貢免定」によると、前述の引き分以外に御茶屋屋敷引・大久保木改番所引・堤敷引・畑方牢屋敷引・穢多持分引などが除外の対象となっていたことが判明する。なお、引分のなかには数年分を一括したものや、毎年定引きされる分、当年のみの引分などがあって、さらに同年は気候に左右されて三五〇石余の引分のあったこともわかった。「本免」・「免下」の下に「下々免」があり、先の二つより一段と低率で徴収する地味不良の田畑からの徴収もあった。

これをさらに幕末に近い文化七年（一八一〇）の全領徴収の事例と比較してみてみよう。

文化七年の場合は田畑品々引・定免用捨引・鉄砲御用地引・黒河内谷右衛門木師役引・畑物仕付引・畑物見分引・砂押引などを除外して三万一三〇〇石余に対して、取米は一万四〇九〇石余（約四五パーセント相当）であった。元禄一五年の田畑毛付からの取米は四三パーセントであったのに、文化七年の場合は四五パーセントであった。これを個々にみると、元禄一五年の田方は本免が約六七パーセント、免下は約五八パーセント、下々免は四八パーセントに対して、文化七年には本免六六パーセント、免下は約五八パーセント、下々免は四八パーセントでほとんど変化していない。

畑方をみると、元禄一五年では本免約三〇パーセント、免下は一四パーセント、下々免は一一パーセントで、文化七年は本免が三三パーセント、免下は約一八パーセント、下々畑は一六パーセントであったから、畑方においては文化七年の方が徴収率は高い。さらに、田畑おのおのの取米は元禄一五年の田方は六〇・五パーセント、畑方は約二四パーセント、文化七年の田方は六三パーセント、畑方は二七パーセントであったから、これも文化七年の方が若干数字は高いがほとんどちがいはみられない。これは文化七年に厘増上納による増徴策が中止されて、無尽がはじまったことにも影響があったと考えられる。

貢租上納の実態

つぎに各村落の上納量を年次別の変化でみてみると、藤沢郷野笹村では寛政期より漸次増加の傾向があらわれ、同郷弥勒村はやや遅く文化元年（一八〇四）以降増加し、入野谷郷市野瀬村では明和期後半から、川下郷御薗村でも安永期から増加の傾向がみられるので、中期以降における藩の定免政策の事実を反映している。また、入野谷郷勝間村・黒河内村・春近郷諏訪形村などは「有毛検見法」による徴収方法を維持して、その最高点に達して以後はその最高点を維持する「定免制」にそれを応用したと考えられる様相を示している。

川下郷狐嶋村や藤沢郷北原村では、名主の北沢勝兵衛・北原九仁太郎らが文政九年（一八二六）からの財政改革の功績が認められ、両村では文政一〇年以降北沢・北原らの所有田畑や役付分を除外した残余の村高からの上納となって、村落全体の納入量が低下した事例もみられる。しかし、狐嶋村の事例をみると、天保一三年（一八四二）は村高一六〇石から北沢勝兵衛所有の二二石七斗七升余と当年の品々引を除外した上納をしているが、じつに八七パーセントにも達する免率となったことが知られる。

文化五年以降、一時中止の時期もあったが、本田畑・新田畑からの厘増上納を行った事例もあり、さらに、文政期以降しばしば厘増上納を命じたことが多くの事例によって立証されているから、幕末期の増徴政策が一段と明白な事実として表明される。

貢租の行方

領内各村落から納入された貢租の実態についてみると、高遠藩内藤氏の場合は「年貢免定」の最後に「十一月二十五日」かぎりの納入と記載されているが、現実はそのとおりにいかず延び延びとなることが多く、はては越年する場合もあり、それも次年度の九月・一〇月にいたってようやく納入が完了するということもあった。この貢租の遅延は「農民の未進＝滞納」ではなく、領主側の都合による場合があって、それは米相場との関連によるものであった。

一例を中沢郷下高見村の事例でみると、享保二〇年（一七三五）の場合は一一月と一二月の両月で全納入量の五四パーセントに相当する八九石三斗余を納入し、残りは翌年の四月に一〇石七斗、五月に六石四斗、八月に三九石三斗余、九月に九石六斗余、一〇月に一〇石二斗を納入している事実をみることができる。中沢郷全体でみると、年内皆済村がもっとも多いのは当然として、同郷中曽倉村のように年内に過半を納入した村、同郷塩田村のように大半を翌年に納入する村もあったのである。ただし、近世後期になると、翌年納入分を含めて「仮上納目録」が藩役所によって村落に手渡され、未納分も単に農民が所持するのではなく、村内の郷蔵に保管されて必要に応じて藩役所に納入されていったことがわかる。

そして、藩に納入される貢租よりも他所への付け払いが多くみられるのも一つの特徴であった。前述の塩田村の事例を正徳二年（一七一二）でみると、貢租量二一七石二斗余のうち他所払いの米が一四四石余（約三分の二相当）となり、藩への納入は七一石五斗余であった。この他所払い米の一四四石余の付け払い先は、諏訪渡しが一二石七斗余、下伊那の鹿塩村渡しが二〇石で、代官領の飯嶋与市買い請けが五〇石で、このほかに上伊那郷宮木村と平出村両村渡しが二九石余、藤沢郷四日市場村渡しが七石二斗余、入野谷郷荊口村が二四石二斗余となっている。これらの米の付け払い先は藩の借財金への払い米や領内名主への渡し米であろう。

藤沢郷四日市場村の文化一四年（一八一七）の事例では、納入量四四石余の約半数は村役人への払い米と扶持米で、全体量の約四〇パーセントが同村の買い請け、四石余が金納で一石五斗余が雑穀代米と郷方囲米となっている。川下郷日影村の安政三年（一八五六）一一月の事例では、「年貢免定」によって二一六石余の上納を指定されたが、同一二月の「御蔵〆目録」によれば、上納量のうち同村の名主渡し、城下町人小林藤左衛門渡し、所々払いで実に一九〇石余（約八七パーセント相当）が藩庫を経ずに直接他への借財金の支払いにあてられている。すなわち、名主渡しは同村の名主が才覚金の名目で前金納入したことへの返済で、小林藤左衛門渡し分は仕送役の頭取で北沢勝兵衛とともに御供番格で五人扶持を与えられていた城下町人で、御用金上納に対する引当米として確保できる分量であった。所々払いは藩の借財金に対する担保米の返済にあてられたものではあるが、詳細は不明である。このほかに木曽助米の記載がみられるが、これは同村が助郷負担村であったがために負担金に充当された形で村に与えられたものであり、村の郷蔵に囲米として貯蔵される約一〇石以外が藩庫に納入される量であった。

これと類似した事例として、元治元年（一八六四）の入野谷郷溝口村があげられる。納入量のなかに雑穀代米・御小屋臨時納物代・御厩臨時納物代・郷方囲米などの名目はあるが、日影村とのちがいでは藩役人の出役に対する扶持米、職人を使用した場合の負担米があり、付け払いとして名主前金払いとして一一石一斗八升、羽場善七（藩の借財相手）への払い米が一〇五石余、溝口村農民二人への払い米が三一石余あって、全体の八五パーセントに相当する比率を示している。

川下郷西伊那部村の事例を天保三年（一八四二）でみると、納入量一五八石四斗余に対して伊那部宿の問屋で米穀商人であった小池新兵衛に六九石と扶持米三石五斗余、藩の御用達であった井沢孫左衛門に五〇石、狐嶋村の北沢勝兵衛の子で在仕送役見習で徒士格に準じた北沢伝兵衛に一三石、狐嶋村・上・下新田村の名主渡し分が七石四斗余で、払い米の九〇パーセントに相当する量であった。

弘化二年（一八四五）と嘉永四年（一八五一）の上伊那郷平出村の払い米先をみると、弘化二年では同郷横川村の名主で酒造業と在仕送役であった市野瀬金左衛門、平出村の在仕送役であった新村伊兵衛など領内への払い米がみえ、嘉永三年から同五年にかけての平出村をみても新村伊兵衛・市野瀬金左衛門・北原正太夫・台ヶ原宿（甲州街道）の北原伊兵衛・金沢宿（甲州街道）の白川嘉左衛門などに付け出されている。

付け払い先を指定された村では、御蔵奉行に対して「覚書」を出すことで確認し、さらに付け払い先にも同様に「覚書」を手渡して手続きをした上で付け送っている。また、他領への付け払いは日限が定められており、付け払いが期日に遅れるとただちに催促され、それでも遅延すると矢の催促をされてしまう。前金で上納しているため、貸主の方も早く返済させて取りはぐれのないように厳格に行うためであった。

最後に郷全体でみると、川下郷の文久三年（一八六三）の事例では、納入量二八四五石七斗余のうち一三二七石（約四七パーセント相当）が他所への払い米であり、三八石が御蔵詰め、一三三石八斗余が郷中御囲米、八三石が郷中入用米で、残米の九一六石四斗余が藩の費用に充用されている。さらに、領内全域での状況をみると、卯（年不詳）の一二月の事例では、藩の納入量一万五四一八石四斗余に対する他所払い米は八六六〇石六斗余（約六〇パーセント相当）と高い比率を示し、郷方御囲米六六〇石、郷中入用米五〇八石九斗余で、藩用は五六五〇石で三分の一相当の残余しかなかった。

以上の事例が付け払い先の状況であるが、早い時期は高遠藩領外への払い米が多くみられるが、幕末期に向かうほど領内への付け払い量がしだいに多くなり、木曽への付け払いは反対にしだいに減少している。このことはただちに速断はできないが、領内への払い米はなんらかの機会に藩財政に再度吸収することを可能にしたいとする藩側の思惑があったものと考えられる。

第三章　享保～安永期の財政政策

第一節　町仕送役の設定と軍役・持人の制

御用達と御用金

藩財政は領内よりの貢租米を主体とする財源によって賄われてきた。表高と実高を比較すると、同じ信濃国内でも松本藩は表高六万石に対して裏高は九万六〇〇〇石、諏訪藩は表高三万石に対して裏高は四万六〇〇〇石であったといわれているが、高遠藩は表高三万三〇〇〇石に対する裏高はわずかに三万五〇〇〇石程度であり、これでは当然藩財政の窮乏化を余儀なくされた。したがって、一七世紀から一八世紀初頭にかけて高遠藩の財政状況はすでに楽観を許さぬ事態まで追い込まれていたのである。

それゆえ、内藤氏は領内豪商層への御用達の任命と御用金賦課による財政確保の政策を展開することとなった。**表7**は宝永四年（一七〇七）から享保七年（一七二二）までの一六年間における城下町の御用達、酒造家・木地師などの富商から調達した御用金徴収額の実態である。この上納額が正徳期から享保初期にかけて急速に高まっていった事実がみられるのも、「町方仕送役」の設定にあたっての前提条件になっていったものと理解される。

すなわち、財政窮乏の打開のため、高遠入封の直後すでに高遠城下にて「御用達」を設定していることは、有力富商に御用金の提出、生活必需品の提供を命じて財源確保することが、内藤氏にとっては急務であったためであろう。このため、藩役所は享保期の中ごろにまず「町仕送役」の設定と、家中藩士に対する軍役維持の政策、借上制の復活などの財政政策を打ち出したのである。

仕送役設定の背景

天保七年（一八三六）正月二三日に、「町方三役」（問屋役一人・名主役二人）の一人であった池上利右衛門が藩役所に差し出した「書上」によると、「御拝地より正徳年中までの御用弁の義町役人へ仰せ付けられ、町方より取り集め指し出し申し候、正徳年中町方拾人のものへ御用達を仰せ付けられ、其の後享保年中に町仕送りと仰せ付けられ候」と記している。

右の「書上」によれば、元禄期から正徳期までは町役人（町方三役や各町の町代）に御用金品を負

表7　宝永～享保期の城下豪商の御用金

宝永4・4	100両
4・8	300
4・10	100
4・11	100
5・2	200
5・7	270
5・12	372.1
6	200
6・10	300
7・2	300
7・3	100
7・4	200
正徳4・6	550
4・9	500
5・8	800
5・10	450
享保1・8	1000
2・9	300
3	1605
7・2	520
7・7	495
7・11	565

（註）「万御用覚帳」より作成する。

担させ、正徳期から享保期前半までは町方の富商一〇人を「御用達」に任命し、享保年中に「町仕送役」を設定させたと理解してよい。

この「書上」にみられる「御用弁」とは藩への御用金品の負担を指しているが、この「御用弁」を町役人に負担させた事実はない。安政四年（一八五七）二月に町方三役の一人池上吉兵衛の記録した「書抜帳」によれば、内藤清枚が入部した翌元禄五年（一六九二）ただちに本町の和泉屋与左衛門・豊後屋甚右衛門・万屋庄右衛門・伊勢屋六兵衛、中町の富屋四郎兵衛、横町の布袋屋太右衛門、それに紺屋惣十郎・糀屋源右衛門・和泉屋清七（以上三人は町名不明）の九人を「御用達」に任命した記事がみられる。さらに、宝永初年から享保七年までの期間中に藩財政へ御用達を調達した町人を検討すると、元禄五年に任命された御用達九人の町人は、すでに宝永四年の段階では残りが四人となり、大半は新規の町人が登場している（表8参照）。

すなわち、元禄五年に登場した前記九人のうち、万屋庄右衛門・伊勢屋六兵衛・布袋屋太右衛門・糀屋源右衛門の四人が残り、他は新規の町人に交代しているが、宝永四年末から同五年初めにかけて選出された伊勢屋六兵衛をのぞく前記三人に近江屋善四郎・柏屋甚三郎・入屋太郎兵衛・井筒屋清七・和泉屋清兵衛・布屋甚四郎の一〇人が中心となって藩財政への御用を担当している。このほかに木師として山住屋平兵衛・阿波屋与兵衛・亀屋十右衛門が、酒造家として竹屋五郎左衛門・高知屋七右衛門・和泉屋忠兵衛・伊勢屋六兵衛・菊屋庄太郎などの町人が登場してきた。この元禄期から享保初期の期間中に町役人となったのは、町方三役の問屋役に就任した菊屋庄太郎と町代役の竹屋五郎左衛門の二人のみであった。

仕送役の設定

以上のことから、内藤氏は高遠入封直後の元禄五年ただちに「御用達」を選定した事実から判断して、すでに内藤氏は藩財政困窮の度合いはかなり進行していたことが証明され、同時に、当初から財政政策にのり出していたことの証左であるとともに、「御用達」の設定は急務の課題とされていたのである。そのため、無作為に町役人を「御用達」に任命したのではなく、別の基準から城下の豪商をあてたものであり、その際に酒造家や木師などを含めた富商層を任命したことが知られる。前記の菊屋庄太郎と竹屋五郎左衛門の二人も町役人という肩書で選出されたのではなく、酒造家という肩書で「御用達」に加えられたものであり、これら富商の提供した御用金を町方三役が一括して藩役所に納入したことを意味するものと考えられる。

町方の史料である「万御用覚帳」によれば、正徳四年（一七一四）九月からは従来の「御用達」とは異なる町人が新たに多数任命されたことがわかる。すなわち、伊勢屋六兵衛・山住屋平兵衛・高知屋七右衛門・亀屋十右衛門・江戸屋源七・喜多屋善蔵・菊屋庄太郎・河内屋伊左衛門・河内屋孫七のほかに町木師・酒造家を含めた富商層たちであった。彼らは享保七年までおおむね「御用達」としての任務を勤仕して御用勤めを行ったが、享保七年から新たに阿波屋治左衛門・木綿屋甚右衛門・鍛冶屋忠左衛門ほか五人を含めた宝永期の「御用達」が復活登場してきた。

そして、享保一〇年（一七二五）にはさらに交代して後述のごとく藩財政に対して「仕送りを行う」と

鍛冶屋忠左衛門																			○	
嶋屋惣助																			○	
木綿屋甚右衛門																			○	
三好屋甚右衛門																			○	
阿波屋治左衛門																			○	
河内屋伊左衛門														○					○	
竹屋久左衛門															○		○	○	○	●
えい屋武左衛門							○	○		○										
儀左衛門							酒屋○													
藤八							木師○													
木屋角右衛門						木師○														
河内屋孫七						木師○								○					○	●
菊屋庄太郎		○	○				酒屋○							○	○	○	○	○		
和泉屋忠兵衛		○	○				酒屋○													
喜多屋善蔵		○	○				○							○	○	○	○		○	
江戸屋源七		○	○				○							○	○		○	○		
亀屋十右衛門		○	○			木師○								○	○	○	○	○	○	●
布屋甚四郎		○		○	○	○	○	○	○	○	○	○	○							
穀屋庄三郎		○		○	○	○	○	○	○	○	○	○								穀屋庄七●
高知屋七右衛門	○	○	○				酒屋○							○	○	○				
阿波屋与兵衛	○					木師○							○							●

（註）「万御用覚帳」により作成する

いう意味の「町仕送役」の名称が登場して御用勤めを担当したのである。

さて、藩役所は享保一〇年三月の段階で藩財政の窮乏を打開するために財政政策をスタートさせて「町仕送役」を設定したが、その町人は、

和泉屋与左衛門、竹屋久左衛門、阿波屋与兵衛、万屋利左衛門、亀屋十右衛門、伊勢屋六兵衛、河内屋孫七、富屋四郎兵衛、近江屋善四郎、穀屋庄七

の一〇人であった。

このうち、元禄五年段階で「御用達」に任命されてから

表8　御用金上納町人一覧表

年代＼人名	和泉屋与左衛門	豊後屋甚右衛門	万屋庄右衛門	伊勢屋六兵衛	富屋四郎兵衛	布袋屋太右衛門	紺屋惣十郎	糀屋源右衛門	和泉屋清七	近江屋善四郎	柏屋甚三郎	井筒屋清七	入屋太郎兵衛	竹屋五郎左衛門	和泉屋清兵衛	山住屋平兵衛
元禄5年	○	○	○	○	○	○	○	○	○							
宝永4年4月			○	○		○		○		○	○	○	○	○	○	○
〃　8月			○	○		○		○		○	○	○	○	○	○	
〃　10月				○										○		
〃　11月			○			○		○	○		○		○		○	
〃5年2月			○			○		○		○	○	○	○		○	
〃　7月			○			○		○		○	○	○	○		○	木師○
〃　12月			○	酒屋○	○	○		○	○	○	○	○	○	酒屋○	○	
〃6年			○			○		○	○	○	○	○	○			
〃　10月			○			○		○		○	○	○	○		○	
〃7年2月			○			○		○		○	○	○	○		○	
〃　3月			○			○		○		○	○	○	○		○	
〃　4月			○			○		○		○	○	○	○		○	
正徳4年6月			○	○	○	○		○		○		○			○	
〃　9月				○										○		○
〃5年8月				○												
〃　10月				○												
享保1年8月				○	○											○
〃2年9月				○												
〃7年2月																
〃10年3月	●		万屋利左衛門●	●	●					●						

引き続いて「町仕送役」に任命された町人は和泉屋与左衛門・伊勢屋六兵衛・富屋四郎兵衛の三人のみで、宝永四年四月に「御用達」に任命されてから「町仕送役」となった町人には近江屋善四郎・阿波屋与兵衛の両人がいる。さらに、正徳四年九月以降に「御用達」に選任されたのちに「町仕送役」となった町人には亀屋十右衛門・河内屋孫七・竹屋久左衛門の三人がおり、享保一〇年三月の段階でストレートに「町仕送役」となった町人は万屋利左衛門と穀屋庄七の二人のみであったが、

穀屋庄七の父親はかつて「御用達」を担当していたことがある。

この「町仕送役」の設定とは別に、藩役所は並列的に新規の「御用達」を任命している。すなわち、この「御用達」を時期は少々おくれるが元文四年（一七三九）の時点でみると、阿波屋治左衛門・河内屋伊左衛門・紀伊国屋孫四郎・木綿屋藤左衛門・江戸屋孫七・木綿屋甚右衛門・山屋市郎兵衛・嶋屋惣右衛門の八人が新たに任命され、同年に「御用達」を免除された町人は阿波屋市右衛門・井筒屋清七・富屋平四郎・升屋竹之丞・三好屋武右衛門・□（不明）屋伊右衛門の六人であった。

以上のことから、「町仕送役」の設定以外に従来どおりの「御用達」を任命していたことがわかる。なお、この新「御用達」には「町仕送役」の設定以前に「御用達」であった町人も含まれており、「町仕送役」にならずとも藩側は決して御用を全面的に免除したのではなく、御用を継続させるとともに将来の「町仕送役」の候補者としたのである。新たに任命された町人がいるのは、少しでも藩に御用金品を納入可能となりうる町人を発掘して底辺を拡大し、藩財政とのつながりを得ようと企図したのである。

ようするに、藩側にとっては城下の富商と手を結び財政を確保することによって、発展性のない山国信濃高遠における財政体系を確立していくためには、基礎となる財源確保として富豪層に依存する以外には積極的な打開策がみつからず、よって富豪層を財政面にタッチさせることがもっとも容易であり、かつ簡便で安全な政策であったことを示している。

右にみてきたように、享保一〇年三月の時点から「町仕送役」と「御用達」の職務は明確に分離されたが、その職務は前者は御用金や仕送金を送付して藩財政を賄う町人であり、後者は藩の生活必需品を納入することによって財政面をうるおす町人層であったと考えられる。

仕送役の機能

仕送役は藩の機構上、元〆役や勘定奉行に所属する末端の組織として配属されていた。元〆方役人は「城中の会計を司どり、廻米を監督し、江戸表に送金する」ことを職務としており、藩財政の中枢部に位置したが、「町仕送役」はこれら元〆方役人、とくに配下で仕送り御用金を取り扱う財政方役人（藩の機能中にも「仕送役」の職制がみられる）と密接な関係にあった。

「町仕送役」の藩への御用金仕送りの方法は、貢租米収納以前においては貢租米を担保として御用金を上納し、秋に収納米を直接農民から確保するしくみとなっていた。その際、貢租米の米価決定は藩役所が行い、江戸・松本・飯田など各都市の米価を勘案して「御立値段」なる価格を決定して高遠の米価を決めている。それゆえ、「町仕送役」のもっとも重要な職務は「年越前年仕送り」を行うことであり、仕送りの意味は「前金仕送り」のことであった。

前述のごとく、藩役所は享保一〇年三月の時点で「町仕送役」を新たに設定したが、任命された一〇人の「町仕送役」はただちに連名で「口上書」を藩役所に差し出した。その「口上書」によると、

御仕送り御請け負い仕り候のよう仰せ付けさせられ承知奉り候、まことに御大切の御儀（中略）、これにより昼夜打ちより相談しいろいろ勘弁仕り候へども（中略）、大切の御用筋相滞り申し候はは、私共不調法至極に存じ奉り候、これにより御訴訟申し上げ候へども御承引成し下されず、第一御上の

儀恐れながら御大切に存じ奉り候につき、仰せ出され候の金子高八千両にて、御仕送り御請けの義畏
れ奉り候（下略）

と申し述べて、我々一〇人の申し上げる条件を何とか承認していただけないであろうかと口上を願い出たのである。

確かに仕送役一〇人で年間八〇〇〇両の負担は重すぎるが、熟考した末に別紙「覚書」を承諾してくださるならばという条件で、左のような条件を提示した。その「覚書」によると、仕送役仲間一〇人の要望を明確に知ることができる。

(1) 藩に用立てる年間八〇〇〇両の金額は仕送役仲間ばかりでなく、他の町人にも負担させてほしいが、それでも金子調達ができかねる場合は藩役所に願い出る。
(2) 仕送役の御用担当期間を五年間とすること。
(3) 仕送役の御用は両奉行（郡代の竹田七郎右衛門と山形五左衛門）の願いであること。
(4) 月々の御用金額の書付をいただきたい。
(5) 八〇〇〇両は大金であるから、これ以上の負担はできないので不時の御用金が必要になった場合は他の町人に命じてほしい。
(6) もし、このような状況が以後も継続するならば、仕送りの御用はできかねる。
(7) 仕送り御用金の利息は一カ月に二〇両一分にしてほしい。
(8) 金子調達ができかねる場合は茶屋平四郎に依頼したがことわられたので、藩役所の方から平四郎を

説得してほしい。

など、全文一三カ条からなるものであった。

一カ月の上納金額は後年藩役所から提示された「月割御用金」によれば、

正月	二百八十両	二月	九百五十両
三月	千六百二十両	四月	六百三十両
五月	五百七十両	六月	五百三十両
七月	千五百両	八月	六百両
九月	五百七十両		

となっており、十月以降はそのときの事情によって新たに通達明示されることになっている。

この「月割御用金」の合計金額は約七一〇〇両余となって、先の年額八〇〇〇両にほぼ近い金額となっており、享保一八年（一七三三）の「仕送役御用金上納帳」によれば、同年に仕送役仲間一〇人が藩役所に用立てた実質金額は約七八〇〇両であった事実からみると、享保一〇年三月の段階で取り決めた上納金八〇〇〇両はほとんど減少していない。また、町仕送役の任期を一応五年と要望しているが、実質的には五年を経過しても藩役所は簡単に「町仕送役」の責務を解放することはなかった。享保一八年の「上納帳」に記名されている一〇人は同一〇年の一〇人とまったく同じであり、本町の万屋伊左衛門は享保一九年から宝暦一二年（一七六二）まで二九年間「町仕送役」を担当した事実が判明する。

「町仕送役」は単に藩側に御用金を用立てるばかりでなく、藩主の公務を援助することもあった。享保一三年七月二九日付の「文書」によれば、町仕送役の一人が御用金上納のほかに日光御用を命ぜられて、江戸から下野日光まで藩主頼卿にしたがって出向いている。具体的に日光御用のなんたるかは不明であるが、将軍徳川吉宗の日光社参に際して藩主頼卿が供奉していること、御用にあたって領内から御頼金を徴収していることから、往復の費用や滞在中の諸費用など突発的に起こるかも知れない臨時の出費に対応する費用負担のためではなかろうか。とにかく、日光御用に関連して家老の野木多宮が同職の内藤蔵人と星野縫殿両人からの意見に賛同し、仕送役町人は金詣りで気の毒な状況下にあるので、日光の御用が終了しだいに褒美を与えることは良策であるとの意見を申し述べている。右の事例によって「町仕送役」は定期の仕送り御用のほかに、藩主の公務（すべて財政的御用であろう）を金銭面から援助しあと押しすることが知れる。

仕送役の借財

「町仕送役」は前述のごとく、貢租米を担保として仕送金を賄うのであるが、当座は自己の私有財産の運用で負担せねばならなかった。したがって、上納負担のできない場合は、来たるべき秋の貢租収納米を今度は自己の担保として借財することになる。その際は「覚書」の第七条に記載されているように、藩勘定方役人の承認と印形を得て、すなわち、藩権力を背景としての借財であり、最終的責任はあくまでも藩側であることを強調したのである。しかし、藩権力を背景とするにしても、借用人である「町仕送役」は貢租米や私財を担保としての借用であった。安永四年（一七七五年）閏一二月の「町仕送役」の広瀬（富屋）四郎兵衛以下五人が連名で大草村の宗右衛門から借財した「証文」によれば、「質物我ら三人《ママ》の家屋舗ならびに土蔵三カ所に家財などまで残らず書き入れ遣わし申す」条件で借財している。

また、貢租米に関係なく個人的に借用する場合もあり、それらの「証文」からみると、紀伊徳川家御貸付所や江戸・松本・高遠近辺の豪商農層から利息一割から一割五分の利率で借用していることが多かったようであり、「請人方へ本人の居宅・屋敷・土蔵残らず、造作とも有り来たり候の通り、質物を改め取り置く」のであった。このため、借用金返済が不可能となれば自己の家屋敷や家財を手離して破産し、ついには一家離散となることは明らかであった。天保七年（一八三六）二月の史料によれば、「町仕送役」大林与兵衛家の破産断絶の模様を伝えているが、これなどはその典型的な一事例といえよう。

仕送方法の改正

「町仕送役」の一人であった酒井与左衛門は、享保一〇年から元文三年まで一三年間仕送役を担当してきたが、その間に金子借用を繰り返し、元文三年の時点ではその借用金額は四八〇両に達していた。それゆえ、生活困窮を理由に「町仕送役」の免除を願い出たところ、藩役所は与左衛門の要求を却下して御用継続を命じている。このため、与左衛門は藩役所から借用した形をとって仕送金を上納し、元金を返済する方法をとる「証文」を書き上げた事例もみられた。

仕送役仲間は上納が困難となると上納方法の変更を願い出ている。

すなわち、享保一八年（一七三三）に早くもその事例がみられる。仕送役一〇人のうち亀屋十右衛門・

近江屋善四郎・和泉屋与左衛門（酒井家）・河内屋孫七・穀屋庄七の五人が、今後一人役の負担はできかねるから、五人で三人役の負担に変更してほしいことを願い出たのである。その結果、藩役所は申し出を認めて「しばらくのうち右の通りに相勤め、少しも勝手取り直し候はば、そのごとくに御用相勤め」るように申し渡している。よって、残りの五人で七人役の負担となることから協議の末、富屋四郎兵衛と阿波屋与兵衛の二人で四人役を引き請けることになり、残り三人は従来どおり一人役となった。仲間一〇人のうち嶋村庄三郎は生活困窮から家屋敷まで売り払う事態となっていたことから、藩役所はとくに庄三郎に対して二〇〇両の拝借金を与えて他の仲間とともに御用継続を申し伝えている。

同時に、藩役所はとくに仲間一〇人に対して町役御用の負担を免除する特権を与えて町仕送役の労をねぎらっている。その「覚書」によれば、町役免除の他に問屋役の近江屋（田中姓）善四郎は自己の家屋敷を御用役場として使用することを認め、茶屋（柴木姓）平四郎を仕送役仲間に入れることを藩役所は了承したのである。ようするに、藩側は仕送御用金の減少を極度に嫌い、新たに員数を増加させることによって御用金の補充を狙ったのである。

仕送金上納の実態

「町仕送役」が実際に賄った仕送金の実態を「仕送役御用金上納帳」によって検討すると、享保一六年（一七三一）・一八年・一九年の年間における納入状況は、その年度分として藩に上納した金額は三年間で一万三〇〇〇両となるが、前年までの残金の上納額を加算すると、同じく三年間で二万六〇〇〇両の多きに達している。

これを享保一六年の事例でみると表9のごとくになる。このうち正月は不納（詳細不明）であるが、この正月の不納分を八月に残金の形で各五四両二分ずつ上納（前述の安永四年閏一二月の史料の金額と一致する）し、また、前年の享保一五年の残金分として各五〇〇両ずつを同様に一二月に上納しており、享保一八年も同じ形式の納入となっている。個人別にみると、享保一六年では仕送役一人分の負担はおおよそ九七〇両前後となり、三カ年の上納金額は平均二二〇〇両から二六〇〇両となる。最高の三二〇〇両を出金したのは阿波屋（大林姓）与兵衛と富屋（広瀬姓）四郎兵衛の二人で、和泉屋（酒井姓）与左衛門は三カ年で二二七〇両の上納額であったが、この上納額に対して藩側からの返済額は先の享保一六年から一九年に対応する史料が存在しないため若干年代は下降するが、元文期から宝暦期の「金子請取覚」によってその大略を推考すると、和泉屋与左衛門への返金は平均して金一六両三分二朱と銀六匁七分余となる。なお、寛保元年（一七四一）一一月に別途二〇両が返金されているが、これは和泉屋への火災類焼手当金であったが、与左衛門は藩役所に願い出て仕送金の返済金に充当することで了承を得ているが、この返金は条件提示にあった利子二〇両一分に相当するものであった。

このように、町仕送役への御用金返済はまことに微々たるものであったから、自己資産の減少はきわめて大きかった。もちろん、町仕送役への反対給付もみられるが、それはわずかに苗字帯刀と若干の扶持米（二人扶持）支給があり、同時に「商人目付」としての資格も与えられたが、これがかえってその格式の栄誉を保っていかなければならない桎梏ともなっていったのである。

8月		9月	10月	11月	12月		計
当月分	亥勘定残分				当月分	戌年残分	
16両	54両2分	84両2分	40両2分	74両2分	20両2分	500両	936両
16	54.2	37.1	36.3	75.2	61.2	500	969両
16	54.2	97.2	47.1	74.2	61.2	500	977両3分
16	54.2	47.1	37.3	74.2	62.3	500	978両1分
16	54.2	37.1	39	74.2	61.2	500	977両1分
16	54.2	27.1	37	74.2	61.2	500	980両
16	54.2	97.2	27.2	74.2	61.2	500	986両2分
16	54.2	97.2	31.2	74.2	61.2	500	977両1分
16	54.2	47	37.2	74.2	61.2	500	937両
16	54.2	127.1	46.3	74.2	61.2	500	977両
160両	545両	630両	381両1分	746両	575両1分	5000両	9696両

（註）１月は全員理由不明，「仕送役御用金上納帳」により作成する。

軍役・持人の制

享保一〇年の「町仕送役」の設定によって年間八〇〇〇両を負担させ、さらに御用達を別途に選定して藩財政の一部を賄うことを政策上に反映させた藩役所は、翌一一年二月に新たに「軍役・持人の制」を決定した。すなわち、藩主頼卿は従来家中に対して実施してきた「借上制度」を中止して、軍役・持人の制を公布したのである。

ようするに、「借上制度」を停止することによって家中藩士の俸禄を全給することで生活を安定させ、新たに軍役・持人の制を規定したのであるが、「いずれも数年困窮の上の儀につき、御用捨をもって年数を延ばし仰せ出され」たのであって、藩側もこの規定にそってただちに「軍役・持人の制」を実施したのではなく、家臣の生活困窮状態を考慮して実施時期に余裕をもたせ、申の年、すなわち、享保一三年からの実施と定めている。先述の「年数を延ばし」

表９　享保16亥年仕送金上納額

	1月	2月	3月	4月	5月	6月	7月
閑林孫七		42両	7両	3両	56両1分	17両1分	20両
大林与兵衛		82	7	3	56.3	18.3	20
酒井与左衛門		32	7	3	47.1	17.1	20
竹村久左衛門		82	7	3	56.1	17.1	20
宮沢六兵衛		82	7	3	65.1	17.1	20
北原理左衛門		105.1	7	3	56.3	17.1	20
広瀬四郎兵衛		112.1	7	3	65.3	17.1	20
嶋村庄三郎		42	7	3	52.3	17.1	20
田中善四郎		42	7	3	56.3	17.1	20
矢沢十右衛門		2	7	3	47.1	17.1	20
計		623両2分	70両	30両	561両	174両	200両

がこれにあたる。

「持人の制」は、藩主に対しての公務忠勤の義務を果たさせるためには最小限度の持人をつねに保有させ、藩士としての体面と同時に藩の面目をも保たせるための規定であった。

一方、「軍役の制」は不時に備えての藩士の取るべき義務として規定したもので、軍役は一〇〇石について三人の負担となり、三〇〇石以上は馬の所持がこれまた義務づけられた。一〇〇石取りの藩士は若党の召し抱えについては藩士の自由としているが、一五〇石以上は若党一人の持人を義務づけ、一〇〇石増すごとに一人ずつ増して、六五〇石以上は若党六人となっている。さらに、不時の遠国往来や江戸在番の場合は軍役の規定どおりの人数を召し連れることになったが、それ以外はかならずしも規定数を守る必要はなかった。武器・馬具・兵具など多くを所有する場合、他に与える場合、他所より買い求めた小道具などは藩役所への届け出を必要としている。

しかし、藩側は藩士に対して軍役規定の人馬をつねに保有することは困難であるため、このたび「持人の制」を決定したとして、藩士の身分に応じた生活をすることを前提としている。

軍役の人、高の通り常々持ち候ては難儀いたすべきによって、持人の定書を今度差し出し候、斯の如く用捨なす上は武道を励し、武器相応に相嗜むべし（中略）、武器嗜みの事は面々油断これ有るまじき事なりといへども、畢竟世辺の附け届け、衣食・居宅・器物など取り繕い、当分の入目に其の禄不足におよび、心ならず不嗜みのように成り来たり候か、武芸の稽古心にまかせざるも、其の謂れたるべし、此の旨銘々了簡いたすべし

と規定して、武器類を所有することは藩士として当然の義務であるとし、それゆえに本人や家族が見苦しい姿・格好をしていても決して恥ではないことを強調し、所持の武器類の新古軽重などを問題とせず、所有すること自体が武士たる者の本分であることを諭している。

この藩側の「軍役・持人の制」は表面上は規定のごとく藩士に遵守されたと思われるが、その後停止した「借上制度」が復活して実施され、財政確保の面より「定免制」の全面的な採用、「俸禄制」の改正など財政政策が相ついで実施されている状況から判断すると、かなり困難となっていたものと思われる。

第二節　借上制の展開

借上制の復活

藩役所は「軍役・持人の制」を家中藩士に厳重に行うにあたって、従来から実施してきた「借上制」をいったん中止して、俸禄をおのおの全給することとした。

すなわち、家中藩士に俸禄を完全支給することによって生活の安定を求め、これを基礎につつがなく軍役・持人の制を守って、藩士たる身分の役割を果たさせることを目標としたのである。この軍役・持人の制度実施の背景には藩財政の確保が必要であり、それが前年享保一〇年三月の「町仕送役」の設定であって、一〇人の町仕送役に毎年八〇〇〇両の御用金を負担させ、別に御用達を新規任命したのであるが、一度支障をきたした藩財政が元に戻ることはなく、しだいに財政不充分となって中止した家中藩士への「借上制」を復活再開せざるをえなくなったのである。すなわち、享保一九年（一七三四）四月の段階で「借上制」を復活して実施に踏み切ったのである。それほど藩財政に対する財政不足に悩まされていた。

藩主頼卿の死去（享保二〇年）にあたり残された「遺言状」がのちに家中藩士に被露されているが、その文面のなかに「或は公用、或は不時の物入、旁もって近年別して不如意につき、去年中厳しく借上申し付ける」とあることも借上制の復活したことを証明している。藩側は領内豪商農層からの御用金に依存して藩財政を賄うことは困難であり、財政不足はまぬがれないことから「借上制」を復活したのである。藩役所は享保一九年四月に一一カ条からなる「仰書覚」を発布した。

ようするに、「借上制」の復活にあたっての諸注意と倹約・節約を申し渡したものであるが、今度の借上制は「仰書覚」のとおりに遵守し、支配・下役・組の者・末々の者・又者にいたるまで広く適用するものであることを申し伝えたもので、坊主や惣足軽共までが「借上」による引き方の対象とするので、頭共よりよく申し渡すこと、諸士の在番中は「借上」を免除して元高を支給するので、その際は軍役の規定どおりに人馬数をかならず召し連れることと規定している。無足の士にも同様に支給するが、御中小性が在所高遠勤めのために帰国する場合は、厄介の者として中間一人を貸し与えることを申し達している。

その他の条項としては、家中藩士や家族の着用衣類・食事・音信贈答・餞別・婚礼・養子取りなど、日常生活についての倹約規定を取り決めたものである。

すなわち、着用衣類については江戸藩邸勤仕の藩士は従来どおりの着用とし、姿格好の見苦しい場合があっても許可する。上級藩士は慰斗目の着用を許し、その他は自由とするが五節句（正月七日・三月三日・五月五日・七月七日・九月九日の節句日をさす）の節は綿服を着用とする。惣足軽については前々よりの規定を守り、年始・五節句などは格別であるが、月次など平日の出仕は「借上」の期間中は袴の着用は認めない。また、妻子は布木綿をかならず用いること。しかし、前々より所持していた場合は絹・紬までは着用を許可する。公用・私用、または別懇の者の出会いの節は、食事は特別に認めるが規定を守り、派手にととのえることは慎むこと。音信贈答や餞別はどのような事情のある場合でも停止する。「借上」の期間中はたとえ親類一族であろうとも、費用の無駄使いはやめて御奉公に専念すること。婚礼や養子取りは近ごろ世上の成り行きにまかせて物入りとなっているが、このたびは過分の「借上」となっているからその心得にて対処すること。婚礼の節の衣類は木綿類を用いること。また、内々のことはいかに見苦しくとも恥にはならない。さらに、拝借金の年賦上納は「借上」の期間中は返上しなくともよいことなどを規定している。

ようするに、「借上」の実施によって当然家中藩士の生活が困窮することは明らかであるから、これに対処するために藩士に対する倹約や節約を強要することになる。今回の復活にあたっては藩士の大部分に適用されるというきびしいものではあったが、これとても決して充分なものとはいえない。それゆえ、藩側のこうした財政政策のつぎに到来するものは、当然貢租の増徴、領内外の富豪層からの御用金徴収、借財となっていくことは必然的な成り行きであった。

享保一九年四月の「借上制」が何年実施されたのか、現段階では史料的に明らかにしえないが、元文二年（一七三七）・寛保二年（一七四二）・延享二年（一七四五）と矢継ぎばやに財政政策が実施されたことから考慮して、かなり長期にわたって実施されたことと思われる。

寛延二年の借上制

享保一九年の借上制の復活以後、史料上にみられる「借上制」は寛延二年（一七四九）・宝暦一一年（一七六一）・安永三年（一七七四）・享和三年（一八〇三）・文政九年（一八二六）・慶応二年（一八六六）・明治二年（一八六九）であるが、この時期以外にも当然実施されたであろうことは否定できない。

藩主内藤頼由は、寛延二年五月家中藩士に対して再度「借上制」の実施を伝えた。享保一九年と相違する点は藩主の「直書」によって通達された点である。頼由の発布した「定書」によると、冒頭で借上を実施する理由を述べているが、それによると、

家中の儀前々数度の借上これ有り、今もって借上申し付け置き、連々困窮の躰気の毒につき（中略）、畢竟取り続き覚束なきほどの手支へゆえ、不如意ながら今般なおまた在所・江戸家中一統格式以上、当巳の春より七ケ年に限り再遍の借米を申し付け、割合別紙の通り相定め候なり、定借の者共、かつ在・江戸小給の者共、唯今まで用捨なし置くところ、今度は年数の間借米を申し付くるなり、誠に是非なき訳たるの間、艱難すべきところは云うに及ばず、いかようにも取り続くにおいては、もっとも忠勤たるへし

と伝えている。

右のごとく、勝手方が困難で、かつ何回かにわたって家中に倹約を申し付け、役人たちも種々吟味したがよりよい解決方法が見あたらなかったことが、今回の借上制実施の要因であった。しかも、寛延二年にいたるまでも何回かの「借上制」が実施されていたことがわかると同時に、今までも「借上制」を実施していたことから考慮すると、財政政策と並行して「借上制」が長期にわたっていた事実を知ることができる。

そして、当寛延二年から江戸・高遠において格式以上の藩士に七年季にわたる「借上」を実施することが藩主頼由の名で発せられた。今回は常時借米を実施されている者だけではなく、江戸藩邸の小給の者に

まで借上の対象を拡大している。給分を差し引かれても藩の公務や私生活が続くようにすることが「忠勤たる者」の心得としている。

この「借上制」の実施と並行し倹約を命じていることは前回の場合と同様であり、着服は格式に応じて身につけること。また、身の廻りの小道具は必要あるもの以外は、絵掛物・翫器にいたるまで無用の物に手を出すことを禁じ、家中出会いの節の対応の制限、餞別・土産は親子兄弟のみとすることなどを取り決めているが、享保一九年の場合と異なるものとしては、

(1)　家中における役人の勤め筋によっては詮議の上で、手当を支給する。

(2)　平日の持人については近年用捨したが、召使いの男女を減少することは自由である。

(3)　借上中ではあっても勤労年功の抜群の者、役付の者、または員数に空席のある場合は、新知の加増、褒美、新規に召し出しを行う。

の三点が大きな相違点といえよう。

そして、この「借上制」についての条項をよく守り、毎年正月と七月の両度にわたって知らせ、各項目を周知徹底させて懈怠せずに御用を励むことを通達している。

第三節　定免制の採用

定免制

一般的には近世における徴租法の一つであり、年間の豊凶による貢租量の決定に対してあらかじめ貢租法を決めておき、一定期間はその既定量で徴収する方法であった。本来、領主からすれば農民からの貢租量を徴収する検見取法が財政を賄う基本的政策であったが、農民貢租の低落化を防ぐ貢租増徴政策が「定免制」であり、その期間に豊作時の余剰米を凶作時の不足を補って過不足なしとする意味をもっていた。

それゆえ、凶作時に破免する規定があったが充分ではなく、幕府の場合は享保一九年に破免条項を決めており、幕末まで踏襲されたといわれる。貢租徴収にあたって農民と直接結びつく代官やその手代が貢租査定の不正や貢組米の横領がしばしばあったために、その不正や横領の排除にあったこと。地方役人の廻村を廃止すること。一方、農民側からみると種々の面で利点があったことも、定免制の採用の要因となっていった。

内藤氏は高遠領三万三〇〇〇石を得て元禄四年に入封となった直後から、ただちに幕府代官の実施した貢租徴収方法である「本免・免下」による貢租徴収を採用したのは、一つには短期間に領主の交代があって徴収方法が異なると領民に不満や不信を引き起こさせることとなり、これを防止して安定した方法で財源確保を必要としたためである。このため、幕府代官から高遠領を引きついだ際に、あるいは示唆をえたと思われるが「有毛検見法」を採用し、相違なく貢租確保を行う事前の策として取り入れ、そして「定免制」の全面的施行を視野に入れていたものと考えられる。

「岩崎文庫」（高遠図書館蔵）のなかに年度別貢租徴収量を記録した史料があり、このなかに元文元年（一七三六）から定免制を採用したという記載がみえている。また、「内藤家藩文書」（高遠図書館蔵）のなかにも「定免制」を採用した史料が残されており、領内全村落が元文元年一〇月から全面的に「定免制」が採用されたことを記している。

定免制施行の背景

高遠藩における定免の問題が藩役所の財政政策の俎上にあがってくるのは、じつは宝永末年であった。内藤氏が幕府代官より高遠領を引きついだおりに、幕府預領時代に代官が実施した貢租徴収法である「有毛検見法」をそのまま踏襲した。そのとき代官から「有毛検見法」での徴収がより貢租徴収量の増加が見込まれることの示唆をえたかも知れない。前述のごとく、内藤氏の徴収率は元禄四年よりしだいに上がり、宝永末年ごろが最高の免率となっている。その宝永末年の最高免率を「定免法」の徴収率にスライドさせて徴収をはじめたものと考えられる。

まず、領内村落に定免法による徴収を実施することを政策として布達したのは、じつは宝永七年（一七一〇）であった。上伊那郷雨沢村の村役人が代官並木源助に差し出した同年の「願書」にはじめて「定免」の語句が登場する。それによると、定免を仰せ付けられたが当村は「東西の高山故殊のほか日向悪しく、其の上別して風つよく当たり申す」ような地理的条件の悪い場所であるので、藩役所の方でしかるべき処置をしてほしいことを願い出たのである。

古定免村と新定免村

享保一六年（一七三一）二月、春近郷田原村の村役人が藩役所の定免不作検見などについて藩側から示された「申渡書」に対する「請書」として差し出した文書が残されている。それによると、享保一六年の段階で領内には「古定免村」と「新定免村」の二つが存在したことがわかる。

すなわち、前者の村々は宝永七年の段階で藩の志向する「定免制」を請け入れることを承引した村々であった。同村の願いに対して藩側は、「収穫量の皆無、または鎌で苅り取ることの不可能なくらいの不作、四割程度の収穫しかない場合にかぎり破免とする定めであるのに、近ごろは定免の意味を取りちがえている。陽気ちがいや田畑の位付の高下、悪所などがあるのを承知で、しかも年々収穫に善し悪しのあるのを覚悟して定免村になったのであるから、少々の不作や飛び飛びのちがいなどによる地損引きでも願い出るのは、従来の有毛検見法で徴収する年免村と同様に考えておりたいへん不埒である。今後は非常なる凶作・不作の場合は格別であるが、平年の不作見分を願い出ることは認めない」と返答している。

これに対して、後者の村々は村内に悪地があったことから定免を願い出なかった村々で、近年まで年免の村落であった。そこで藩役所はこれら年免村に対して、

(1)　悪地の分は用捨する。

(2)　厘付高下の村落は小検見を行う。
(3)　年々の平均五割の損亡時があった場合に破免する。
などの条件によって「定免制」の施行を承引した村々であった。

この他に、春近郷殿嶋村・川下郷川手村・大嶋村の三カ村は、出水にて橋が流失して肥料となる苅敷が確保できない年には用捨する。中沢郷大曽倉村・中山村は山方村落のために早霜による被害があった年は引き分を考慮する。同郷内の旱損村で世間の噂となるような被害のあった年は村中で平均五割の場合は破免するという条件のついた村々もあって、新定免村の方が好条件となっていたことがわかる。

右のことから、領内村々には宝永七年の段階で「定免制」の採用に賛同して承諾した村落があり、その後享保期前半に新たに定免法を採用した村落があって、これが新定免村であった。ようするに、領内の全村落を確実に定免制度のもとに組み入れて貢租確保を狙い好条件を提示したのであるが、それでもなおかつ定免制度に反対して年免願いを要求した村落があったのである。その数はおよそ全体の三分の一に相当する村落であった。

藩役所の対応

元文元年（一七三六）七月二〇日、藩重臣と代官矢嶋喜左衛門・岩瀬丈右衛門・大和田十右衛門・北原儀右衛門・中村甚右衛門の五人と郡代の安藤太郎兵衛らが会合を開いた。この時五人の代官は、領内村々三七カ村に定免制への切り替えを通達し、定免法の徴収について説明したが、それでもなお三七カ村のうち三分の二に相当する二三カ村は反対して年免村として残っている。それゆえ、二三カ村の村役人を出頭させて定免法に対する存念を聞いた。また、村内での話し合いもあることなので、賛否はのちほど申し出ることになっていると報告している。

この二三カ村の反対理由は、「旱損場の田地を所持致し、または悪所色上がりの田地を持ち候いて、それ故年免にて罷り在り候と思し召され候」であった。しかし、これらの村々も藩役所の旱損地に対する処置として、

其の旱損年大変十分の旱損の節はもちろん、そして少々軽き旱損にても五、六日より沙汰広くこれ有るほどに候はは、其の旱損に応じ御救い下さるべく候、たとえば八分の旱損、七分・六分の旱損もこれ有るべく候へば、其の品次第に御救い下さるべきとの御事に候、それより已下少しの事に候はは、さようの年はこらへ候のように致すべき事

との返答を通達されている。この会合によって郡代の安藤太郎兵衛の感触として「御領分一統定免に相成る」であろうと、定免制の採用に対しての有利さを予測している。

翌七月二一日の会合にあたって安藤太郎兵衛は家老の内藤蔵人をはじめとする藩重臣に対して「窺書」を差し出しているが、その「窺書」によると年免村への対策、今後の郡代と代官との対応、年貢免定の書式について詳細に伺いを申し出ている。

「窺書」の大意は、二三カ村の村役人と談合した結果、全村が納得したから「かれこれ御代官共の取り計らい、村々残らず定免の御請け申し上げた」ので、全領の村落が定免制に賛成した。これも「御先代

（藩主内藤頼卿）よりの御世話と思し召させられ候のところ（中略）、御上（藩主内藤頼由）御廉直の細かなる思し召しの故と恐れながら存じ奉る」ところとして、これで自分たち郡代や代官は安心している。村々の承認を背景に村役人たちから御請けの「一札」を申し付けて取り置くようにしたい。定免制になったので以後は検見をしないつもりであるとして、検見の廃止を条件にあらためて領内を巡廻して定免制施行の申渡しを行いたいと述べ、村落への巡廻も農民の農作業の忙しさを念頭において一〇月の農耕の合い間に廻村したいとしている。

さらに、「御取箇勘定」についても、平年は代官が村の様子を調べて以後に勘定に取りかかっていたから、役所に何日も詰め切りで仕事をする忙しさがあったが、定免制が採用されるならば代官の自宅で仕事をし、帳面を差し出すので仕事も簡略化される。また、「年貢免定」も前年の「免定」を用いて認めるので村役人を呼び出して「年貢免定」の略紙を渡せばすむことであるとして、雛形を一例として書き記している。安藤太郎兵衛は、藩側の新政策にあたって農民側の考えや立場を考慮して、可能なかぎり農民を刺激しないようにしながら藩側の取るべき政策や農民の立場を克明に記したのである。

定免制の採用

七月二一日の会合の結果を江戸上屋敷に滞在する藩主頼由に報告するとともに、村落へも正式採用を申し渡すことになった。しかし、七月二三日になって春近郷殿嶋村三カ村が定免制の施行に反対して年免村に戻りたき旨を願い出てきた。藩役所は殿嶋三カ村の厘上げ（増徴分）による取米一四石九斗三升余は御救い米として免除し、それでも納得しかねる場合は殿嶋三カ村の願いどおりに定免村から除外することを認めざるをえないと判断している。

八月二日に申渡しを行うことにしたが、とにかく全村落の村役人が一堂に会するため表会所に集めて行い、その際時間がかかることも予測されるとして安藤太郎兵衛は重臣の青山七蔵に農民に茶などのふるまいをしたいと申し入れている。

八月二日表会所に村役人を出頭させ、郡代と代官立会いで正式に申し渡したので、年免村希望の殿嶋三カ村もその場の雰囲気におされてなんとか定免制を承諾して、ここに本格的に全領村落の定免制がスタートしたのである。

このとき、年免村が定免制を認めた際の「請書」によると、藩役所の説得が功を奏したことがわかり、「当年まで年免にて罷り在り候のところ、此のたび御手当それぞれの御了簡を成し下され候」なので得心した。そして、「先立って御内意を仰せ聞かされ候の趣承知奉り、此のたび御手当の村ならびに旱損所は旱損引き下げ置かれ、其のほか村々の悪年不作に相極まり候の年は、御了簡の上引き方下さるべき」ことになってたいへんありがたいとし、少しの不作などは検見などの願いはしない。村々の不作年は村々が融通しあって相互に助け合い、農作業に精出し、平生村々が申し合わせて役儀が滞らぬようにすることを約束し、今後村々が難儀した場合は年免村に戻ることを認めてほしいと願い出ることもありうることを釘をさし、万一年免村に戻った場合は定免になって村々に援助された手当米は返上することを申し述べて藩側を牽制している。この「請書」に連名した村々は最後まで反対した二三カ村を含めた村々が署名しており、全部で三七カ村一七七人（全員村役人）に及んでいる。

そして、一〇月一〇日に藩重臣は江戸上屋敷に滞在する藩主頼由に定免制の施行が達成したことを報告したが、藩主頼由はたいへん満足の意を唱え、郡代安藤太郎兵衛の精意を謝し、太郎兵衛の差し出した「窺書」を頼由がいちいち心に留めていることを藩重臣は太郎兵衛に伝え、頼由の意向を盛り込んだ藩役所の「覚書」を太郎兵衛に手渡して、定免制の施行にあたっての藩側の対策や太郎兵衛の考え方に対する意向を伝えた。

すなわち、郡代安藤太郎兵衛の「窺書」の内容はすべて藩主頼由が一読して承認した。村落が定免制の採用を承引したから作柄状況の検見はせずに、公儀や御家の作法、村々の生活のことまで村内を廻村して申し伝えるには一〇月の手すきの節に行い、春先のような農繁期は避けることが肝要である。また、廻村の場合は例年の検見時分より早く廻村すれば村方の差支えにならない。廻村は被害のあった年には見分を含めて行うことは当を得たもっとも有効的な処置であるが、各村落の事情もあるであろうから、その年の様子しだいで廻村すること、年貢免定の文言も「窺書」のとおりでよいとのことであるとして、藩主頼由の意見を盛り込んで藩重臣が郡代安藤宛に指示したもので、農民に接触する現場役人の意向を尊重する態度がにじみ出ている。

右のような経過を経て高遠藩の定免制の施行はようやく軌道にのり、貢租賦課方法も従来の年免から一定期間は規定数によって徴収する定免制となり、文化初年まではこの方法によっての徴収が行われたのである。

第四節　物成給分渡し方の規定

元文二年の俸禄制

享保一九年（一七三四）に借上制を復活させ、さらに元文元年（一七三六）一〇月から領内に定免制を施行して財政確保の政策を打ち出したのであるが、元文二年には家中藩士への給分支給方法の一つである「金給制」を廃止して蔵米支給への改正を行い、「俸禄制」の実施に踏み切った。すなわち、元文二年一二月藩主頼由は家中藩士で金給制にのっとって金給をうけている者を俵数で受け取る「俸禄制」による蔵米支給を提示したのである。

藩主頼由の発布した「仰書覚」（図2参照）によると、家中藩士への宛行は無足以下の者に金給制によって支給していることは世に一般的な傾向であったが、金穀の別に場所によって米相場に出入り（高低）があり、甲乙の別があった。領内の同じ家中藩士である以上、同様の方法で支給すべきであるから、従来の金給制を廃して御蔵米支給に改正することは、先代の藩主頼卿時代からの懸案の政策であった。しかし、近年は米相場が下落傾向にあるから、御蔵米支給の実施は延期してきた。かつ、幕府の金銀貨幣の吹き替えによっていよいよ金給者は生活困窮がつのってきた。それゆえ、他からの借財によって藩士を扶助してきたが、来たる元文三年の春から文字金（元文三年発行の貨幣の表面に楷書で「文」の字を刻印した貨幣のこと）の通用を幕府から沙汰されたことから、高遠藩も元文三年春から金給制を改正して蔵米支給とす

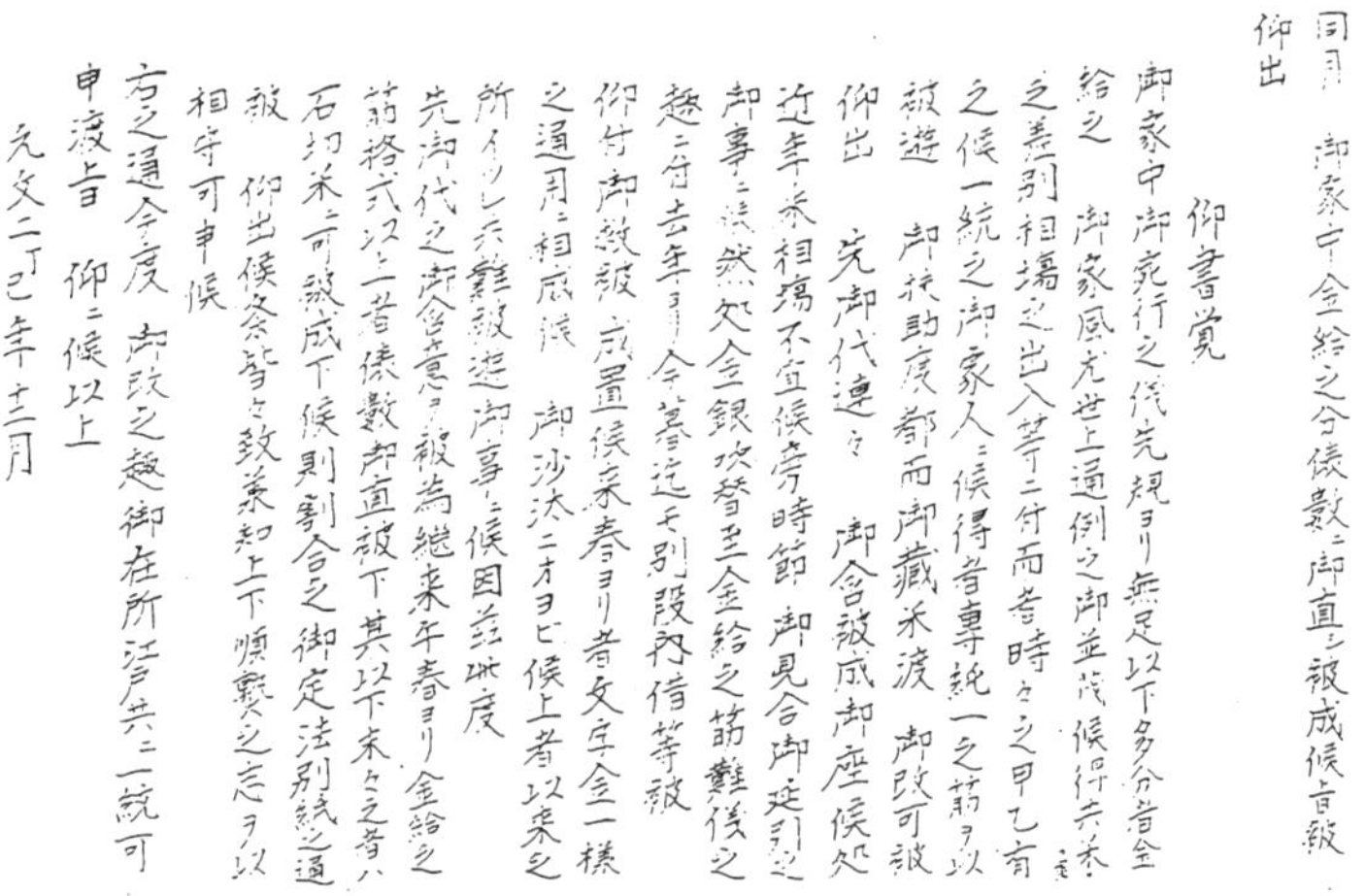

同月　御家中金給之分俵数ニ御直シ被成候旨被
仰出
仰書覚
御家中御宛行之儀先規ヨリ無足以下多分者金
給之　御家風元世上通例之御並茂候得共、是
之差別相場之出入等ニ付而者時々之甲乙有
之候一統之御家人ニ候得者専純一之筋ヲ以
被遊　御扶助度都而御蔵米渡　御改可被
仰出　先御代迄々　御含被成御座候処
近年米相場不宜候旁時節　御見合御延引之
御事ニ候然処金銀次替至金給之筋難儀之
趣ニ付去年ヨリ今暮迄モ別段於借等被
仰付御救被　成置候来春ヨリ者文字金一様
之通用ニ相成候　御沙汰ニオヨヒ候上者以来之
所々ニ至難被遊御事ニ候因茲此度
先御代之御含意ヲ被為継来午春ヨリ金給之
筋格式以上ニ者俵数御直被下其以下末々之者ハ
石切米ニ可被成下候則割合之御定法別紙之通
被　仰出候条皆々致承知上下煩敷之忘ヲ以
相守可申候
右之通今度　御改之趣御在所江戸共ニ一統可
申渡旨　仰ニ候以上
元文二丁巳年十二月

図2　俸禄制実施の「仰書覚」

る「俸禄制」としたい。格式以上の藩士には俵数になおして支給し、それ以下の藩士には石切米とすることが沙汰され、しかも江戸・在所高遠両方で実施するという内容であった。

ようするに、金給では生活に余裕がなく、金銭を使い果たせばその時点で生活をより悲惨なものとしてしまう。蔵米支給（俸禄制）にするならば米相場やそのときの社会情勢によって米価の変動があって、蔵米であれば金給者ほど生活困窮にはならないであろうとの考えにたって実施されたのである。

蔵米支給によって当然俵数の定めが発布されているが、それによると、一〇両は三九俵、九両は三六俵、八両は三三俵の順で規定され、最低は三両三分の一六俵となっており、元文三年から徒士以上の藩士に俵数による支給を行うことがこれまた藩主の命によって決まったのであるが、これには「借上制」の実施が前提にあったのである。

元文三年の渡し方の改正

先述したように、藩主頼卿の念願であった財政政策を継承した頼由は、町仕送役の設定、借上制の復活を背景に定免制を採用し、俸禄制への転換を試み、元文三年に「物成渡し方」の大幅な変更を加えたのである。

すなわち、扶持米・石切米の渡し方を同三年から春・夏・冬の三季渡しに決め、その際の給米は領内のどの郷より請け取ってもよいこととし、それを郷村より直接藩士宅に届けさせるから、必要数を前もって給米方月番まで届け出た上で郷支配の代官に「請書」を出して米を請け取ることとしたから、藩庫からの給米を中止する。付扶持は二月分は正月末に藩庫より渡し、三月からの三カ月分は格式以上の者には二月中に村々より届けさせる。六月からの四カ月分は五月中に、一〇月分は九月中に、一一月から翌年正月の三カ月分は一〇月末に渡すことになった。

飯米や付扶持は三季とも村々から届け、郷割は給米方に割り付けるので藩士の望みはいっさい取り上げない。小役人や足軽の三季渡しは一組一支配切りに一カ所に指定し、付扶持は定めの日限にかならず請け取ること。その際通帳によって請け取るが、給米は郷村から持参した場合はそのたびごとに「請取手形」を添えて農民に渡すこと。郷村よりの米俵一俵は三斗三升入りが定法であるので、その量目が不足した場合はおって足米を渡す。在番衆で長屋住いの藩士が付扶持を請け取って置く場所に差支える場合は、郷支配の代官に依頼して村々の郷蔵に預けておくこと。三季請け取りにあたって差支えのない場合は代官と相談すること。雑穀渡し方は従来どおりに藩庫より渡すが、定日一日のうちに請け取り、また、大豆は従来春・夏両度渡しであったのを当年より春一度とするが、もし代米の場合は従来どおり二度渡しとする。餅米は藩士の望みしだいに渡したが、当年よりは家老・年寄は三俵、御用人は二俵、給人以上無足医までは一俵と定め、それ以下は代米にて渡すが、代米についての内願は認めない。餅米以外は時相場にて調えることは自由とする。なかには内々で在中に代米を求める者もいるようであるが、以後はその行為は認めない。給米の要求は一カ月のうち三の日の三日間とし、三季渡しは二月・六月・一一月中の指定した六日間とする。毎年正月に藩庫よりの出し米は二三日よりの三日間とするなどを改正した。

ようするに、藩役所が従来一度で実施した給米を手にすること、また、それをただちに手にすることは結構であるが、それをただちに換金化することは生活の計画性が十分にたてられず、それ以上の給米を確保できなくなって困窮状況がすすむことになる。よって、この状態を少しでも予防するために三季渡しとすれば、ある程度の計画性が保たれ、藩士の困窮状態を脱することができるものと藩側は判断したのであろう。同時に、給米にあたっての藩側の多忙さを緩和することと、藩士宅に農民が給米を届ける方法に変更したのである。

寛保二年の渡し方規定と改正

元文三年正月に給米渡し方の改正を行った藩役所は、寛保二年（一七四二）正月に藩主頼由が家中藩士に対して守るべき「条々」を発布し、以後内藤氏の基本的藩法として代々の藩主の政治的方針に取り上げられていくが、これと並行して藩士への物成給分の渡し方をさらに詳細に規定した「定書」二五カ条を発布した。その内容は藩士の新規召し出し、加増・役料・家督相続・御家断絶・隠居・死去・御暇・捨扶持などの際の物成の渡し方や返上に関するものであった。すなわち、

(1) 六月晦日までの期間に給人以上の藩士が召し出された場合は一年分の宛行を支給し、七月朔日以降の召し出しは半年分の支給とする。

(2) 他領からの召し出しの場合は御目見の当日より宛行し、家中の場合は申渡し日よりの支給とする。しかし、足軽以下は元文二年（一七三七）一二月に廃止された金給制を復活して、召し抱えた月より月割支給とする。

(3) 役料は前述と同様に六月までは一年分、七月以降は半年分の支給とする。

(4) 加増は一二月末であっても一度に支給し、大扶持の場合は召し出された日より渡し、それを地方分になおした場合は一二月であっても一年分を渡す。

(5) 無足から給人に取り立てられた場合も一年分の支給とする。

(6) 家督相続は許可されたときに継続して親と同額分を支給し、また、地方ならびに俵数分は宛行高が減少したときは隠居・病気の月までは親の宛行を月割にして渡し、翌月から減じ高を月割にして三季渡しとする。閏月は除外して一二カ月割とする。

(7) 嫡子が部屋住みから召し出された場合は、父子ともに勤仕の場合に親が隠居・病死の節に嫡子の俵数が親より高ければ家督相続とはせず、従来どおりの家の相続とする。付扶持は家督相続したときは親代りに引き続いて渡すが、子の付扶持分は相続を申渡した日まで渡し、翌日より取り上げる。

(8)　給人以上の跡目の場合は、存命のうちに願い出た後で死去し、養子を決めていれば中絶中の月数が何カ月あっても渡し、その際地方俵数・付扶持の有無にかかわらずに三季渡しとし、定日を過ぎた場合でも翌日から跡目を仰せ出された前日まで家族内の人数によって跡目の者に仰せ出された際の月割で宛行を支給する。

(9)　無足や御中小性・御供番・徒士ともに中絶になった場合、厄介人が何人いても二人扶持ずつ捨扶持を下さるが、厄介人が一人の場合は一人扶持とする。

(10)　給人以下無足以上の家がもし断絶の場合は三季渡しのときに月割で渡し、もし過分にあったとしてもそのまま与える。月末になって翌月分の扶持を渡した以後の場合もそのまま支給する。

(11)　部屋住みの嫡子が病死した場合は月割で差し引いて渡すが、もし不足の場合は親に渡し、過分の場合は親より返上させる。ただし、付扶持は病死の場合はその日分は渡し切りとし、もし月末に翌日分を受け取っていたときは返上させる。

(12)　給人以下無足以上の者が御暇の場合は願い出があった際は月割として不足の場合は渡し、過分のときは返上させる。大扶持・付扶持は暇になった日まで渡し、翌日からの分は取り上げる。また、咎めにて暇になった場合はその日まで渡し、翌日よりの分は返上させるが、その際の過不足は差し引きはしない。物成俵数を前もって請け取っていた場合は渡し切りとし、残米があっても渡さない。これは部屋住みの嫡子でも同様である。

(13)　捨扶持は月末に翌月分を渡すが、それ以後死亡した場合は渡し切りとし、渡し日以前に死亡した場合はその月のみとする。

などの規定であった。

右のように、物成給分の渡し方が非常にこまかい規定となっているが、従来この規定があいまいであって、区々まちまちであったりして家中藩士のなかにはなんらかの不平・不満があったのを一掃し、この時期の財政政策の遂行にあたって明確に整理実行し、財政政策の基準として定めたものと思われる。

延享二年の修正

この寛保二年正月の詳細な規定にも不備があったとみえて、延享二年（一七四五）一〇月から前述の「定書」の部分修正を行うとともに、それ以後随時寛保二年正月の「定書」に追加した項目を掲げている。一例をあげると、

本帳九ヶ条目の見合わせ

一無足より給人に御取り立て下され候の節、御給分・御加増の有無ともに新知と相立て、初年は引き方御用捨の事

ただし、右は戌の五月伊東六郎兵衛御取り立ての節より相極まり候の事

と修正されている。

すなわち、文中の「本帳」とは、寛保二年正月に発布された「定書」のことを指している。「本帳の九ケ条目」というのは、「本帳」では何月に取り立てられても給分は全給となっていたのを「修正」では給

分・加増の有無にかかわらず新知として支給することとし、春渡しより以前の場合は給人なみに三季割になおして渡すが、春・夏渡し以後の取り立ては無足の場合は春渡しより多い場合に差し引いて渡すこととする。それは寛保二年（一七四二）五月に伊東六郎兵衛が御取り立てになった際に前述のように取り決められたと解釈すべきである。

「本帳」一一カ条目（右の(3)）の役料については、六月末日までは一年分を与え、七月以降は半年分となっていたのを、「修正」では二季渡し、すなわち、春・夏の両度渡しであるが夏渡しの前日に退役した場合は支給せず、渡し方の翌日の退役の場合はそのまま渡し切りとするように改正している。さらに、役扶持のある者が役替えや退役の場合は朔日・二日に仰せ出されても、その月分は全給とすることになったが、理由があってその分を請け取らないままに死去した際はその月分は渡す。また、月末に退役したのに翌月分を請け取った場合は返上させることとした。

「本帳」一六カ条（右の(5)）と一八カ条（同(7)）の修正をみてみよう。

無足以上の給米・付扶持とも修正では無格以下までも含むように変更されている。「本帳」一八カ条の父子ともに付扶持のある場合は家督相続の際に親代りにて続けて与えられ、子が支給されていた扶持は相続の日まで渡し、翌日の分より取り上げる規定となっていたが、修正では親の三人扶持はその月まではそのまま支給され、子は二人扶持に減少するが、部屋住み時代の二人扶持は相続を認められた日まで支給し、翌月朔日よりは親の給米と同様に三人扶持とする。親の隠居・死去の場合は部屋住み時代の宛行を家督が許可された日まで渡し、付扶持は申渡しの日まで渡す。また、親の病死後に相続を仰せ出された月まで渡すと二重に渡したようにみえるが、親の死後に相続の沙汰がないうちは持人馬などを減らすこともできかねるから、分限を守るためには相続を仰せ出される日まで部屋住みの宛行を渡しても二重渡しとはいいがたい。給米については親死去の翌月に相続を仰せ出されれば、部屋住み時代の給米はその月より取り上げる。三カ月が過ぎた場合は親の分、子の分も渡すが、子の分は何カ月延びても仰せ出された月から返上させることとするというものであった。

延享二年以後の追加

前述の修正の条項の後に記載されている条目は、延享二年一〇月より以後に漸次追加されたものと思われる条目である。条目によってはそれ以前に決定されていたものをこの箇所に追加として付加された条目もあり、その多くは干支のみで正確な年代は不明なものが多いが、一応取り上げてみよう。但し書に記載される干支は延享二年よりそう長期にわたる期間の追加はありえないものとしてみよう。

一〇人扶持が七〇石であることは先述の元文二年一二月の俸禄制採用時の「覚書」と同様であり、在番先にて三人扶持を支給し、江戸勝手方の場合は江戸の米相場にての支給となり、同時に付扶持については、独身者は在番扶持を停止して従来どおりの扶持米にての定めとなったのを享保二〇年正月に改正したものを、今回あらためて追加の形で文章化したのである。江戸引越しの節の付扶持は到着した場所で渡すこととなり、その道中の日数は五日と定められていたが、それは寛保三年（一七四三）に中山式右衛門父子の場合に決定したことであった。また、付扶持で独身者の引越しに在番先で仰せ付けられた場所でその分を渡され、到着の日より引越し先にての分を渡されている。

定御供役扶持所有者が御用・病気でその場所に残った場合の役付は何カ月経ても前月まではその場所で渡され、到着した日より在番先の役付を渡された。また、出立日がいかなる場合においても五日の定法を守ることが優先されて到着した場所の扶持が渡されたが、子の年（宝暦六年〈一七五六〉か）の川地嘉蔵の参勤のときに決定した。雑穀渡しは江戸より高遠に移ってから当地の物成を定法どおりに手渡し、在所への移動を命ぜられても動かずに物成を請け取った場合は雑穀分は渡さない。無足から給人に取り立てられた場合も右に準ずるが、物成は取り立てられて以後に渡されている。

四季施し代にて召し抱えられた者は一年分を三季割りにして与えるが、それは六月までは春分より、七月からは半年分を渡される。これは亥の年（宝暦五年か）正月の池上弥助の場合から取り決められた。四季鼻紙代を支給された者は俵数・石切米のいずれかで支給されるが、四季施し代渡し以後は夏分以後の二季渡しとなった。これは子の年（宝暦六年か）の安田新助・遠藤善治のときからの決定であったが、同年三月の北原古閑との相違を但し書で解説している。

石切米支給者の加増は二月までの場合は加増分をそのときに渡し、あとの一年は元高のみを渡し、翌年から加米を足した新高を三季割で渡すが、丑の年（宝暦七年か）の赤羽新五右衛門と兼子安兵衛の場合からの決定となった。銭給から石切米に変更になった場合は二月まで月割無引にて渡し、残り分を月割にして返上とするが、一二月の場合も同様で一二月から三カ月分は無引の月割で渡し、銭給は月割にて返上させ、三月からは五朱引きで渡し、丑の年の原甚助の事例から適用された。

中間小頭より外勤の場合は無引にて渡し切りとし、数年勤仕して老年となり永の暇となった場合は捨扶持を下されるが、切米渡し方に過不足があっても差し引かない。中間が病死の場合は銭給は月割勘定として渡り過ぎは返上させ、不足の場合はそのまま渡し切りとし、役高は加増の事例と同様であるが、一二月晦日に命ぜられても一年分を渡す。在番先にて一カ月未満にての帰りは半年分の引き方は用捨し、一カ月以上は一年分を渡す。一二月に出立して翌年にあたって一カ月未満も同様である。俵数より地方直しの場合は新知とし、一年分を渡す。

定御供の場合も在番免除のときは一カ年の引き方とし、二月より三月までの役替の場合は引き米のうち三分の一は用捨し、四月以後の場合に藩主発駕前の場合は引き高の半分を用捨する。隠居・病死の場合も同様である。不首尾によって在番中止の際の引き方はそのときの様子によって吟味を行う。また、病気による保養が数カ月になって御用勤めが不可能な場合は一年分の三分の二を用捨し、三分の一の引き米は翌年在番から帰ったときに暮と春の両度で割って返上させた。不時の在番を命ぜられた者が病気にて御用勤めが不可能の場合は願い出によって、春と夏両度の渡しのうち引き米は暮より三季渡しとして上納し、三季ともに無引の場合は翌年の春から一年分を春と暮に割って返上させる。在番先にて病気となり三〇日未満の場合は「借上米」高の三分の一を用捨し、三〇日以上の場合は一年分の引き米半分を用捨し、在番先に到着した日より一〇〇日を超えた場合は一年分の引き米全部を用捨するなどを定めている。

元文三年（一七三八）正月・寛保二年（一七四二）正月・延享二年（一七四五）一〇月の三回にわたる物成給分の渡し方によって、高遠藩内藤氏の家中藩士への給米支給方法はおおむね決定したとみるべきであろうし、以後修正・改正があったとしてもそれは部分的なものにとどまったと考えられる。

安永三年の渡し方と借上

安永三年（一七七四）四月には高遠家中における物成給分渡し方と借上が新たに実施されたが、このときは高遠在住の藩士の事例が残されており、しかも個人別に記されている。給人七五人、御中小性二五人、御供番二三人、徒士三三人、坊主六人、以下城代組・小野寺組など一一組の一九二人、御普請方支配の二五人、中間頭支配の一〇八人、その他で合計五三八人が詳細に記されている。

ここでは全員を掲出する紙数的余裕はないので、①家老内藤主計、②年寄役岡部十郎左衛門、③勘定奉行粟栖五郎左衛門、④代官富嶋善左衛門、⑤藩医馬嶋柳渕の五人を事例として掲出し、その一端をみていきたい。なお、一人扶持は一石七斗七升で、この量は給人・御中小性・御供番などはすべて同量で、この量で三季渡しで支給されている。

①　家老内藤主計の場合

本高は四二六石であったが、安永三年当時は二八人扶持の支給で支給率は一一・六パーセントであった。このほかに召し抱えている若党一人分の手当として二両二分一人扶持（三季渡）が別途に支給されている。借上は一一八石四斗余（比率は二七・八パーセント）で、このうち四二石は従来からの引き分で、残余が今回の安永三年からの引き分であった。当年は城代組に自身の抱えの家来を一人貸与していた。

②　年寄役岡部十郎左衛門の場合

役料の二割である二〇人扶持が引かれており、一人扶持が一石七斗七升であるから三五石四斗の引き米となる。内藤主計と同様に岡部十郎左衛門も若党一人分の手当を支給され、城代組に一人を貸与していた。

③　勘定奉行栗栖五郎左衛門の場合

本高一二〇石のうち当年の支給は一三人扶持の二三石一升（比率一九パーセント）であり、借上による引き米は二四石九斗九升（比率約二一パーセント）で、栗栖五郎左衛門も安永三年の新引きの方がやや多い数となっている。

④　代官富嶋善左衛門の場合

本高三三俵三人扶持の支給は六人扶持渡しの一〇石六斗余のほかに代官としての役料が三石加算されている。借上による引き米は三石二斗四升と役扶持として二人扶持があった。

⑤　藩医馬嶋柳渕の場合

本高一五人扶持八分六厘に対して一〇人扶持（一七石七斗）の渡し（支給率六三パーセント）であり、借上による引き米は八石八斗五升で栗栖五郎左衛門と同様に新引の方が多くなっている。

以上の五人を含めて全体的にみると、上席者ほど支給率は少なくなり、借上も上席者ほど古引を含めた引き米となっていて、藩士の大部分は安永三年段階での引きであった。御側勤めの藩士は役料二人扶持の半分は借上の対象となっており、御中小性では職制による役米の支給者が多いが、なかには在番先で支給されている者もおり、安永三年には在番先の江戸上屋敷で支給されている藩士もかなり存在している。役米の支給方法も安永三年と四年では在番制と帰国した際の支給が反対になっている藩士もいた。

御供番の藩士では本高に対して支給される量にかなりの差異がみられる事例があり、坊主以下組支配の藩士になると支給される一人扶持は一石五斗となる事例が大部分を占めている。なかには一人扶持で三石、二石三斗九升、二石二斗、二石の支給者もみられる。借上も最高二石九斗から最低五斗まで六通りの区分があって、扶持米も高遠から出府する前にあらかじめ支給され、帰国してから残余を支給される藩士も存在している。俸禄制採用のなかには金銭給の支給者もおり、その大半は中間頭支配に属する藩士であった。この安永三年の支給状況をみると、前述した元文三年・寛保二年・延享二年の給分物成渡し方によって支給されている実例をみることができる。

その他には藩士以外の者も同様に記載されているが、城下町人のなかで町仕送役七人も扶持米を与えられ、広瀬四郎兵衛のみ五人扶持（八石八斗余）で、他の六人はいずれも二人扶持（三石五斗四升）であった。また、城下に存在する藩主の菩提寺であった満光寺は三斗三升入り一俵で四五俵（一四石八斗五升）分、樹林寺は三〇俵（九石九斗）分が支給されている。さらに、藩士田口直八の母に一人扶持（一石七斗七升）が支給されているが、藩士の「由緒書上」などによると、本人病死、その他の理由で家族が一人となった場合は「捨扶持」として与えられる事例が多いので、この場合もこの「捨扶持」に相当するものと思われる。また、京都の黒谷光安軒に二人扶持代として金三両が支給されているが、これは藩主内藤重頼が京都所司代就任中に京都で病死し、墓所のある金戒光明寺の一塔頭である光安軒に支給されたものである。

第五節　明和四年の無尽政策

実施の背景

明和四年（一七六七）一一月、藩の元〆方役所は領内に「沙汰書」を発布した。この沙汰書によると、累年にわたって御勝手方の不如意によって「江戸表公辺の御勤め、または御在所御要害のしまり御武器の御嗜み」などのほかは倹約を命ぜられ、難儀を強いられてきた。このため、家老・年寄をはじめ家中一般の藩士にいたるまで「種々勘弁工夫をもって、段々と御倹約の筋」を考慮して、今回までなんとか御用勤めを果たしてきた。しかし、生活困窮の度合が増大し、他からの借財主の利子も嵩んできている。それゆえ、元〆方役所は明和二年・同三年の両年にわたって領内村落に御用金の上納を命じたが、「利銀など下され候の御心当たりも当暮に至り、別してこれなき」状態となり、才覚金もなく、また、家中とても甚だしい困窮に落ち入り、「此の上、御借上これ有るにおいては御軍役も御勤め」がたきありさまとなった。

以上の理由によって、

当暮に至り、別して御差し支えに御座成られ候（中略）、御領内在町一統に無尽御頼み成られ候、もっとも壱ケ郷につき上の御懸金ともに二百両のつもり、町は上の御懸け金ともに六百両のつもりの御割りに候（中略）、近年打ち続き世並も悪しく、皆共に困窮仕るべきについては、旁仰せ出されがたく候へども、是非に及ばせられず御拠ろなく仰せ出され候と沙汰され、親掛りとなった者は大義であろうが、領内の者たちのためにも領民一同申し合わせて相働くようにと、元〆役所から布達されて明和四年一一月に「無尽政策」が藩営の形式で開始されたのである。

無尽の方法

藩側は財政政策を断行する際には、かならず「御勝手方不如意」とか、「旦那勝手方」、「御物入り多く」、または「厳しく御倹約仰せ渡され」るなどの語句を用いて、藩側が極度の財政困難に落ち入っていることを強調して、領民側の協力を求めているが、今回も右のことを背景に「無尽」という財政政策を藩政策の上に反映した。藩側の財源確保の方策が如実に示された一例である。

この「無尽政策」の内容をみると、無尽年数は一五年で、会日は春二月と一一月の二会で八回実施されること。無尽は「セリ」によって行い、親掛けなしで最初から「セリ」によって当選者を決定したが、「わずかの義につき、上の御為めに相成らざる」ので、昔どおりに親掛けを実施する。来たる春（明和五年）から「セリ」を実施する。

在方は一口一〇両、城下町は一口二〇両とし、二口分は藩側が負担して残りの二八口は領民側の持分となっている。なお、領民側が二八〇両、城下町は五六〇両を出金する定めであった。さらに、半口でも四分の一口であっても五両以上を出金した場合は会席に出席し、五両以下は不出席の扱いとされている。わずかの掛け金でも参加の意志ある者は記帳し、その員数が何人であろうとも、かならず二八口とすること。また、寺社の参加は勝手次第であることも定められた。無尽の方法が異なるのは、掛け金の不足を解消しようとする藩側の政策であり、掛け金の多少が藩財政に影響を与えることを恐れた結果であって、無尽の会日と会日との間が掛け金を藩財政に運用することを可能としたのである。

右の内容をもって藩営の無尽が開始されたが、その運用については現在のところ不明であり、当選金額もまた不明であるし、当選金を領民に手渡したのかも不明確である。わずかに、洗馬郷に掛け金と人名を記載した史料のみが残されている。その史料によれば、最高の出資者は小曽部村の伴右衛門と古見村の定兵衛の一〇両を筆頭に、小曽部村の九郎次、小野沢新田の嘉兵衛ら一〇人があげられている。本洗馬村の大庄屋原八右衛門は三両の出金であった。ついで、一両から四両三分までの出金者は七三人、三分三朱以下の出資者は二六九人となっており、寺院の参加は長興寺と東漸寺の二寺のみであった。

第四章　文化・文政初期の財政政策

第一節　文化期の財政政策

年貢増徴政策

以上みてきたごとく、藩役所は享保一〇年・一一年に財政・軍役の制を中心とする政策、同一九年の借上制の復活、元文期の定免制の採用・俸禄制への転化・家中藩士への給分物成渡し方の定めや分一運上の徴収などをはじめ、寛保二年・延享二年・安永三年の渡し方の改正・明和四年の無尽政策などを実施し、さらに領民からの御用金・才覚金の上納、領内外からの借財と多方面にわたる財政政策を行ってきたが、それとても充分な解決とはならなかった。

藩役所は極度の財政困難に悩み、家中藩士や領民に対する再三の「倹約令」の布告を通じて冗費の節約を強制し、反面財政収入の方策を種々講じてきたが思わしくなく、ついに文化五年（一八〇八）四月、財政の基盤的部分である貢租に手をそめて、領内村落に増徴の「触書」を発布したのである。

すなわち寛政年中以来勝手向不如意で物入りが続き、他借金も莫大になってきたため享和二年（一八〇二）に「倹約令」と「借上政策」を実施してきた。さらに、米相場がことのほかに下がり生活に支障をきたすようになってきた。このため、

かねての御手段と相違い必死と御差し支えに相成り、是非におよばず当辰の年（文化五年）より来たる申の年（同九年）まで五ケ年を限り格のほかの御倹約を仰せ付けられ、若殿様（頼寧）初め上々様方御分量のうちをも御借米（借上）仰せ付けられ、御家中の儀も再応引き米仰せ付けらるといへども、元来余分なき御領知

として定免制が採用されて以後、引き方は増し、貢租は減少してきたから公務や家中の扶助も行き届かなくなってきた。

そこで、領内より格別の御用金を申し付けるよりほかに手段がなくなってきたが、それとても村々の難渋となるのは目に見えているので、

当辰の年より来たる申の年まで五ケ年を限り新田畑ともに厘上げ申し付け候、もっとも古田は二分、新田は五分よりのつもりをもって御年貢上納致すべく候、少分ながら難儀の節に相当たるべく候へども、御領知(地)数年来の冥加として何分出精致すべく候

として、領民一統とくと藩の状況を知って上納してほしいことを伝えたのである。

文化四年一二月藩役所は、松本藩預領小俣村の豪農大和藤七から一四〇〇両を借用したのをはじめ、借財金はかなりの額に達していた。しかし、藩から借財主への返済が滞ってきたため、しだいに借入金の額

も減少してきたのであろう。この穴埋めが増徴政策の実施という目的に変更されたものと理解される。だが、領内からの貢租米の減少は天明の大飢饉はもちろん、寛政八年（一七九六）の蝗害による一万六〇〇〇石の減少となったのをはじめ、連年にわたる領内河川の満水・洪水による田畑の流失・埋没からくる減少もあった。それゆえ、領民への御用金・才覚金の賦課が財政確保のもっとも安易で容易な方策ではあったが、難渋する村落への上納を継続することはより村落を疲弊に追い込むが、当文化五年から九年までの五年間にわたる増徴政策の採用となって、厘上げ政策が俎上にあがってきたのである。

領民からの御用金・才覚金などの上納は元禄四年（一六九一）内藤清枚が高遠に入封して以来の政策ではあったが、とくに寛政期では同一二年九月に城下町人から約二六〇〇両の御用金を上納させた事例を含めて領民から吸い上げた事実が判明する。しかし、これら領民への御用金賦課にも限度があり、その負担も困難となってきたところに打ち出されたのが財源確保としての増徴政策であったのである。

「触書」にも記されているが「当秋収納の節に沙汰に及ぶべき」とあって、文化五年一〇月に例年どおりの「年貢免定」が各村々に手渡された翌一一月に「当辰の年厘増し別納申し付ける」として各村々に提示されたのである。なお、一カ村が複数村として承認されている場合（西勝間村・原勝間村などの例）は、一紙に村名を肩書にして区別している。

この増徴年貢を本年貢との比較において検討すると、川下郷御薗村では新畑が三三パーセントと飛び抜けて高く、全体的にみても新田は九〇パーセント、原砂畑は九五パーセントと租率の高いことが指摘される。同年四月の「触書」にみられる古田二分（二〇パーセント）、新田五分（五〇パーセント）にならない事実がこの事例によって判明するが、詳細は不明である。

扶持渡しの改正

文化四年一二月藩役所は、翌五年から五年間にわたり家中藩士への扶持方の渡し方を新しい方式に改正することを触れ出した。

それによると、従来の三季渡しの扶持米の変更であった。そして、文化六年からは一二カ月割として三季渡しを行うというものであった。しかも、給人以上・格式以上・無格以下に分けて三季渡しの数量を決めている。まず、給人以上の事例をみると、高三〇〇石取りの藩士一九人の扶持渡しは米にして三六石三斗八升五合で、これを三季に分けて春は一二石一斗、夏渡しは七石二斗、暮渡しは一七石八升五合であった。給人の場合は前述の三〇〇石取りを含めて二二通りの方法で新たに規定され、高五人扶持以下は合力一分引きの分は従来どおりとなっている。その割合は文化六年から一二カ月割で実施されるが、その割合は春渡しは三分の一、夏渡しは五分の一、暮渡しは残米すべてが支給されたのである。

つぎに格式以上の事例をみると、高三〇俵三人扶持の者は文化六年より七人扶持と二分五厘渡しとなり、その米は一三石八斗八升余で、春渡しは四石六斗二升、夏渡しは二石七斗七升、暮渡しは残余の四石九斗二升余であって一四通りの支給があり、高四人扶持以下は合力の引き分、三季渡しとも給人と同様であった。

無格以下の渡し方の割合は一二通りの区分がなされており、高一人半扶持、二人扶持渡しは文化五年の場合の九分（九〇パーセント）渡しで、大小の二回渡しとなっている。

この改正を安永三年（一七七四）五月の事例と比較すると、高三〇〇石取りの藩士は安永三年では二八人扶持渡しで、その三季渡しは春渡しが一六石五斗、夏渡しは一六石五斗、暮渡しは一六石五斗六升で平均していたが、文化五年の場合は一九人扶持渡しに減少し、三季渡しは春渡しが一一石一斗（三分の一）、夏渡しは七石二斗（五分の一）、暮渡しは一七石八升五升となっている。高一〇〇石取りの場合は一三人扶持の支給で、春渡し・夏渡しは同量で七石六斗、暮渡しは七石八升余であったが、文化五年では一〇人半扶持となり、春渡しが六石七斗、夏渡しが四石、暮渡しは九石四斗余となり、高五〇俵三人扶持では三季とも四石七斗の同量であったのが、文化五年の場合は九人扶持二分五厘渡しとなって、五石九斗・三石五斗・八石三斗一升余の三季渡しとなっている。

これによると、文化五年当時の藩財政がいかに困難となっていたかがわかり、全体的に渡し方が減少し、三季渡しの春・夏分は低く、暮渡しが反対に多くなっている。この改正は当然借上制によるものであることは明確であり、上級の藩士ほど引き率は高く、俵数・扶持取りの者、下級藩士ほど支給率が高いのは従来どおりであった。暮・春渡しはその年の貢租米で充分に賄うことができるが、夏渡しが低いのは貢租米の備蓄量が減少し端境期に向かうために、支給量を大幅に低下させたものと思われる。

文化七年の無尽政策

文化五年からの増徴政策はかならずしも充分な効果をあげえなかったことから、同七年六月以降の「御積金御趣法立」政策として、新たな財源確保の方策に転換することとなった。すなわち、代官高田六右衛門と松井忠兵衛両人による無尽が開始されたのである。

藩の「触書」によると、ここでも最大の理由は「莫大の御物入り」があって「累年手詰り困窮に及んだ」結果としての無尽開始であるが、

御領分の儀はいったい交易払底の土地柄につき（中略）耕作とても行き届かず、村方によっては潰れに及び候の趣も訴え出で（中略）、此の節に至り別して御手詰りの御時節に相成りの候の間、従来難渋の村方より訴え出で候とも、なかなか容易に御救い筋など成し下さるべき御手当これなく候、これにより、上下一同繰り合わせのため積金の趣法を相企て候（中略）、右の残金をもって御勝手繰り合わせも出来致し候はは、格別難渋の村方にそれ相応の御手当を下されたくべき趣法に候

と理由づけして、無尽の残金があった場合は格別難渋の村々への手当金とすることを申し渡しているが、積金を藩財政の一部に利用することが明確に記されているので、無尽の掛け金も一種の御用金とみてよいであろう。

この「触書」と並行して実施方法を具体的に伝えているが、それによると、①掛け金は一口五両で全四〇〇口とする、②一会一〇口で一年に二会の会合を行い、初会の取金は一口八三両で、口数の増加で当たり口数も増加する。③子掛けは二会目より毎会一口について一二両落としとし、終会の取金は一口九五両三分とする。しかし、取金は一年に三分宛の増加とする。④親掛けは一割二分の成しくずし（利返しのことか）とする。⑤子掛けは終会のときは六五両とする。⑥会料は二会目から一口三両宛で、毎会の残金は

藩側に預金することが規定された。この藩側に預金することが藩財政への充当を意味するものであった。

ここで注目すべきことは、明和四年（一七六七）の無尽と比較してつぎの五点が今回の特徴としてあげることができる。

(1) 明和四年では一年おきの一五年実施であったが、文化七年（一八一〇）の無尽は毎年実施の一一年であること。

(2) 明和期の無尽は「セリ」落しであったが、今回は鬮当たりであること。

(3) 掛け金の口数が増加すれば、当たり金額が増加すること。

(4) 取金が年々増加すること。

(5) 会ごとに会料が必要であったこと。

この無尽政策の実施にあたって藩役所は「申渡」を行っている。すなわち、一口五両とし、村々の名主・郷中惣世話役や引請人が分限に応じて加入し、出金も依怙贔屓なく出金して納入し、会合の席上で鬮当たりの者に取金を渡すこと。取金を得た者は「金高相当の地所などを村役人共吟味の上書き入れ証文致させ、村役人改め加印」して、代官と藩仕送方役人におのおの差し出す。毎年会料として一口について銀三匁ずつを支給する。もし「出金相滞るもの出来候はは、右の書き入れ質物を村方へ引き取って」難渋を申し立てない。会日は毎年夏の四月五日と、冬一〇月二五日の各二回実施することなどを申し渡した。右の「申渡」によれば、無尽への加入は強制的なところがあったと判断される。それだけに藩側の藩財政への流用がより重要となってきた証左である。

さらに、藩役所は文化七年に「廻状」を各村々に発布して村々の役人共に褒美として酒を与えた上で、

辰の年より申の年まで五カ年諸郷村々に厘増し申し付け置き候のところ、此のたび積金御趣法相立ち候の間、御用捨の義おいおい代官中申し立てもこれ有り（中略）、年限にはいまだ満たず候へども、当年より厘上げ用捨に候

と申し渡した。よって、藩の増徴は二年で中止され、三年目以降は無尽に切り替えられていったのである。

無尽の実態

ここで川下郷御薗村における無尽の実態をみていこう。

まず、代官の松井忠兵衛が文化七年六月朔日に春近郷に出役して無尽の開始を同郷に通達したあと、同月一〇日に川下郷に来郷した。

この無尽の実施にあたって御薗村は一口五両の一二口の掛け金を出すことを代官松井忠兵衛より申し渡された。この一二口を御薗村では村役人持ち一口、組頭柳蔵と伊兵衛が各一口ずつ、長百姓の御子柴七左衛門が三口、役元立会いの年寄役御子柴治兵衛が四口、同平四郎が二口の割合とする村役人層による加入を決定したところ、村役人の一部から訴訟があって七口に減少した。そこで、新たに割振りが実施され、村役人持ち一口、御子柴治兵衛が三口、同七左衛門が二口、柳蔵・平四郎・伊兵衛の三人で一口の負担をすることに改訂し、同じく村役人層で出金することとした。その出金の割合は七左衛門と治兵衛がおのおの九両一分二朱（七左衛門と治兵衛は口数が異なるのに出金数が同じことが原史料にみえるが、詳細は不

明である）。平四郎は三両、柳蔵二両、伊兵衛は一両一分となっている。

この五人で五口分の二五両を負担し、残りの二口分一〇両のうち七〇パーセントを村役人層にてさらに出金し、残りの三〇パーセントを村方の農民持ちとして相談をもちかけたところ、これまで組頭役を負担しない者は出金しないと拒否された。このため村役人立会いで評議を行い、古来から今日まで組頭役を勤めた家々にて出金することが決定した。しかし、訳ありの農民からも出金したいとの要望があったり、また加入したい希望の平方の農民もいて、結局一八人が三〇パーセントの出金を行うことになった。

右の事例からみると、村役人層の出金が大幅なものとなっているので、領内他村の場合も同様であったと想定される。

文化一〇年の無尽

文化一〇年の無尽については、二つの無尽が開催されていたことが史料により確認される。一つは高遠藩を中心に他の藩や豪商層を交えた三〇〇〇両無尽であり、他の一つは同時期に新たに領内農民を中心として発起された領内無尽であった。

文化一〇年（一八一三）正月二〇日に元〆方・仕送方・代官などによって発起されたもので、元〆方役人の興津紋左衛門がたまたま所用で藩役所を訪問した洗馬郷大庄屋の原熊三郎、同郷本洗馬村の名主三溝久左衛門、入野谷郷黒河内村の名主兼本改役の黒河内甚右衛門の三人を説得した上で同道させ、松本藩預領小俣村の豪農大和又兵衛家を訪問した。訪問の目的は三〇〇〇両の無尽発起であり、大和又兵衛を無尽発起人に依頼することにあった。この依頼の目的は、大和又兵衛が近在で知られた富豪であったこと、又兵衛が発起人となるならば反対者は出ないであろうことを予測したためである。なぜならば、無尽参加を拒否すれば又兵衛から今後借入金を引き出すことが不可能となるから、他の者はかならず賛成して無尽に参加するであろうという高遠藩の思惑が裏工作として働いたものと思われる。

興津紋左衛門の依頼をうけた大和又兵衛は黒河内甚右衛門と同道して松本藩戸田家を訪問して会合の結果、同藩も無尽加入を承諾した。同月二七日には興津紋左衛門と大和又兵衛家の両人が同道して諏訪藩に出向き、同藩をも加入させることに成功した。その後、又兵衛は個人的に諸方に申し入れて無尽を計画し、二月一四日までに口数をまとめた。この三〇〇〇両無尽に加入した人物は左のとおりであった。

壱口	高遠藩	興津紋左衛門
壱口	松本藩	名越新五右衛門
壱口	諏訪藩	岩波彦之丞
壱口	松本藩	岩垂郷左衛門
壱口	高遠藩	松井周蔵
壱口	福嶋様	岡田五郎次
壱口		大和又兵衛
壱口		大和増蔵・上条元右衛門・上条治左衛門・近藤吉左衛門
壱口		岡田弥平太・鈴木半左衛門・湯川九郎左衛門

壱口　矢ケ崎一作・熊谷勝左衛門
壱口　永井周左衛門・太田三左衛門・原市右衛門
壱口　土橋源蔵・春日庄左衛門・尾崎伊兵衛・勝七取次
壱口　折井弥十郎・小泉民左衛門

右のように武士・豪農層二五人が一三口の三〇〇〇両を負担し、興津紋左衛門・松井周蔵・黒河内甚右衛門の三人の立会いのもとで、三月二五日に初会合が実施されているが、この無尽についてはこれ以上のことは不明である。

文化一〇年の領内無尽

右の無尽政策は、藩側の意志では大和又兵衛を発起人とすることだけに反映されており、参加者の多くは大和又兵衛という富農の意志によって選択された者で、このような形での無尽では事実上の藩政策とはいいがたいものがあった。このため、右の無尽のほかに藩領内においても新たな無尽が計画・実行に移されていったのである。

すなわち、大庄屋原熊三郎・三溝久左衛門・黒河内甚右衛門の三人が三〇〇〇両無尽の実施前に相談し、洗馬郷の積金が免除されるならば三人で一五〇両の負担を行いたいと内分に申し出た。藩役所は会評の結果、「小俣無尽へ御加入は相成らず候へども、御領分にて別段に無尽発起致す」ならば、積金は免除することが認められた。

ようするに、三〇〇〇両無尽に領民からの加入希望があったが、三〇〇〇両無尽が将来高遠藩にとって万一大和又兵衛、その他から負い目をうけた場合の不利益を考慮し、藩領内の無尽ならば藩の自由な意志が反映でき、少々の無理もとおるとの予測にたって、三〇〇〇両無尽とは別に領内無尽を計画するにいたったのである。

許可を得た原熊三郎と三溝久左衛門は、藤沢郷の世話役である黒沢村の高嶋九兵衛と中村の宇右衛門および城下町役人の三者を交えて談合した結果、城下町のみが承諾した。一方、藩役所は城下町と洗馬郷のみでは採用できないと拒否した。ようするに、領民の提案した問題であり、達成できなければ原・三溝両人に責任を負わせてなんらかの見返りを得ようとの腹積りがあったと思われるから、領内の無尽の成否いかんを問わず、藩側には有利な点があったと考えられる。それゆえ、原・三溝らは発言した手前、領内無尽の不成功は自己の立場上責任を問われるために領内村落への説得を積極的に行ったであろうことは想像にかたくない。

三月二五日に両人は上伊那郷に働きかけたが、同郷は会合の結果拒否した。一方、洗馬郷はかならず賛成するものと考えていた原と三溝は会合をもって説得したが、結局自郷七カ村すべてが反対して話し合いは完全に行き詰り、原ら両人は自郷からも手痛い拒否にあった。

その後、城下町役人の宮沢六兵衛と黒沢村の高嶋九兵衛の両人で事を収拾するのは大儀であるとして、川下郷鉾持村の五郎兵衛と上牧村の兵馬左衛門を加えた四人で他郷との話し合いの末、藤沢郷と城下町はともかく承諾し、その他も八月六日までに返答すると確約した。それゆえ、八月七日城下から各郷に飛脚を出して無尽参加の有無を求めたところ、新たに上伊那郷と川下郷が参加することを返答した。しかし、中沢郷・入野谷郷・春近郷の三カ郷は依然として加入拒否を返答した。このうち入野谷郷は不承知ではあるが、他郷すべてが承知するならば我らの郷も賛成することを挨拶している。八月一八日に原・高嶋・三溝・黒河内の四人に鉾持村の五郎兵衛を加えた五人が中沢郷と春近郷に出向いて説得したが埒あかず、領主側からの働きかけもあってようやく中沢郷が参加の意志表示を行ったのが八月二九日であった。一方、春近郷も態度を渋りながらも九月二日にはようやく参加の意志を表明した。この状況を背景に高嶋九兵衛と宮沢六兵衛両人が入野谷郷に赴いて説得した結果、翌三日に同郷もようやく承諾したのであった。

一方、洗馬郷での話し合いは一時中断の形となっていたが、七月一五日から再度郷内の会合をもった。話し合いはやはりもつれて平行線となったが、原と三溝の留守中に七カ村が談合して、九月二九日に七カ村のうち岩垂村のみ賛成し、さらに同月に晦日には徹夜で談合した結果まとまり、一〇月になってようやく七カ村は「規定」を定めて、この「規定」を認めてくれるならば参加することを表明したのである。

この「規定」の覚書で重要なことは、

掛け金弐百五拾両は郷中より出金致し、弐番会よりは鬮取り金をもって掛け継ぎ申すべく候、もっとも鬮当たりまで掛け金不足などの儀は、御両人（原熊三郎と三溝久左衛門）にて御取り賄い成られ、終会まで郷中の世話筋に一切相成らず候のように御取り計らい成らるべく候、万一御両人にて掛け金など御繰り合わせ出来到さず候の筋は、鬮当たり金残らず御受け取り、郷内にて取り計らい申すべしとし、終会まで郷内七カ村の世話にならずに終了した場合は、残金は両人に渡して郷内村々はいっさい受け取らないとする点であった。

ようするに、当初の二五〇両は郷内から出金し、取り金があった場合はそれを掛け金に充当して、それ以後の掛け金が不足した場合は原と三溝の両人にて負担し、郷内には迷惑をかけないとする全村の要望であったことがわかる。

無尽の実態

右のような苦労を重ねた結果、一〇月一〇日までに世話役全員が連印して無尽開始が最終的に決定した。この郷中世話役人は入野谷郷七カ村七人、中沢郷七カ村七人、川下郷一〇カ村九人、春近郷六カ村八人、藤沢郷五カ村五人、上伊那郷五カ村六人、洗馬郷三カ村三人、城下町一〇カ町八人となっていた。この段階で藩役所は積金世話役人に金二〇〇疋（一〇〇疋は金一分に相当する）、町方世話役人に金二朱ずつと酒を支給したが、とくに宮沢六兵衛・高嶋九兵衛・鉾持村の五郎兵衛・上牧村の兵馬左衛門・西町村の清治の五人には金一〇〇疋ずつと吸物・酒を、熊谷直右衛門・岩垂村の忠兵衛両人には帯刀御免と酒がおのおの報賞の形で支給されている。

無尽にあたっての口数は上伊那郷・中沢郷・春近郷・川下郷の四カ郷は二口分、洗馬郷は一口半、藤沢郷は七分五厘口、入野谷郷は一口二分五厘口、町方は半口となり、一口の掛け金は二〇〇両を原則としたが、実際には口数の減少があったために一〇月二日に再度口割りを行って、藩側と川下・春近・中沢・上伊那・入野谷の各郷に、原熊三郎と三溝久左衛門がおのおの一口分を請け持ち、さらに組み合わせによる口数の決定をみている。すなわち、洗馬郷と上伊那郷で一口分、中沢郷と洗馬郷で一口分、川下郷と藤沢郷で一口分、春近・藤沢・入野谷の三カ郷で一口分、洗馬郷と城下町で一口分となって、合計で一三口となった。

文化一一年（一八一四）三月藩役所は代官・仕送方・郷方物書の連名で「掟書」を発布しているが、その「掟書」によると、

(1) 手取金二〇〇〇両、一三口数、一二年終会とする。

(2) 初会の掛け金は二〇〇両で、二番会より親掛けは一割一分の掛け返しを行い、子掛けは一五両落しとする。

(3) 会席の場所は城下町の町問屋で開催し、会席は一年一会の三月六日とし、当日は村役人が掛け金を持参して四ッ時までに集会する。

(4) 当たり鬮は一会二本とし、鬮当たりの村は田畑を質物の形で差し出し、掛け金に滞りが出た場合は、この質地は村役人側で引き取る。

ことなどが取り決められた。

この領内無尽は一二口の掛け金二四〇〇両で、うち二〇〇〇両（二本）が取り金で引かれ、残金四〇〇両と利子一割の四四〇両が次会廻しとなり、二番会は親掛けは一割一分の二二〇両、子掛けは一五両落しで一八五両の一一口で二〇三五両と残金の四四〇両で合計二六九五両となり、二〇〇〇両を取り金引きとし、残金六九五両と利子一割が三番会まわしとなるしくみで、終会になるにつれて残金の額は多くなるが、

この期間に集金した掛け金が全面的に藩財政に充当され、集会日には取金二〇〇〇両が引かれ、残金が次会の会合日まで再度藩側に蓄積されて藩財政に運用されていったのである。

ここで村割りを実施した各郷の事例をみよう。

文化一〇年七月の段階で中沢郷はすでに村割りを行っている。同郷は二口分の四〇〇両を最高は北福地村の五〇両余から最低は中山村の六両二朱余と、一九カ村から集金して掛け金としているが、その後の様子を知る史料は見あたらない。洗馬郷や入野谷郷では明確に減少した金額で村割りを行って集金している。後者の入野谷郷では一口と二分五厘の負担である二五〇両の掛け金から減少の四一両余を差し引き、残金二〇八両一分余のうち二五両（原文のまま）を一五カ村の村割り、その残金である一七二両一分余（原文のまま）を高割りにして一〇石について銀一一匁余の割合で集金したが、最高額の出金は山田村の四〇両、最低は芝平村の三両余で負担している。

こうして無尽が開始されたが、当たり鬮によって得た取金も実際には藩側が領民から借金の形で請け取り、当選者には現金が渡されていない事実がみられる。文化一四年（一八一七）の五会目の事例をみると、このときの当選者は田中伊助と近江屋喜平治の二人であったが、藩の財政方役人飯田市太夫以下三人の連名で一五〇〇両を藩が借用した形をとり、しかも終会まで一カ月三〇両の利子をプラスして毎月返済する条件となっていた。もし、万一返却できかねれば「信儀」にもとるので、藩主にも承知させ、重役たちと申し合わせをしているのでかならず返却するという「金子預り証文」を両人に手渡している。残金の五〇〇両ものちに同様の預り証文を両人に手渡している。

ようするに、掛け金全額をすでに藩財政に運用しているため、藩庫には現金を取金として渡したくても渡せないのが実情であるから、結局、無尽の掛け金は一両も領民には戻ってこないのが現状であった。それほど藩側の財政困難はひどく、ほとんど底をついていたと思われるほどの貧困であった。

第二節　文政初期の財政政策

近江商人よりの借財(1)

前述のように、文化期における貢租増徴、扶持渡し方の改正、無尽政策による藩財政強化策が実施されたが思うにまかせず、文政元年（一八一八）四月に近江商人の松居久左衛門と外村与左衛門から多額の借財をなすにいたったのである。

史料によると、藩財政方役人や年寄・御用人を含めた二四人が連名して借財したもので、文化一三年ごろから前記近江商人に資金繰りを依頼し、岡谷の林元右衛門、同元左衛門・武居代治郎の三人の仲介人を通じて文政元年にようやく在所高遠での使用金として一万両（文字金にて）、江戸上屋敷使用分として五〇〇〇両を借入することに成功したのである。文字金とは元文元年（一七三六）に発行されて「文」の字が刻印されている貨幣のことである。

在所高遠での借財は一〇年賦の返済に取り決め、江戸上屋敷へは月々二五日までに送金されること。返済は毎年一一月二五日に利子一割を添えて行うことが条件となっていた。ようするに、領内からの御用金

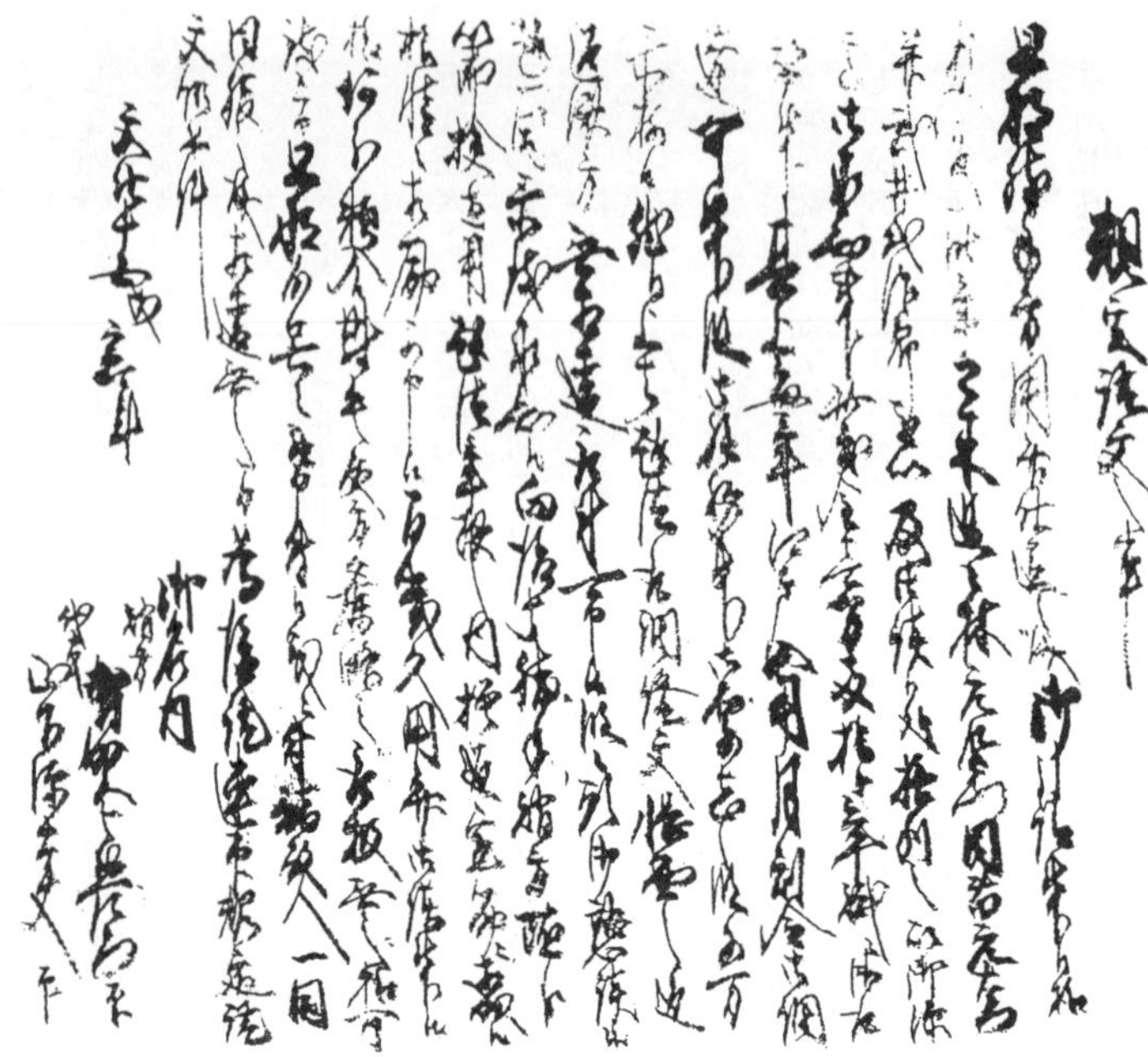

図3　近江商人からの「借財証文」

徴収はほとんど毎年のように実施されているため、今回のような大金は都合できないので近江商人に依頼し、返済にあたっては現金での返却であったが、万一滞った場合は「かねて引き当て置き候の旦那（藩主内藤頼以）物成米（貢租）にて御引き取り」下されるようにと結んでいる。そして、返済にあたっては領内村落の村役人が差し出す「証文」と「規定書」によって返却されるのである。その村落の「証文」によると、借用年限中は割合のとおりに貢租量のなかから返済分を引き落として渡し、もし返済が延引した場合は収納高に見合う田畑を質地として振り向けておいたから、宰領は近江商人の方で自由に処分して結構であるという内容であった。

近江商人よりの一万五〇〇〇両の借財計画がまとまった段階で、藩主の頼以は松居久左衛門を江戸小川町の上屋敷に招いて御目見得を行い、懇ろなる慰労の言葉をかけて礼を尽している。すなわち、在町役人たちがおいおい頼み入り、過分の出金を認め、さらに江戸表へは月送金を引き請けられ大悦びしている。暮し方の取り直しのことは家臣たちによく申し付けておいたから、そちのことは麁略に扱わないようにしたい。今後のことは遠慮なく家臣たちと相談して幾久しく関係をもちたい。同輩の外村与左衛門にも厚く申し伝えてほしいと申し述べている。

近江商人は一般的には近畿・関東・東北・信濃あたりの産物・品物を扱い、金融業も行っている。その相手は町人・農民・武士・大名と広範に及んでいるが、資金を貸与する場合は相手方の身持・渡世・相続向きを吟味して「正金貸し」を禁じている。「正金貸し」とは担保なしに金を貸与することであった。近江商人も諸侯や大名を相手とする「大名貸し」を行ったが、これには①名目金貸付と②郷印貸付の二つの方法があった。金銭貸借は相手によっては踏み倒しや大名の政治・経済的政策によって未返済となる場合もあることから、対応策として考案されたのが「名目金貸付」であった。これは中世以来の寺社による祠堂金・勧化金・祭祠料・修覆料などの貸付で、貸主は名目料や印料という手数料を収入源とみなして自己の債権を確保する方法で取りはぐれがなかったという。大名のなかにもこの形をとる例があり、紀伊や尾張の徳川家の実施したのは有名である。

後者の「郷印貸付」は借用証文の借主が村方連印（郷印）の形式をとっているものを指している。ようするに、大名や領主の債務の引き当てとして、領内村落の貢租が指定されている場合が多いことから出たものである。当初、貢租は藩庫に納入された米が藩役人の手を経て債権者に渡されていたが、のちには村役人から直接債権者に手渡されるようになり、貢租の取り立てまでも債権者に任せるという意味に変化していった。

高遠藩の今回の借財返済は領内村落の貢租米で返却する条件になっているため、まさしくこの「郷印貸付」の形式を踏んでいる場合であった。藩役所は中沢郷と春近郷の代官竹入重左衛門と富嶋善左衛門の名で中沢郷貝沼村・火山村・高見村など一五カ村、春近郷宮田村・田原村・下牧村など一〇カ村の村役人代表六六人を印形持参にて出頭させ、近江商人からの借財返済の担保として貢租米にて返却すべきことを伝え、さらに返済不能の場合は返済米に見合う田畑を質地として差し出すことを命じている。

丹後国宮津藩では近江商人の中井家の分家から一五年賦で負債示談が成立した際に、近江国内の領地蒲生郡・甲賀郡など四カ郷二二カ村一万石の収納米売り払い代銀で返済する約束になっており、村方に返済約束をさせているので「任せ証文」として成立している。このことから高遠藩の場合は「郷印貸付」であるとともに「任せ証文」にも相当する事例であったと考えられる。

近江商人中井家は領主の松平周防守に村方印形の形式で八カ村が郷印貸付を行ったが、周防守の悪政によって郷印の名目金を背負いこんで苦しんだ記録があったり、同家の四代光基の時代に仙台伊達家に融通した金額は一二万五〇〇〇両（時価約一五〇億円）に達し、明治維新のときまでには二五万両（時価約三〇〇億円）にも上ったが、ほとんど返却されなかったといわれている。分家の中井正治右衛門は福知山藩・柏原藩・亀山藩・館林藩・薩摩藩・旗本朽木氏に貸与し、八幡商人の梅村甚兵衛は福井藩・鯖江藩・

大野藩・加賀藩・加納藩・大垣藩・彦根藩・膳所藩・桑名藩・亀山藩・鳥羽藩などに融通し、その金額は数十万両に達したという。彼ら近江商人の苦しい大名貸しの実態がしのばれる事例である。

松居久左衛門

松居久左衛門も多くの大名に融通しているが、領主の井伊家をはじめ大垣藩・小幡藩・吉井藩・高崎藩・安中藩・加賀藩・高遠藩の名があげられており、同家に残されている文政七年（一八二四）の「書上帳」によれば、文化一二年（一八一五）から諸大名と取引をはじめたところ、文政七年までに一〇年経過したが返済されていない金額として、

安中藩板倉家の　　八七一〇両
小幡藩松平家の　　二七七五両
高遠藩内藤家の　　六九六二両

が現在まで返済されずに残されていることが記されている。そして、こののちは屋敷方（諸大名）との取引は子々孫々にいたるまで、どのような手堅い御仕法といえども決して大名貸しをしてはならないとして、このことをよく念頭においてかならず守るべきことを教訓として残している。高遠藩からの返済が事実上七〇〇〇両に近い額（これは文政元年分の残金と思われる）が現実に残されていることは史料上興味深いものがある。

松居久左衛門は近江国神崎郡位田村（現滋賀県五個荘町）の出身で、松居久右衛門からの分家であった。

自家の農業を手伝うかたわら行商に赴き、文化六年に父の死後久左衛門を襲名して農業を本業としながら各地に出店をもって商売に励んだ。身分は農民ながら商売をし、老年にいたるまで居家周辺の田畑を見まわることを日課としたという。行商する場合は近江国内の産物や品物である野州晒・近江麻布・蚊帳・古着・薬種・油・呉服などや、畿内や尾張・遠江国内から仕入れた木綿類・繰綿類を「下り荷物」として信濃・関東・東北に販売し、同地方で仕入れた生糸・青苧・漆・紅花・ろう・蚕種・大小豆などを「上り荷物・登せ荷」として名古屋や畿内・近江・丹後・京大坂などで販売した。信濃では近江商人の扱った薬種を販売した店が一五店あり、高遠藩領内では城下本町の島屋彦平・中町の木綿屋利助・伊那部宿のときわ屋源助・宮田宿の竹屋政右衛門の名があげられている。

松居久左衛門は勤勉・倹約を第一とし、近江商人のなかでも一、二を争う豪商といわれ、廃物を利用して財を蓄え、慈善事業に千金を惜しまなかったという。位田村の庄屋が文政六年に領主の伊井家に提出した「調書」によると、松居久左衛門を評して、

第一国恩、或は農業を大切に守り、家に罷り在り候の時は親子とも下男同様に耕作に相勤め、衣服・飲食いささかも奢侈仕らず、平生はもちろん、或は其のほか旅行中も木綿の着物、夏中は太布、帷子を着し、倹約を重とし、質素の人

と記している。

旅僧の落した大金入りの財布を返却して返礼を受け取らなかったという久次郎慶心を祖先にもつ久左衛門は、終生手織木綿と粗布以外は身につけず、村外に出るときは晴雨にかかわらず草鞋をはき、足駄や雪

駄は決して用いなかった。郷里の家にいるときは早朝にかならず寺社と村内を一巡し、道に藁屑や古ぞうりが落ちていると水田に投げこんで肥料にした。また、毎年年末になると領主の井伊家の役所に出かけて貢租の未納者の有無を調べ、もし未納者があった場合は本人が知らない間に久左衛門が代納したこともあった。江戸と近江の間を行商で往復したときの旅費は金一分二朱余（時価約四万五〇〇〇円余）で釣銭があったという。

五個荘の商人小杉五郎右衛門が加賀前田家の棄捐令のために売りこんだ品物の代金が回収不能となり、倒産の悲運にあい、帰国した五郎右衛門は日夜挽回策を講じたが良策がなく、ついに病気となり憔悴はなはだしかった。これを聞いた松居久左衛門は「失望する位ならば早く死ね」と直諫した。腹をたてた五郎右衛門はそれならばとて「黄金の山は目前にあり、大利を得るは正にこの時なり、今加賀は新令（棄捐令）によりて心穏かならず、他国の商人は恐らく一人も入る者なからん、されば品物不足して価も自然騰まりならん、この機に乗じていち早く進み入り、現金にて販売せば、大利を得ること疑いなし」とただちに品物を仕入れて先の損失を上まわる大利を得て、巨万の富を積み重ねたといわれる。

また、取引先の両替商が取付けにあって困惑していたので、久左衛門は店頭で「現金が入用ならば私が責任をもって支払うから、すぐ必要としない者はこのまま預けておいてほしい」と説得したので取付け騒ぎは鎮静し、人びとは安心して戻ったので破産しかけた両替商は救われたという。

安政二年（一八五五）領主の井伊直弼が領内の視察を行った際に、松居久左衛門を八日市の旅館に招いてその篤行を表彰したとき、直弼は久左衛門に対して、

安けくも八十路かさねし事思へば
　なほ経んよはひ千代もかはらし

という賀歌を贈ったという。この安政二年に松居久左衛門は、よわい八六歳でその生涯を終えたという。

現在、中山道沿いに残されている記念碑は、京都の儒学者貫名海屋が選文をよせて松居久左衛門の功績をたたえたものといわれ、株式会社「星久」はますます発展して今日に栄えているという。

近江商人よりの借財(2)

藩は地元高遠にての借財一万両、江戸上屋敷使用の資金として五〇〇〇両を近江商人松居久左衛門らから借財したのであるがそれでも不充分となる。文政元年（一八一八）一〇月には近江屋喜平治ら二人から二度にわたって計二〇〇〇両を借財し、後述する頼母敷講の開催による取金および積金の期間中借用して藩財政への応用した。しかしまたも不足し、藩主頼寧の大坂加番役費用に事欠き、領民への御用金で賄うことにしたため、全藩一揆を引き起こしている。

それゆえ、藩役所は仕方なく再度岡谷の林元右衛門と武居代治郎を仲介役として、近江商人松居久左衛門と外村与左衛門両人にかけあい、借財を行った。すなわち、文政六年に前回と同様に一万五〇〇〇両にのぼる金額を借用した。

「借用証文」によると、領内村々に借用金を申し入れたが大金のために調達できかねるので、相談の末林元右衛門と武居代治郎を仲介人として松居と外村両家に無心したところ、「格別の御心入れをもって承知」していただいたとして返済は月一割の利子を加え、当文政六年より十年賦で元金は毎年一一月に一五〇〇両ずつ、利子は五月と一一月両度に渡すことにして、引き当ては領内の村々の貢租を割り当てた。万一滞った場合は「豊凶にかかわらず」毎年一〇月・一一月までに仲介人の指示によってどこへでも送付する。そして、村々の納米高と引当米を村役人の署名と印形をおし、万一凶作やその他のどのような故障があっても、また村の上納米が減少したとしても引当米は相違なく渡すつもりであるとし、さらに仲介人両人も奥書し、その上に年寄役星野勇馬ら二人、御用人荒木兵蔵、郡代内藤角太夫ら二人、賄方松井周蔵ら二人、代官大平小右衛門ら五人、元〆役小松新平の計一三人が連署して前記と同様のことを記している。

今回の借財の特徴は、領内全郷の村々の名で近江商人に依頼しての借用であり、前回の場合と借主の主体が交代している。「借用証文」の内容はおおむね前回のものと大同小異である。この二度目の返済も結局は滞ってしまい、同九年六月の段階で藩役所は改めて「返済規定」を取り決めている。

すなわち、文政六年当時近江商人よりの借財は二つあり、一つは元利合計五一六〇両余で（これは文政元年時のものと思われる）文政六年より無利息返済となり、一つは前述した同六年の一万五〇〇〇両の返金で元利二万五五〇〇両とあって、両方で二万五四〇〇両余であった。これを文政一〇年からの返済仕法として毎年一万五四八〇石六斗九升余が、家中への渡し米、他所出入り扶持米、郷中入用米を引いた残りを換金化して九〇四〇両余に雑税上納金八〇〇両を加算した額で返却するというものであるが、返済の年限中には尾張の徳川家への返済もあるので近江への返金が少額となる恐れもあって、たいへん迷惑に思っていると記している。そして、この「規定」を差し出すにあたって「諸郷村々の物成米をもって引き当て借り請け候の金子の儀に候へば、郷中より差し遣わし置き候の本証文面をもって、何ようにも御催促御取り計らい成るべき」として、仕送役山下順蔵ら二人、代官石川重左衛門以下五人が連署し、奥書として御用人荒木兵蔵、元〆役佐藤平太夫ら五人、郡代神波半太左衛門ら二人が署名した。さらに奥書に家老内藤蔵人、年寄内藤杢之允ら五人が名を連ねているように、近江商人よりみれば貸金はかならず返却させようとする強い意志表示があって、藩側もそれなりの対応をしたものと考えられる。

藩営頼母敷講の実施

文政二年五月から新規に頼母敷講が開始された。この頼母敷講は幕府領赤須村の福沢代吉と岡谷の林元右衛門の両人が発起人となっている。この講の加入口数は金額が大幅な額となっていることで、その合計金額は**表10**のごとく二三万六〇〇〇両余となり、加入者は延べ六九人となっている。加入者は高遠藩領をはじめ、諏訪・松本・飯田城下や高遠領近在の豪商農層といった大掛りなものであった。以下旧藩士内田家に残されている史料によってみていこう。

まず、発起人である福沢代吉が二万二三〇〇両の最高額を掛け金として出金し、さらに松沢門蔵・清水金左衛門とともに別口として二〇〇〇両を出金している。ついで、高遠藩士の松井周蔵・馬場新五兵衛・池上利八・仁科右衛門八の四人（いずれも財政方役人）で二口分の三万両をかけ、飯田城下の新井善七郎・松本喜代作の二人で二万両、松本藩預領の小俣村の大和増次郎が一人で一万五〇〇〇両、北沢平三郎・同半右衛門に飯田城下の平沢仙次郎・桜井吉兵衛の四人で一万三〇〇〇両、百瀬東馬・吉田鉄之進・吉岡兵

表10　文政2年の頼母敷講の個人別加入口数

人　　　　　名	加入口数
百瀬東馬・吉田鉄之進・吉岡兵太夫・小沢清地左衛門・久保嶋権平	10,000両
大脇総助・上田伴右衛門	7,500両
文永寺名代萩原与市・猪子茂吉	7,500両
如来寺名代池田兵左衛門	7,500両
土橋長右衛門・小泉良左衛門	5,000両
土橋長右衛門・小泉良左衛門・土橋源蔵	7,500両
外村与左衛門代武居代次郎	7,500両
松居久左衛門代林元右衛門	7,500両
北沢半右衛門・北沢半三郎・平沢仙次郎・桜井吉兵衛	13,500両
佐々木庄太郎・仲田市左衛門・加藤重郎左衛門	7,500両
内藤清三郎	1,500両
大和増次郎	15,000両
福沢代吉	22,300両
新井善七郎・松下喜代作	20,000両
渡辺九郎治	6,500両
緒方弥平太・湯川九郎左衛門・鈴木半左衛門	7,500両
永井惣右衛門・太田三左衛門・千村治郎左衛門・千村定吉	7,500両
小林文六郎	7,500両
原平助	5,000両
北原伊兵衛	3,000両
小平又兵衛・永井喜左衛門	3,000両
福沢代吉・松沢門蔵・清水金左衛門	2,000両
小松佐次兵衛代本洗馬村勝左衛門	1,500両
安藤幸十・有賀善八・中上与五兵衛・丸山幾右衛門・代判三溝粂右衛門	1,100両
土橋善左衛門・代判土橋長平	1,200両
大原源兵衛・加藤傳兵衛・平沢藤兵衛	7,500両
上村忠之丞	1,000両
原熊三郎・小松徳右衛門	7,500両
三溝粂右衛門・北原利左衛門	4,450両
松井周蔵・池上利八・仁科右衛門八・馬場新五兵衛	15,000両
同上四人	15,000両
合　　　　　計	236,050両

太夫ら五人（松本藩士か）で一万両の加入口数を出金している。

また、高遠藩と関係のあった近江商人も加入を義務づけられ、松居久左衛門の代理人として発起人である林元右衛門、同じく外村与左衛門の代理人として武居代治郎の両人がともに七五〇〇両ずつを出金している。文政元年の借財にあたって仲介人となった関係から代理人として依頼されたものと思われる。さらに、高遠領内では洗馬郷大庄屋の原熊三郎と城下町人の小松徳右衛門の二人で七五〇〇両、城下の北原利左衛門と洗馬郷の三溝粂右衛門の二人で四四五〇両の加入をしていたことがわかる。

この頼母敷講の実施方法にはじつは二通りあって、その一つは利廻りが一割一分の場合と、他方は利廻り一割二分五厘の場合があったことである。この二方法を比較すれば、当然後者の方の一割二分五厘利廻りの方の金額が多くなる。これは藩側の頼母敷講の実施にあたって前もって掛け金・当選金・利廻りによる試算を行ったものと考えられる。

すなわち、初会の寄せ金は二万六〇〇両余（表11参照）で、この寄せ金から入用引きとして五〇〇両を引く（実際に使用された内容は不明である）が、その残金に一割二分五厘、または一割一分の利子を加算した額が二番会に繰り越され、この繰越金に子掛けの額を加算した額から取金を引いて、残金とその利子が三番会に繰り越されていく形式で会が進行し、最終の一二番会まで続けられる。そして、一二番会の取金を除いた額が一割一分利廻りの場合は一万一一七八両三分、一割二分五厘利廻りの場合は一万五二一九両となって、この残金がどちらも「御益金」として記載されている。二つの利廻りのどちらを採用するかは別としても、林元右衛門と福沢代吉両人の発起もつまるところは高遠藩の肝煎りで開始された藩営であ

表11　文政 2 年頼母敷講個人別寄金

人　名	寄金の内訳
飯田柿木嶋　内藤清三郎	150両
飯田山村　佐々木庄三郎・仲田市右衛門	750両
赤須村　大原源兵衛・飯田　加藤傳兵衛・同　平沢藤兵衛	800両
小県郡和子村　小平又兵衛　和田宿　永井喜左衛門	220両
上諏訪　土橋長右衛門・小泉良左衛門・糸屋（カ）善左衛門	750両
同上３人	300両
座光寺如来寺　池田兵左衛門	750両
飯田南原村文永寺　萩原与市・猪子茂吉	750両
下諏訪東堀　渡辺九郎治	650両
南小河内村　小林文六郎	900両
木曾贄川宿　安藤幸十	30両
諏訪岡谷　林元右衛門・武居代次郎	1600両
飯田町　新井善七郎・松下喜代作	2000両
赤須村　福沢代吉	2230両
木曾両宿　岡田弥平太・湯川九郎右衛門・鈴木半左衛門	750両
木曾　永井惣左衛門・太田三左衛門・千村次郎左衛門・千村定吉	700両
小俣村　大和増次郎・甲斐台ヶ原　小原伊兵衛	1500両
飯田八幡　平沢仙次郎・桜井吉兵衛	1010両
木曾福島　原平助・赤須村　福沢代吉	500両
大原源兵衛	323両
上諏訪　土橋善左衛門	750両
木曾福島　原平助	500両
小原吉太郎	200両
熊谷小平治・広瀬次郎右衛門・酒井清兵衛・井沢喜左衛門	750両
残金　御當用へ仮請	1542両
合　計	20,405両

ったことがわかり、どちらも一万両以上の利益金が藩の手に渡ることとなり、従来の無尽政策とは大いに異なる点として特徴づけられる。

また、当選金も「取金」としてではなく、「口々渡し金」として記載され、しかも「渡し金」は会ごとに額が異なっていることも一つの特徴としてあげられる。同時に、当初の加入口数による金額の総計は二三万六〇五〇両となるが、一二番会を実施した際の「口々渡し金」の総計は二〇万六〇五〇両となって、差はちょうど高遠藩の口数である二口分三万両となる。ようするに、三万両を除外すると加入口数の金額と頼母敷講実施にあたっての「渡し金」の総額が同数となるのは、藩側が一二番会の講実施にあたって加入口数とあうように当選金を不定の形として計上し、その当選金をおのおの口数を出金した者に分割返済する方式をとって、最終的には金額返済可能となるように試算したのではなかろうか。加入口数の高遠藩二口分三万両は数字だけを明記して実際の金額はなかったものと考えられる。ここに藩役所の頼母敷講実施にあたっての一つの考え方があったとみられる。

この講の実施にあたって、藩は加入者四人の名で講連中に「預り証文」と「郷証文」の二通を手渡している。すなわち、初会の取金として一万五〇〇〇両を得たら掛け返し（親掛け）は庚辰の年（文政三年）から庚寅の年（天保元年＝一八三〇）までの一一年間に一五〇〇両ずつを負担するとしており、掛け金が滞った場合は別紙証文（郷証文）のように領主貢租米のなかから講連中に担保米を支払う約束をしている。その「郷証文」は川下郷鉾持村・笠原村・大嶋村三カ村の貢租米一五〇〇石（一石＝一両の計算）を藩の掛け返し金一五〇〇両の担保に充当するものとし、講連中の指図によって何方までも津出しすることを確約し、郡代・代官の奥書を記して与えている。

従来の無尽ではこのようなことはなかったから、今回の頼母敷講の実施にあたっての「郷証文」まで出すことはなく、また一二番会には藩が親掛けとしての掛け金の「割合帳」をみると、初会の取金については記載がなく、初会の寄せ金である二万六〇五〇両のうちをすべきであるにもかかわらず、その記載がない。それゆえ、初会の寄せ金である二万六〇五〇両のうち一万五〇〇〇両を取金として藩が得ることを、藩が「郷証文」を出すことを条件に講連中に納得させ、黙認させたのではなかろうか。そのため、二番会以後の取金とすべきところを「口々渡し金」として、その額を不定にしておのおの分割して支払い、最終的には加入口数に見合う金額を返却するような形にもっていったものと思われる。

しかし、史料の一部に初会寄せ金の内訳として「御取金の分、御貸付金の口々に仕分け」と題して、**表11**のように個人別に金額を記した箇所があり、それによると、個人別の金額合計は二万九〇六〇両余となり、残金の一五四二両は「御当用へ仮請け」と記載されている。これをみると先の加入口数の金額を負担した者の名が記されており、その人物の出金した金額のほとんどが加入口数の一割に相当する金額となっている。寄せ金二万六〇〇〇両余のうち藩の取金五〇〇〇両に相当する金額を出資希望者に藩からの貸付金の名目で渡すべき金額をそのまま提出させて寄せ金とし、残余の四〇六三両余は取金として藩の手に入る金額も同様に寄せ金として差し出す形をとったのであろう。「御当用へ仮請け」は高遠藩が残金に相当する金額を仮請け（借り請け）として手にしたものと思われる。

以上によって、頼母敷講の実施にあたって藩役所は巧妙に試算・駆け引によって加入口数も数字上から藩が出金した形をとって、初会に取金を得られるように操作し、その取金と初会寄せ金の仮請け分の両方で掛け返しを行って、しかも一割二分五厘利廻りの方法で操作して最終的に一万五〇〇〇両余の利益があげられるように計画したものと考えられる。この残金は当然藩財政の一部として運用されたことは明らかである。

藩は文化五年（一八〇八）に領内貢租米の増徴を命じ、同時に家中藩士に対する三季渡しの変更を伝えて俸禄借上制を実施して支給量を低下させ、さらに文化七年・一〇年・文政二年と矢継ぎばやに無尽・頼母敷講を実施して、その掛け金・取金を藩財政に応用した。それでも財政不足は解消せず、近江商人から三万両を両度にわたって借用している。

しかし、以上のごとき政策も破綻寸前にある藩財政の根本的な解決にはならなかった。そこで藩は幕府御用を担当することによって手当（収益）を得ることを決意し、これが具体的には新藩主内藤頼寧が大坂加番役担当の願い出を再三にわたって幕府に依頼した。加番役の担当には役高の四ッ分を合力米として幕府より支給されることがわかっていたため、その合力米を換金化して藩財政に充当しようとしたのである。それでも大坂での諸費用・人件費として使用することもできず、ついに藩重臣による加番役費用の捻出が、かの有名な「わらじ騒動・興津騒動」となり、全藩一揆へと発展していったのである。

第五章　文政九年の財政改革

第一節　改革の問題点

藩財政の困窮

同期の財政改革の歴史的背景を展望してみると、そこには財政改革への取り組みが予測されるような点があったことを指摘できる。そのもっとも重要な点は藩財政の困窮であった。

すでに各項目で検討してきたように、内藤氏は元禄四年（一六九一）の高遠入部後ただちに藩財政の御用として城下町人を御用達として任命し、彼らの上納する御用金・才覚金などをあてにした。このことは、内藤氏が入封以前からすでに財政難が表面化し、その度合がかなり進行していたことを物語っている。そして、正徳期から享保期にかけて御用金の額が大幅な増加をみたのであるが、この時期には極度の財政窮乏の状況が深化していたのであろう。このことが享保一〇年（一七二五）からの「町仕送役」の設定となって、年間八〇〇〇両の上納が義務づけられたのである。そして、享保期の後半から元文期にかけて家臣からの借上制の採用、定免法の実施による貢租徴収の完全確保、元文期の金給制廃止による俸禄制への転換、分一運上の開始などを実施し、さらに寛保期から延享期にかけての家中藩士への大がかりな扶持米支給の改正や修正、寛延年中以後の連続的な借上制の展開と倹約令の発布などたてつづけに財政政策を行っている。

明和四年(一七六七)の無尽政策を継承した藩役所は、文化年中に三度にわたる無尽政策を計画・実行に移し、藩領内外の豪商農層を加えた藩営頼母敷講の実施、さらに近江商人松居久左衛門と外村与左衛門両人から二度にわたって一万五〇〇〇両の借財を得ているが、それでも財政困難は解決せず、文政五年の藩主頼寧の大坂加番役の費用捻出がいまだかつてみられなかったほどの大きな全藩一揆へと発展してしまい、いたずらに藩の威信を汚すのみとなった。

藩役所は藩財政の再検討を行った結果、藩自体の借財は領内外からの借り入れで十万両以上になっていたことが明らかとなった。それゆえ、多額にのぼる借財の返済および藩財政の補塡をいかにして行うかが当面の重要課題となってきた、藩財政の困窮解決を簡単に領民からの御用金・才覚金・冥加金・貢租増徴などで賄うことは、安易かつ容易ではあるが反面領民の困窮度合をますます増加させるのみで、根本的な解決にはならない。あえて実施すれば農民一揆を引き起こすような民衆の抵抗がありうるとの反省にたって、これらを解決する対策、すなわち、財政改革の必然性が起こってきたのと同時に、早急に実施に踏み切らねばならないところまで追いつめられていたのである。

七代藩主頼寧は文政三年(一八二〇)二月一六日に父頼以の跡を継承して藩主となった。頼寧は相続後ただちに江戸城外桜田御門番と桜田組防火役の勤仕、日光代参などの幕府御用を命ぜられ、藩財政の支出をより一層激化させた。その上文政四年には天候不順により約九〇〇〇石の減収と損毛によって、頼以時代に引き続いて藩財政は崩壊に近い状況となり、そのようななかでの相続であった。

このようなところに頼寧の大坂加番役への就任を二度にわたって幕府に願い出る要因があった。従来、藩主が自ら願い出て加番役を勤仕したことは一度もなかっただけに、頼寧の願い出の裏にある目的もおのずから判明しよう。すなわち、加番役を担当すると将来幕府奏者番役を担当し、さらに若年寄・老中への昇進が可能になる（事実天保一一年〈一八四〇〉に西丸若年寄になっている）こと、勤番役担当によって役高二万七〇〇〇石の四ツ物成の合力米が支給（高遠藩の場合は合力米一万四〇〇〇石の支給）されるのであった。この自身の出世と合力米の確保（藩財政に応用することが可能となる）とが、頼寧の加番役就任を固執させたと考えられる。しかし、一年の在坂ともなれば当然藩主以下上坂した家臣の年間費用をいかに調達するかが、また当面の課題となってくる。当時の高遠藩財政ではこれを賄うだけの方策が成り立たず、当然のごとく領民からの御用金徴収により賄うという従来どおりの常識的、かつ消極的な方法しかなかったのである。

御用の条件

領民への御用金賦課をめぐって藩役所は年寄役の浅利平太夫と郡代の興津紋左衛門を中心に評議を行い、郡代葛上長兵衛の反対を押し切って両人の提案どおりに領民に賦課することに決定した。

まず、領民の代表七三〇人余を城内に出頭させて御用金徴収の趣旨を申し渡した。例によって財政の莫大な支出理由を述べている（藩主の交代、前藩主頼以の隠居所の建設、幕府御用の勤仕など）が、これに加えて、家中藩士の借上制の実施、米相場の下落、大坂加番役の勤仕などをあげ、よって領民に「銘々軒別・人別の稼ぎをもって骨折り御奉公を成し上げ」てほしいことを要求したのである。その上で具体的な御用の条件を「別紙覚書」で布達した。

(1) 女子には原料の糸を一戸について六把ずつ貸し与え、毎月一戸より木綿を一反ずつ上納すること。
(2) 男子の十五歳以上、六十歳以下までの者は一日に草鞋二足ずつを上納すること。
(3) ただし、男女とも一年のうち四月・五月・九月・一〇月は農繁期のために免除する。
(4) 木綿織の不納村々は、それに準ずる品物を上納すること。草鞋不納の場合も右に準じて細工物を納入すること。
(5) 長病や孤独者などは、村役人の相談によって融通する。

のような条件であった。

男子は人頭税の形で一カ月一人約六〇足、五年間（うち年間四カ月は免除）で二四〇〇足、女子は家屋税の形で一カ月一反、五カ年（うち四カ月は免除）で四〇反の納入となる。この御用実施と同時に御用世話役が任命され、木綿・草鞋上納は城下中町の富屋次郎右衛門に納入し、世話人として十人衆が決定された。

同時に、藩役所は「取扱覚」なる詳細な「覚書」をおのおのに申し伝えたが、それによると、木綿一反の代金は銀四匁銭五分とし、その代料より低い場合（質の悪いもの）は上納品を差し戻し、上質の場合は差額を返却する。織布の長さは二丈七尺五寸（約八・三メートル）、幅は九寸五分（約二八・五センチ）となる。草鞋は一足五文とし、規定は木綿織と同様であった。かつ、納入物品は人別ごとに氏名・生年月日まで書かせたが、寺社領内の居住者は木綿織を免除して、人別のみの草鞋負担であった。

わらじ騒動

これら藩役所からの通達に対して領民は賛否両様の異を唱えたが、具体的な御用の数字を検討すると、高遠城下の場合は二五九戸、男子三四〇人であるが、そのまま単純計算すると草鞋は五年で約八〇万足、木綿織は一万三三六〇反、川下郷狐嶋村では五二戸、男子七八人であるから、草鞋は約一八万足、木綿織は二五八〇反の計算となる。

領内の大半は不賛成の異を唱え、文政五年（一八二二）七月朔日から、むしろ旗・鋤・鍬・竹槍などを持参して城下近くまで押し寄せる全藩一揆の発生となった。すなわち、七月朔日には上伊那郷辰野村・赤羽村（現上伊那郡辰野町）の農民約一〇〇人が川下郷笠原村天神山の麓まで押し寄せ、二日には同郷羽場村・北大出村（辰野町）の一五〇人ほどが城下に押し出したのをはじめ、同日夜までに同郷樋口村が一二〇人ほど、同郷平出村が一〇〇人ほど、同郷宮所村・新町村・宮木村三カ村二五〇人ほど、同郷上嶋村・雨沢村・横川村（辰野町）三カ村で四五〇人ほどが順次城下に押し出した。三日には中沢郷火山村・栗林村（現駒ヶ根市）六〇人（うち女性八人）ほど、五日には春近郷（現伊那市や春近村）・中沢郷二〇カ村三〇〇〇人（うち女性八〇人）ほどが中の橋まで押し出し、川下郷村々（現伊那市や高遠町）も一八〇〇人（うち女性五〇人）が押し出し、引き上げる途中で同郷川手村の八郎兵衛宅を囲み打ちこわしをかけようとして、郷方役人（藩側）に阻止された（八郎兵衛は元ばくち打ちで、郡代の興津紋左衛門と結びつき、藩の威信を背景に利をむさぼったため、領民から怨嗟の的になっていた）。六日には入野谷郷村々（現上伊那郡高遠町・長谷村）が一二五〇人ほどが城下入口まで押し寄せ、七日には入野谷郷・藤沢郷（現高遠町）村々が押し出して、合計で一万人ほどの農民が行動を起こしたといわれる。

この状況下に年寄役の河野八郎右衛門が在坂する藩主や在所高遠の役人と談合中に、新たな動きが洗馬郷（現塩尻市）に起こった。七月二六日の夜半に郷中に「落し文」がなされ、これを契機に西洗馬村薬師堂に集合した郷内七カ村の農民たちは、本洗馬村・岩垂村・針尾村・小曽部村・古見村（小野沢村のみ除外されている）六カ村一四家を襲い、

誠にこなみじんにたたきつぶす、衣類に至るまでずんずんにさき、かげもなきように致し（中略）、少々ずつきずを付け候の棟数六十軒余り

に及ぶすさまじい破壊行為に出たのである。

この打ちこわしの要因は、文化年中に郷内琵琶橋の架橋工事にあたって、藩役人側に賄賂を贈り、村役人としての地位を得たことのある農民に対する怨み・不満と、賄賂の六〇〇両を工事に関係した者の負担ではなく、全額を郷内農民の高割りで徴収するという村役人と藩側の黒い癒着に、郷内農民が反発して打ちこわしの行動に出たのである。

　このような状況にもかかわらず、藩側の対応は遅れ、農民のなすがままに放置されていた。この結果、責任者の興津紋左衛門は罷免され、四〇日の閉門と叱りが付帯条件となり、九月下旬藩主の許可を得て正式に興津紋左衛門は蟄居、浅利平太夫は御役御免、重立った年寄役・郡代の更迭、各郷代官の交代があった。また、領民への手入れは文政五年の年末にようやく行われ、入牢者・手鎖・宿預け・蟄居・御役御免・村外追放などがあったが、最終的に一揆の処置が終了したのは文政七年であったという。

騒動後の処置

　領内一揆の処置が完全に終了したのは文政七年であったが、その翌八年五月に藩役所は、家中藩士ならびに領内に七カ条からなる「倹約令」を発布した。藩の大坂加番役費用の捻出から全藩一揆に発展したことを反省し、家中・領民ともにきびしい倹約を申し渡した。

　すなわち、郡代廻村の中止、代官の宗門改めへの出役停止、御蔵締め代官の出役廃止、城下鉾持権現祭礼時の藩役人の出役停止、領民からの家中藩士への贈答廃止、領民の訴訟、着用衣類の厳守、贅沢品の使用禁止などが申し渡されたのである。

　さらに、同年一一月になると領民の困窮状況が判明したとの理由で、藩にも多額の借財を背負っているが今回のわらじ・木綿御用はすべて免除するとし、さらに領民の生活困窮から藩より拝借した金額も「累年困窮のところ御捨て置かれがたく、更に前後を顧みられず深き御仁恵筋一筋をもって御用捨成し下さる」として、従来からの領民の拝借金の返上はすべて免除し、今回の一揆による領民の困苦を救うために、あらためて拝領金を支給すると触れ渡している。

また、一揆の処置が終了した段階（文政八年六月）で、領内村々は藩役所に対して次のような「願上」を出している。

去る午の年（文政五年）の御奉公筋（わらじ・木綿の上納）で郷中一同が騒ぎ立てて奉公筋をすべて中止させた。これにより、藩主様（頼寧）を始め家中の名目を穢し、顔をつぶすようなことをしたのは大変申し訳ない。その上、我々に対して種々の御仁恵筋を申し伝えられ、当年の春（文政八年）は格別の御仁恵を得た。今度の一件で咎めをうけた者も許されて大変有りがたく思っている。このため、我々は前非を悔い、藩の名目をそそぎたく思い、少分ではあるが冥加金として郷中より一〇〇両を献上したく思う。御聞き届け下されば大変有りがたい

中沢郷村々が連名で行ったものである。この種の「願書」は現在中沢郷と春近郷で発見されたのみであるが、おそらく全領で行ったと考えられる。この一〇〇両の献金は藩主の公儀御用に対する費用が一揆のためにととのえられなかったのを悔いた領民側が、お詫びの形でその費用の一部を賄ったのであろう。

以上の経過によって、藩側も財政に関する本格的な施策に手をそめることを真剣に考慮し、ここに本格的で藩の最初の財政改革をはじめることになったのである。

第二節　財政改革担当者となった四人の豪農

担当者の登場

財政改革を余儀なくさせた財政構造のうち借財はあまりにも高額となっていた。文化七年までに近江五個荘の商人松居久左衛門から約七〇〇〇両の借用金あり、さらに前述のように文政元年と同六年の二度にわたって計三万両の新たな借財を得ているし、領内仕送役が大和又兵衛・福沢彦四郎から一四〇〇両、洗馬郷大庄屋原八右衛門が領主要用を理由に二二〇〇両、さらに前年までの残金と新借で二四〇〇両、また、文政九年までに木曽や近江からの借財金は三万四〇〇〇両にも達していたのである。

文政九年八月二六日、郡代の星野蔀と神波半太左衛門の両人が領内の豪農四人を藩役所に出頭させた。その四人とは洗馬郷大庄屋で御用金取扱者であった原熊三郎、藤沢郷栗田村の名主兼在仕送役で酒造家の北原九仁太郎、川下郷狐嶋村の名主兼在仕送役である北沢勝兵衛、入野谷郷黒河内村の名主兼木改役の黒河内谷右衛門の四人であった。なお、原熊三郎は文政の全藩一揆の際郷内不取締りの理由で大庄屋役・帯刀取り上げとなったが、同家の財力・指導力は捨てがたいものがあったし、永年藩への御用に尽力したことを理由に、藩役所はあえて原熊三郎を重要な施策である財政改革担当者として登用させたのである。

藩役所は自らの手で改革を行わず、領内豪農に寄生して彼ら四人の才覚で財政窮乏を解決させることを目的とした。各藩の財政改革が藩側の立場で行われ、その改革過程で領内豪商農層を利用することはしばしばみられるが、まったく彼ら領民の手にゆだねることはあまり例がない。ここに高遠藩内藤氏の財政改革の一つの特徴として指摘することができる。

藩役所は出頭した北沢勝兵衛・原熊三郎ら四人に対して、両郡代は文政六年に御勝手方切り替えを行ったが多借のために思うようにいかず、当年は幕府奏者番役に任命され、二〇〇〇両の新借をした。このため藩の借財方の調書を披見させるので、藩のためと心得て改革を引き請けるようにと申し渡した。ようするに、新借を加算した一万五〇〇〇両余の借財金の内容を領内の在町役人に見せて、領内村割りにして返済するので四人に協力方を依頼したのである。

これに対して四人は、一万五〇〇〇両余の借財を領内で引き請けることは容易なことではない。たとえ村役人共が引き請けたとしても農民への対応には当惑し、難渋する恐れがあることは容易に想像されるところであるとして、領民の呼び出しは遠慮してほしいことを返答し、藩側の改革内容の計画を聞きたいと要求した。星野・神波の両人は申し出を率直に認め、一一月中旬に「元〆方へとくと申し談じ候のところ、趣法書元〆方より差し出す」ことになったから、借財方との関係も埒があくだろうと答えた。藩役所が四人に領民からの御用金上納を基礎とした上での藩の借財返済を引き請けさせることが基本方針となっていて、すでにこの段階で決定していたことを指摘することができる。

このとき、藩役所は文政九年にいたるまでの藩財政がいかに困窮しているかの実情を記した二つの資料を提示した。一つは「御借財御暮図帳」と題したもので、借財主と借入金額を記したものであった。二つめのものは文政九年一一月作成の「歳出予算書」であった。前者は在所高遠と江戸の場合とに分けて記載し、高遠での借財金は総計は六万八〇〇両余（約七二億円相当）となり、もっとも高額の借財は近江商人の松居久左衛門と外村与左衛門からのもので、約四〇パーセントに相当する二万三〇〇〇両余であった。この他の大和増次郎・福沢代吉・小泉良左衛門は領外の者で、それ以外は領内の金主であった。大和増次郎は松本藩預領小俣村の豪農で、早くから高遠藩と関係をもち、とくに洗馬郷七カ村の貢租米の換金化にあたっていた人物で、文化期の無尽政策もかなり大きな影響力をもっていたし、藩自体も多額の借財をしており、高遠藩の御用達であった。福沢代吉は天領赤須村の豪農で、小泉良左衛門とともに高遠藩の御用達であった。

一方、江戸での借財は総額で一万七一〇〇両余（時価で約二〇億五二〇〇万円相当）となっており、約半数が小出三右衛門からの借財であった。以上の高遠と江戸の借財は「返済御断り」可能な借財であったのに対して、「御断り不能」の金額として一万五〇〇〇両があった。これは幕府勘定奉行村垣淡路守定行役所からの借財がもっとも多くて四六〇〇両、ついで、尾張徳川家の家臣鈴木忠治より二八〇〇両、江戸馬喰町郡代役所からの二〇〇〇両などが大口のもので、この他に木曽の御用達からの一万一〇〇〇両余、家中および在所寺院からの預かり金一七六〇両で、これら借財分の合計は一〇万三四〇〇両（時価で約一二三億八〇〇〇万円相当）となっている。尾張徳川家からの借財が多額に及んでいるのは、宝暦一二年（一七六二）三月に徳川家の第七子を養子として受け入れた関係で、借財が容易になったものと考えられる。

二つめの資料は文政九年一一月段階で作成した「歳出予算書」であった。この「予算書」はいっさい借財しないとして計算されたもので、江戸定式入用と臨時入用および参府入用の三つで六四二五両余で全体の約六三パーセントを占め、公務要用で一五〇両、役方入用で八〇〇両、高遠定式入用・同家中手当・同臨時入用大概で一二八〇両（約一三パーセント）、その他江戸・高遠家中二分通りの割り戻し入用として一〇〇〇両などがあって、全体で九七〇六両二分余であった。これに対する引き当ては、御蔵米と郷中入用米を除外した収納残高一万八二〇石の代金八六五六両、御蔵詰よりの請け取り三六〇両、雑税八〇〇両を合計した額から残金は一〇九両余とするものであった。

この二資料の提示に対しても、北沢・原ら四人は引き請けられる額ではないと難色を示したため、藩役所はさらに評議を重ねた末に一一月一六日三たび四人を出頭させて新提案を披瀝した。このときの新提案が「御借財御趣法」と称するものであった。これによると、前藩主頼以の返済分二〇四〇両、馬喰町郡代役所分五〇四〇両余、尾張徳川家返済分八〇〇両、寺院返済分七五〇両など七ロ分で九四〇〇両余の返済があり、このうち四〇〇〇両を北沢・黒河内ら四人の引き請け分とし、残りの五四〇〇両余を領民からの御用金にて賄うものであった。北沢らの引き請け分四〇〇〇両は藩役所の対策によれば、「御立山御林残らず御当用に残し置き、御払いにて弐千両ほど御領分にて花富二ケ所千両ほど、江戸御下屋敷杉の木御払いにて金千両、都合四千両」を確保できる計画であった。このほか、木曽への残米返済分は五年間は返済を猶予してもらう。近江返済分の残米は江戸と高遠への臨時入用の残金ができたならば、五～六年はつづけて返却したい。また、京都・大坂に願い出て新借に残金ができたならば、近江に二〇〇〇両、木曽に一〇〇〇両を返却したいなどの付帯条件がついていた。

右のように、藩役所は財政改革を成功させるための再建書をつぎつぎと提出してきたから、ついに四人も従来の消極的な態度を放棄し、藩役所の誠意と熱意をかって、真剣に協力することにしたのである。

豪農四人の提案

北沢ら四人は藩の提示した「御借財御趣法」について慎重に検討を重ねて、改革に対する基本方針を作成して藩側の考え方を質した。すなわち、

(1) 借財九四五〇両を一〇年間にて返済するようにし、このうち四三六〇両を四人が、残余は元〆役所で引き請けてほしい。
(2) 御立山ならびに御林・竹林、江戸下屋敷内の樫・杉は残らず売り払うこと。
(3) 領内にて富の興行を二カ所で実施すること。
(4) 領内の御囲い籾子を六合摺りにして上納させること。
(5) 江戸・高遠臨時入用・家中一分通りの割り返し銭、入用分などにて一二一〇両分の米を年々四人に渡してほしい。
(6) 家中借財金二〇〇〇両を五年で返済したい。
(7) 御用米を郷内高割りにて仰せ付けてほしいこと。
(8) 収納扱い米は従来どおり元〆役所にて売り捌いてほしい。
(9) 臨時入用の引き当ては品々御調べにて領内に命じてほしい。米相場の宜しい年は領内よりの差し出しを免除してほしい。

(10) 当年より臨時に御囲い米として三五〇石ずつを一〇年で三五〇〇石ほどを積み立て、凶作の際の夫食の手当にしてほしい。

(11) 領内の才覚可能者の人選を行い、五〇両負担可能者二〇人、二五両ずつが三〇人、十両ずつが五〇人、五両ずつが一〇〇人とし、さらに村々の高割りにて名主に七五〇両の上納を命じ、その上にその者らに酒・吸物を与え、あらためて御用達とすること。

(12) 町方には五〇〇両を急才覚にて命じてほしい。

との条件を提案し、この取り計らいがよければ、

御領内にてかなりに御用弁相定まり、御利足も御領内へ落ち入り候はは、自然と潤い、ゆくゆくは御融通にも相成るべきように存じ奉り候、すべて御領内一致の節に相成り候はは、近郷・木曽、其のほか御用達御断りに相成り候

のようにしてほしいことを申し述べている。

この四人の借財引き請けがかなり具体的で、藩の経費や領内御用金の負担など可能な範囲での提案であった。この提案に藩役所は付箋をつけて四人に戻している。すなわち、(1)の九四五〇両の借財については四人の提案どおりとすることを認め、(2)~(4)も主張を全面的に認め、(5)は割り返しはできないと返答している。(6)以下の全項目については「おいおい評議の上に」て、として即答を避けている。

この藩役所の返答に対して、四人はさらに検討を加えた結果、一一月二四日に新提案を行った。まず、九四五〇両の四人と元〆役所での引き請分は認める。また、借財返済の内訳は隠居の頼以分、祥雲院分、

宮部様分の二七一〇両に利子二二四両三分をつけて一〇年内に返済する。尾張徳川家へ御断り金、寺院四口分、木曽一八人への御断り金計一六五〇両は文政一〇年よりおいおい返済する。家中にての借財分二〇〇〇両は四人が出すが、年々藩より御蔵米にて渡してほしいこと。江戸・高遠臨時入用・家中一分通り返し分一一〇〇両は不可能であることを承知した。入用残金は可能なかぎり年々二〇〇両ずつ下げ渡してほしいことを書き上げ、樹木の売り払い以下の四人の要望は再度そのまま藩役所に手渡している。

右の引き請け書が完全に実行されるならば、藩の目途とした借財返済は可能となるはずであった。この実施案によって領内御立山ならびに御林・竹木の払い下げにより一五〇〇両、江戸下屋敷内の立木売り払いで五〇〇両、富興行の実施によって三〇〇両程度の収益を四人は見込んでいたようである。

この四人の「引請書」によって藩役所も逐一検討し、ここに北沢・原・黒河内ら豪農・在仕送役・酒造家などによる藩財政の改革が開始されることになった。開始にあたって四人は「誓詞状」を差し出し、藩役所より手当米五石の支給、借財相手との交渉権、入用品の支給など、いっさいの権限を付与されたのである。また、四人に改革御用を正式に命ずるとともに、とくに北沢勝兵衛には従来も御用を担当してきたが今回も御用向きに精出し励むことを通達したから、北沢勝兵衛は改革御用に専念するため、別家伝重郎を名主役の入札仲間に入れて就任させ、村政にあたらせることを願い出ている。

藩主頼寧の直書

財政改革にあたって藩主の頼寧は家中にあてて「直書」を発布し、藩主の意志を背景に家老たちより藩主の改革への意欲を伝えた「意見書」を郡代の星野蔀や神波半太左衛門に示して、改革を豪農四人に委任させたことを通達している。少々長文にわたるが、藩主の「直書」を左に示しておく。

勝手向き不如意につき、先年より数度の借米、なかんずく年限には相通すべきところ、其の期を相待たず打ち重なり候の引米、かたがた困窮の家中をもっていやが上の艱難見るに忍びず候、時節をもっては本給に相返したきといへども、今もって不手廻りの趣を皆共ほぼ承わり及ぶべき事所存に任せがたく、せめて近年申し付くるところの借米も差し免ぜざるの段を心掛けながら、先年亥の年より家中宛行いのところ、少分ながら割り替え別紙定めの通りに申し付くるの事

一此のたび一統の宛行い割り替え遣わし候といへども、少分の事に候へば、倹約かつ質素の暮しはいささかも相ゆるまざるよう、随分心懸くべきの事

一家中の衣服・大小、其のほか音信贈答、酒食の集会など品々の制度は、去る申の年に相定め候の通り、いよいよ厳重に相守るべく候、まげて用捨を加へ置く義どもは、いまだ本給に相返し候の上は、是れまたかえって是れまでの通りたるべきの事

右の趣、在所・江戸家中一統承知すへし、もちろん、文武の嗜みいよいよ怠らず、平日の武備を心懸くべし、なお委細は家老共・年寄共に申し聞かすべきの条、向後先例に任かせ毎年此れらの趣、改めて承知し相守るべきものなり、

文政九戌十二月

とあって、財政難のために「借上制」の実施をしたため、本給に返すことが困難である。そこで、先年の

亥の年（文化一二年）からの給与は少分を返却する、倹約および質素な暮しを旨とし、衣服・大小の刀、音信贈答・酒食については去る申の年（文政七年）に定めた法を守ることを伝え、文武の道を怠らず励むことを述べて、詳細は家老・年寄共に申し伝えておくというものであった。

さらに、藩主の意志を背景に家老・年寄が家中や領内に伝えた「覚書」がある。それによると、文政六年の冬に勝手方の切り替えを仰せ出され、莫大な他借も御断りになり御用を相達してきた。家中の藩士も難渋の趣を口に出さず、その上御制禁筋を厳重に守って役儀をまっとうしてきたことを本望に存ずる。しかし、他借のうちには御断りできないものもあるが融通ができない。「両御役勤め一同に仰せを蒙らせられ候については、過分の御物入りこれ有り、あまつさへ御奏者御役は此の上永く御勤役遊ばれ候の事につき、いささかと御趣法相立たたず候ては、則ち御精勤も遊ばれがたきほど」にもなるし、奏者番役は公務であるからすぐさま御用金を命じたいが、農民を救いたいとの深慮によって命じなかった。よって厳重な切り詰めの生活をし、差し当たり断われない借財分は「此のたび四人の者へ引き請けを申し付ける」の上は、返済の引き当てとして領内御囲い竹木・御立山・御林竹木残らず渡して借財を解決したい。それゆえ、ことによっては御用金の申し付けもあるやも知れないが、その節は早く上納してほしい。これにより「御借財高ならびに御暮方とも別紙帳面の通り拝見致すべく候」とし、「無益の金銭他所へ差し出さず、自然と郷中も潤う」ことになるので、「是れらの趣を深く存じ込み、一和を旨とし、水は船をやるの道理にならい、下は御拝地このかたの御重恩を荷ひ、上は民とも力を添へ上下一致し相励む」においては、その効果が明らかとなると伝えている。

ようするに、御断り可能な相手とはよく話し合いをして返済を抑え、是非返却しなければならない相手には四人に御立山などを渡して処置させることに決定したとして、藩主頼寧の強い意志を反映し、これを背景にして郡代に対して藩側の意志を伝え、あわせて領内にも伝達した。これにより高遠藩内藤氏の初の財政改革が本格的にスタートしたのである。

第三節　改革の開始

家中への通達

藩役所は改革の開始にあたり、家老の内藤蔵人が家中藩士に藩側の意志を伝えているが、少分の割り替えを行って御勝手向きの融通がついたなどとは決していえない。「相違し置き候の諸向一体の趣意、おのおのいよいよ怠りなく心掛け、すべて一和を専一に相励まれ候のように致したき事に候、おのおの心得のために御暮積り帳を披見」するようにと申し伝えて、いかに藩が財政難であるかを「御暮積り帳」を家中藩士に披見させることによって、一層の協力を要請したのである。

同時に、新宛行引きの「覚書」を発布した。この「覚書」は「従来亥の年在所家中宛行いの覚」と題するもので、亥の年は文化一二年（一八一五）で、その際の引き分をそのまま文政九年（一八二六）以降の「借上制」にも適用しようとするものであった。高三〇〇石取りの者には三分五厘二毛渡しにはじまり、高三五俵取りの九分六厘八毛渡しにいたるまで二〇通りに分類している。ただし、高九人扶持と高三四俵取り以下は全給となっていた。さらに江戸詰め家臣への宛行引きも定められたが当年の事例がないので、天保元年（一八三〇）の事例によれば、高遠在住の藩士と同様に高一六〇石取りは三分四毛渡しにはじまり、高一人扶持の九分渡しにいたるまで三〇通りに区分している。また、家中における主要役所で使用される年間予算も切り詰められ、作事方・普請方の二二両三分余、郷方役所の一一両一分余などと少予算になっている。

領民へ通達

一方、領民に対しては仕送役・名主・御用達・酒造家などを出頭させて、藩側の財政状況を逐一説明し、「御借財御暮図帳」と「高遠・江戸御入用大概」の二つの資料を閲覧させて申し渡しを行った。

前者については地元高遠での借財御断り分として大和増次郎への二二五〇両、小松左司兵衛への一五七〇両、花頂殿土橋源蔵への二〇〇〇両、発起無尽への一九〇〇両余、木曽の山村・千村両人への三五〇〇両、在所借り入れの一万四五七〇両余、諸役所ならびに御封金の四四六〇両余など二一人と七団体で三万八六一七両余、江戸での借財御断り分として、鳥口屋清左衛門の二七〇〇両、小出三右衛門の五一八〇両など一七人と他所家中よりの借財分一万一七四五両余で総計五万三六三両となり、御断り不能の借財分として公儀や諸寺院分の四三六〇両、馬喰町郡代役所分の五〇四五両と、木曽・近江よりの借財分三万四〇七四両で合計四万三四七九両となり、両方あわせ九万三八四〇両余となっていたのである。

なお、領民に披見させた「高遠・江戸御入用大概」は、家中藩士に披見させたものと同一であったが、前記資料の「御借財御暮図帳」をみると、家中藩士や北沢勝兵衛ら改革担当者に示したものとの間に大きな差異のあったことが指摘できる。すなわち、借財分のすべてに利子の記載（領民閲覧のもの）がみられることであり、高遠御断り可能分の一〇〇〇両以上の借財主のなかに含まれていた近江商人の松居久左衛門と外村与左衛門両人からの借用金二万三〇七〇両分が明確に除外されて、新たに「松本様御無尽」として八七〇両が「無尽四口」のなかに含まれていた。また、御断り不能の借財分をみても北沢勝兵衛ら担当者の披見したものと比較して簡略になっており、領民に披見させた方が五九六〇両ほど少なく、また、その他の借財分をみても一万両ほど少なく記載されている。

さらに、藩役所が藩士に披見させた「高遠・江戸御入用大概」のなかに記されている「収支決算書」を領民にも見せているが、以前に四人に示した「入用積」を基調として藩役所が修正したと考えられる資料となっている。わずかに二両ほどの残金があるように操作したことは健全な御暮し積りにみられるが、藩役所の方になんらかの意図するところがあったのであろう。また、領民側に披見させた資料には四万三四七九両の借り入れ金のあったことが記されているが、この金額は領民の御用金によって解決することと、藩側がいかに借財で苦慮しているのかを領民サイドに熟知させて、改革に積極的に協力させようとする藩側の思惑があったものと考えられる。

さらに、領内の重立ちたる者に対しては「御他借の内御断り相立ちがたく、御よんどころなき分も口々これ有り、融通つきかね候」と申し述べ、藩主の意志と藩上層部の意見を下敷きとして返済できかねる借財分の返済を領民の才覚金の形式で上納させることにしたので、都合をつけて御用金上納を行うことを説明している。

また、領内くまなく御用担当者や才覚金提出者として可能な人物を選び出してリストを作成し任命しているが、中沢郷の事例をみると、全体で七二五両のうち五〇〇両は七カ郷役元の才覚によって上納し、五〇両が伊那村の長四郎、二五両が上新山村の武右衛門で、一〇両が貝沼村の杢兵衛、大久保村の善蔵など一五人となっているが、北沢勝兵衛らの計画では領内にて才覚金の拠出は五〇両負担者が二〇人、二五両負担者が三〇人、一〇両負担者が五〇人、五両負担者が一〇〇人を目論んでいたが、現実では中沢郷の事例でみるように、かならずしも計画どおりに進展しなかったようである。

四人の計画

北沢勝兵衛ら四人の活動は文政一〇年の正月からはじまり、まず、四人で領内村々を廻村して改革と協力への趣旨を村役人層を通じて逐一説明し領民を納得させる一方、二月には江戸入用と借財の検討が行われ、北沢勝兵衛と北原九仁太郎は在所の高遠において改革のすべてを担当し、原熊三郎は洗馬郷小曽部村の新倉伴右衛門とともに江戸表に出府して借財主との折衝にあたり、黒河内谷右衛門は領内の山林竹木の調査と販売を担当することになった。

北沢ら四人の検討した文政一〇年の「収支案」でも一〇七〇両余の不足金が生ずることが明らかとなり、根本的な改革案である「御趣法書」を元〆役所に提出した。この「御趣法書」によれば、北沢らの改革案は収納ならびに臨時上納物を基調とする「御暮方」の方策で、これを三つに分類し、一つは「家中入用分」、一つは「公務江戸定式入用分」、一つは「臨時御備分」とするもので、これで諸方々御分量ならびに臨時物、その他不時入用分にあてようとする計画であった。北沢らは「右三つ割りのつもりをもって、御趣意相立ちがたく候ては、とても御借財御無借と申す筋の取り計らいかた、いささかも御座なき」状態となることを強調し、この三つ割りをもってしても「よんどころなき分勘定に相立ち候のところ、金弐百拾六両三分と銀拾五匁年々御不足に相当たる」状況が判明し、さらに二一六両余の不足の上に「御新借六千両に御返済方御振り向けの品もいささかも御座なき候の儀は当惑仕り候」と述べている。これによれば、北沢・原らの豪農が改革にあたって真剣に対策を考慮しているのに、藩役所には意見の不統一や改革に対する考え方の相違、改革への見通しの甘さなどが指摘される上に、安易に新規の借財を重ねていることが判明する。

この「御趣法書」とともに、北沢・原らは「年内御暮図り」と題した「予算書」も同様に藩役所に差し出している。この「年内御暮図り」の「予算書」は前述の二一六両余の不足金の出るものであり、収納米一万五四八〇石のうち郷中入用米を差し引いた一万五一二〇石を先の「御趣法書」のとおりに三つ割りしている。すなわち、五〇四〇石を家中扶持米、江戸定式入用分、臨時御備分におのおのあてるものであったが、後者の「江戸定式入用分と臨時御備分」の二口では一一六〇両程度の不足が見込まれ、江戸定式入用分の不足金九四〇両余と臨時御備分の不足は諸方々様御分量を減少させることで賄うが、やはり結果的には二一六両の不足となっている。

北沢勝兵衛らのこの「案」に対して、藩役所もそれなりの対応策を考慮しており、改革案に対する意見を申し渡している。すなわち、藩は家老を通じて隠居頼以の御預り金で尾張徳川家の御声掛りの返済は藩役所が引き請ける。引き請け高が増加したので、御暮図りのうち四〇〇両を年々渡す。月割金の利息として六〇〇両を渡し、このほかに払い米値段ちがい、籾子の摺り出し、御山林竹木を渡す、他所への扶持米を断って四人に手渡す、収納米や御入用月割高は一〇月から引き請けて取り扱うことなどを対応策としているが、四人は納得せずに引き取り、再考の上で新提案を行い四人の考え方を申し述べたことから、藩役所もようやく納得して承認したので、四人は藩役所に「口上書」を差し出した。

その「口上書」によると、月割金の利息として六〇〇両の半分は請け取らず、年内の利息は藩元〆側より出してほしいこと、収納米取り扱いは七月からはじめないと一一月からの「年越才覚金」に差し支えるので七月から引き渡してほしいことを伝え、

年内御収納米のうち御蔵詰めのほか壱万石の分、年々平均石弐斗五升のつもりをもって金八千両つつ御元〆様へ御渡しに相成り、是れにてゆくゆく御暮し方も相立ち、御借財に相成らざるように御趣法相立ち候はは、私共一同何ようにも御手先相勤め

て、おいおい借財切りになるようにしたいと願い出ている。

この「口上書」の提出によって藩役所の意図する御趣法立政策をようやくスタートして軌道にのることになったが、文政九年一二月には藩主頼寧の示した「借財切り」政策を藩役所も意識してとらえ「借財切り」を目的とした財政改革がすすめられることになり、四人も思い切った形で改革を断行することが可能となったのである。かつ、藩主自らも改革にあたって倹約することを家中藩士や北沢ら四人に示している。

たとえば、従来郷内御用入用金が一五〇両であったのを一〇〇両にしたり、朝夕台所入用、休息所分量などにも若干ではあるが、倹約すべきことを明らかにしている。

この頼寧の倹約は領民にも示され、領民の納入していた御膳米は廃止となり、隠居頼以も当初は借財の返済を渋っていたが、ここにいたっては協力せざるをえなくなり、頼以自身で文政一一年から天保元年(一八三〇)までの八年賦で返済を完済する。その返済金額は年に二五五両(都合がつけば七月に百五〇両、一二月に一〇五両の分割返済したい)を分割して返済するという条件つきであった。

才覚金の徴収

右のように藩主一族や藩役所が四人に協力の態度をみせたために、原熊三郎は財政整理のために江戸に出府して折衝にあたり、また、元〆役所の代表として城下豪商の小林金右衛門が木曽に赴いて交渉する一方、地元に残った北沢勝兵衛ら三人は文政一〇年六月ごろから具体的な改革案を組上にあげることになる。北沢らの財政計画は、先述したように才覚金の徴収、家中藩士の御借上、富興行、倹約、御立山の売り払いなどであった。

まず、文政一〇年の領内収納米を領内七カ郷の収納米として確定し、これを基準として同一一年の七カ所の仕分高を定用米と御蔵詰米ならびに郷中入用米および他所扶持米などに分けた(表12参照)。定用米を一万石とし、御蔵詰米ならびに郷中入用米は五二七〇石、他所扶持米分は二五〇石と分類しているが、この全体量には領内収納米に籾子六合摺り四〇〇〇俵分一三二石を加えたものの分量であった。

この定用米一万石について、北沢らはさらに検討を加えた上で「私共一同御引き受け相違なく取り捌き、代金の儀は御月割りの通り日々前金上納仰せ付けられ、則ち銘々御引き受け石高を示談仕り」と決めて、一三七五石を御繰合金御貸米拝借分、一二五〇石を同様に前金日々上納御引当分、七三七五石は御米捌きより前金日々上納御引当分に分類している。これらの前金月々上納分の引き請け高は**表13**に示したように、北原九仁太郎の一二〇〇石を筆頭に、中沢郷本曽倉村の源吉の一〇〇石にいたるまで二〇人に割り当てている。

表12　文政11年仕分高

	収納米	定用米	御蔵詰并郷中入用米
藤沢郷	1,078石	675石	403石
入野谷郷	1,603	945	659
中沢郷	2,796	1,777	1,019
春近郷	2,780	1,836	944
川下郷	2,794	1,823	971
上伊那郷	2,911	1,840	1,011
洸馬郷	1,433	1,105	328
計	15,395石	10,001石	5,335石

一方、文政一〇年に実際に一万石が収納された実高をみると、**表14**のように相違がみられるものの合計では一致している。文政一一年の定用米一万石は**表15**のように収納されているが、このうち荒引分を除外した収納米は九八〇〇石で、これに籾子摺り違い分一三二石を加算しているが、この九九三〇石余の分量は月送金上納者である領内農民に引請郷からの払い米の形で手渡されているが、**表16**がそれにあたり、多少の差はみられるものの大略一致していることがわかる。

この払い米を個人で引き請けた者は米高に相当する金額（才覚金）を月割にして前金上納するが、月割金上納の基本は一万石を一〇〇石割りにして計算し、文政一〇年一〇月の段階では一〇〇石につい

表13　文政11年個人別引請高一覧

	引請高	御繰合江 上納分	前金月割 上納分	引請郷
北原九仁太郎	1,200石	250石	950石	藤沢，中沢，川下，入野谷，春近
藤沢八左衛門 台村　多兵衛	150	62.5	87.5	藤沢
伊東伝兵衛	300	50	250	入野谷
溝口村　彦右衛門	300	50	250	入野谷
勝間村　七左衛門	200	25	175	入野谷
埋橋粂右衛門	200	50	150	中沢
伊那村　長四郎	150	37.5	112.5	中沢
下高見村　平蔵	400	100	300	中沢
本曽倉村　源吉	100	25	75	中沢
上殿嶋村　善兵衛	500	125	375	春近，中沢
小出村　孫兵衛	400	100	300	春近，中沢
宮田町　代田宇源次	400	100	300	春近，中沢
宮田町　友右衛門	300	75	225	春近，中沢
加納与右衛門	300	75	225	春近，中沢
諏訪形村　惣左衛門	100	50	50	春近，中沢
宮田町　五郎右衛門	50	25	25	春近，中沢
北沢勝兵衛	500	93.75	406.25	川下，中沢，上伊那
御子柴治兵衛	500	125	375	川下，中沢，上伊那
西町村　井沢代治	500	93.75	406.25	川下，中沢，上伊那

表15　郷別一万石定用米収納量

	収納量
藤沢郷	675石
入野谷郷	944
中沢郷	1,777
春近郷	1,836
川下郷	1,823
上伊那郷	1,840
洗馬郷	1,110
計	10,005石

（文政11年）

表14　定用米の引請量と収納量

	引請量	収納量
藤沢郷	646石3斗	475石
春近郷	1,845.7	2,248
入野谷郷	902	672
中沢郷	1,785.8	1,854
川下郷	1,837	2,111
上伊那郷	1,875.2	1,273.4
洗馬郷	1,108	1,369.6
計	10,000石	10,000石

（文政10年）

表16　文政11年払米・籾子摺出違米と引請郷

	払米 籾子摺出違米	引請郷
北原九仁太郎	1,220石	藤沢，川下，中沢，春近，入野谷，
藤沢八左衛門 台村　多兵衛	180	藤沢
伊東伝兵衛 溝口村　彦右衛門 勝間村　七左衛門	838.234	入野谷
埋橋粂右衛門	200	中沢
下高見村　平蔵	300	中沢
伊那村　長四郎	150	中沢
本曽倉村　源吉	100	中沢
上殿嶋村　善兵衛	500	春近，中沢
小出村　孫兵衛	400	春近，中沢
諏訪形村　惣左衛門	200	春近，中沢
宮田町　友右衛門	200	春近，中沢
宮田町　五郎右衛門	300	春近，中沢
北沢勝兵衛	500	川下，中沢
西町村　井沢代治	500	川下，中沢
御子柴治兵衛	500	川下，中沢
小池新兵衛	400	川下，中沢
上大嶋村　八左衛門	250	川下，中沢
辰野村　角右衛門 平出村　伊兵衛 新町村　多重郎 北大出村　安蔵	1,500	上伊那
境村　代治	300	川下，中沢
津出米	846	川下，春近，中沢
江戸廻米	246.2	川下，藤沢，入野谷，春近，中沢，上伊那
計	9,630石468	

て三両三分一朱、一一月では三両と銀七匁銭五厘というように時価で引き請けさせ、一年で七四両余と定められている。つぎに具体的にみると、北沢勝兵衛の引き当て米は五百石で、前金は一年で三七四両の金額であった。すなわち、

金拾四両三分三朱　　　十　月
　利金弐両ト三分五厘弐毛　　十二ケ月分
金拾六両壱分弐朱　　　十一月
　利金弐両ト弐匁八毛壱厘三毛　十二ケ月分

のように上納し、川下郷西町村の喜左衛門も北沢勝兵衛と同様に米五〇〇石の前金上納すべき金額は三七四両で、月割納入額は北沢と多少の差はみられるものの合計では同数となっている。これに対する実質的上納金額は文政一〇年の事例で北沢勝兵衛をみると、

六月十八日　　　六ケ月分
一金八拾両　　　此の利金五両
閏六月十七日　　五ケ月分
一金四拾両　　　利金弐両ト五銭

などとなっており、引き請け高以上の負担を行って合計六五〇両余の上納に対して、払い米は七八四石であった。

川下郷御薗村の御子柴治兵衛も払い米は五〇〇石であったから、前二者と同様に月割上納金は同額であ

表17　文政10年前金上納額と払米量

	前金上納額	御返米量
北原九仁太郎	1,011両余	1,210石余
藤沢八左衛門	52	62
台村　多兵衛	18	21
勝間村　七左衛門	301	360
埋橋粂右衛門	174	209
下高見村　平蔵	228	274
伊那村　長四郎	52	62
本曽倉村　源吉	25	30
上殿嶋村　善兵衛	452	544
小出村　孫兵衛	368	431
諏訪形村　惣左衛門	142	170
宮田町　友右衛門	53	63
宮田町　五郎右衛門	93	112
北沢勝兵衛	652	784
御子柴治兵衛	221	265
小池新兵衛	251	302
下大嶋村　八左衛門	310	372
辰野村　角右衛門	70	81
平出村　伊兵衛	80	96
新町村　多重郎	42	48
北大出村　安蔵	66	76
境村　代治	736	819
飯沼沢村　所右衛門	105	128
宮田町　代田宇源治	94	113
西町村　喜左衛門	347	418
原熊三郎 洗馬郷中	429	510
計	6,372両余	7,550石余

ったと考えられる。文政一〇年の前金上納額と払い米量の関係をみると、表17のようになるが、川下郷西町村の喜左衛門は米五〇〇石分の三七四両の上納が、実質的には払い米四八〇石分の三四七両、同郷御薗村の御子柴治兵衛は払い米二六五石の上納金二二〇両余であったことがわかる。文政一二年から天保元年一〇月にいたるまでに御子柴治兵衛が納入した月割上納金の実態をみると、元金三四六両余と利金二二両三分余で、払い米は七六石九斗八升であったが、藩役所が実際に支払った払い米の分量に対する上納金は六七二両二分余で、差し引き三三両余の不足が生じていることが判明し、このため御子柴治兵衛は天保元

年一一月に五〇両、一二月に一〇〇両を上納して不足分を納入し、さらにその他として米九九石分、代金一〇三両を納入して皆済となっている。

こうして上納された才覚金（月割上納金）は藩役所を経て、そのまま借財主への返済金に引き当てることが明確に指摘できる。たとえば、文政一〇年一〇月分をみると、八〇二両余の上納に対して、太宗寺への返金二〇〇両、北沢勝兵衛の時才覚に一六両三分余、北原九仁太郎への時才覚に四七両の返金、江戸臨時入用金として一〇四両が七月から九月までの費用として記されている。

この才覚金などの上納と同時に、領内外の豪商農層からの新借によって藩財政の一部を補塡することも行われ、文政九年九月から翌一〇年八月までの一年間に近江商人の松居久左衛門と外村与左衛門から一〇〇〇両を借り入れしたのを手はじめに、その数は四一人にのぼり、また領内から三五三九両余を新たに得て、合計で一万二四〇〇両余にのぼる借財を重ねて返済にまわしている。この四一人のなかの上殿嶋村善兵衛は領内の重立った者でありながら月割上納金に差し支えて、改革担当者である北沢勝兵衛から借財して上納するありさまであった。

山林売り払いと富興行

領内御立山の竹木山林の売り払いを文政一〇年の事例でみると、藤沢郷片倉村の善兵衛が三〇両にて購入したように、山林購入者は村落または個人にて買い取っており、その額は六三六両となり、徴収されない残金は五五〇両となっていた。また、黒河内谷右衛門の「手控帳」によれば、文政一〇年六月の段階で

表18　御立山御林竹木売払額

	売却額
荒町村	11両
栗田村	15
中条村	20
御堂垣外村	32.2
小原村	120
中尾村	10.3
小沢村	220
山寺村	20.2余
平沢横山村	34.1余
荒井村	44.1余
古町村	26.3余
御薗村	41
西町村	15
太田切村	30
小出村	52
宮田町割	50
中越村	4
表木赤木村	3
表木村	80
宮田村北割	13
諏訪形村	80
宮所村	21
計	944両余

村別に記録し、川下郷小沢村の二二〇両、入野谷郷小原村の一二〇両の購入を最高として、三四カ所九町五反三畝歩余を二四カ村に売却して九四四両を得ている（表18参照）。しかし、現実には前記二史料に記録されていない村落や個人も購入しているので、当初計画された一五〇〇両の金額はおおむね確保されたものと考えられる。

また、富興行も天保元年一〇月からはじめられているが、これは藩役所が過去の明和七年（一七七〇）・文化七年（一八一〇）・同一〇年などで実施してきたものと同様のものであった。一会の掛け金は当初一三五両で全額一四八〇両となり、取金の一三五〇両の差額一三五両と利金が次回廻しとなっている。子の掛け金は年々減少し、親掛けは三会目からはじまり、その額は一四八両二分で金額の変更はなかった。次回廻しとなる差額は藩役所からの御下げ金の名目で改革担当者である北沢らに手渡されている。

第四節　改革の見通し

四人の対策

北沢勝兵衛ら四人の担当者は財政改革を引き請けてから四人で検討し、藩主頼寧の高遠就封（八月二一日に江戸上屋敷を出立し、二八日に高遠に在着している）を機に、藩役所に新たな申し入れを行っている。

すなわち、領内の気請けもよく月割金もでき、江戸表の借財もおいおい片付けられている。こののち、「御領分一和致《（カ）》し候はは、全く御趣法も相立ち、殿様にも御安堵遊ばれ、御家中を始め御領分の一統の恐悦、御近領の御外聞にも相成り」と述べて、我々もせいぜい改革に相励むべきを仰せ渡されたきとして、

(1)　文政五年の領内一揆にて処分をうけし者の釈放を望みたい。
(2)　我が意をつのり、乱暴な行為をする者が出ないようにしたい。
(3)　「夫銭帳」を書き上げさせること。
(4)　在中における芝居・狂言を禁止させて、農民に節約をさせたい。
(5)　月割金の上納を正確にさせること。
(6)　月割金上納者に酒と吸物を与えて褒賞すること。

などを要求している。

さらに、郡代役所と元〆役所には「口上書」を差し出して、北沢・原ら四人の改革に対する見通しや対

策などを申し入れている。すなわち、

御古借のほか御新借三千両御座候の趣にて私共御引き請け、木曽にて弐千両居金に致し、千両急才覚にて繰り廻し、当冬のところを相凌ぎ申すべきよう御伺い申し置き候のところ、此の節に至り御勘定合御調べのところ、千両余の御借り相残り候の趣にて、取り扱い方の御沙汰御座候へども、去る冬御引き請けの御新借もなかなか容易に押し払い候の見当もこれなく候（中略）、しかるところ、此のたびの千両余の御借財には御引当物もこれなく当惑仕り候

と述べて、過日御蔵詰米の取り扱い方を申し出たのである。

その取り扱い方の内容は①一〇〇〇両の借財が残ってしまい、その返済に充当する物がないので御蔵米五〇〇〇石のうちから正米にて渡される御蔵米の分量も現金にて渡してほしいこと。②その残米が一七〇〇石以上でないと、今後の取り扱いに困るのでその方法を藩役所よりうかがいたいこと。③御蔵詰米の残余を月別に書き上げてくれるならば、才覚金の上納を請け負いたいこと。④一〇〇〇両の不足分は元〆役所で引き請けてほしい、などを申し入れたのである。また、「御月割金差し出し候の者共、御居金に相成り候て、十月よりの江戸御送金御差し支えに相成」るので、居金になった場合は月割納入者を除外して考慮してほしいことも同時に申し述べている。

江戸上屋敷の入用

さらに、北沢・北原らは藩主頼寧の在府・在邑した際の「江戸定式入用分」についても検討して調査し

表19　文政10年７月江戸定式入用一覧

金　　額	項　　　　目
220両１分余	雑用金
１両３分余	八朔献上金
１両余	八朔献上名代留守居被下
53両１分余	定式中元付届け
10両３分余	諸役所筆墨紙代
７両１分余	礼式被下金
６両	供立之他燈油代
５両２分	田渕辻番給
45両	御隠居様分量
10両	御隠居様足金
７両	御隠居様御手元金
30両	祥雲院様足金
10両	祥雲院様御手元金
１両１分	施餓鬼料香典共
１分余	祐円針料
１両３分余	鐇具并廿六夜立番代
２両	掃除代
２両２分	貸駕籠繕代
１両２分	借馬代
17両２分	太宗寺寄附金
７両	雇筋手当金
19両	御供方手当金
９両	公務要用金
71両１分	御役別口中元付届金
557両３分余	計

決定しているが、文政一〇年の時点で北沢らが検討した「江戸定式入用」は各月にわたって詳細に記録され、正月から六月までの「江戸雑用金」は毎月二九〇両余、七月から一二月までは二二〇両余が計上されている。「御役御用金」は正月から六月までは二〇両三分余、七月は八両余、八月から一一月までは一〇両二分余、一二月は一〇四両三分余となっている。「定式入用分」の事例を七月で取り上げると表19のように記載されており、この「定式入用分」は年間で六二二七両が計上されている。これに閏月分として二四六両が加算されることになるが、一二月には毎年藩主頼寧の正室の実家より必要経費として一〇〇両が送金されてくるので、実質的には前記金額より一〇〇両を除外した金額が江戸藩邸における年間費用であった。さらに表20に示したように、藩主の参勤による江戸藩邸滞在の有無によって、雑用金の内訳にかなりの差異がみられるのが特徴として指摘されるが、非常に興味深いものがある。

表20　藩主在府・在邑月別雑用金使用一覧

	藩主在府時経費	藩主在邑時経費
御方分量	54両1分	54両1分
御台所分量	9両2分2朱	
休息所分量	1両3分	
扶持米	93両1分2朱 御役御用金2両2分余を含む	93両1分2朱 同左
焚出し米	30両2分余 御役御用金6両1分を含む	18両3分余 御役御用金1両1分を含む
家臣23人扶持米	13両2分2朱余	
御供方抱込雑用金	7両2朱余	
徒士2人月抱給金	1両2分2朱余	
味噌代	1両3分2朱余	1両1分
惣中間松材木代	3両2朱余	2分2朱余
飛脚代	3分	1両2分
日雇代	7両	3両1分
諸向分量〆高	27両2分余	12両2分余
公務用1疋増飼料	1両2分	
御分量紙代	2分2朱余	2分2朱余
所々渡魚油付木燈心代	1分余	1分余
足軽中間酒代并昼食代	5両 御役御用金3両を含む	4両2朱余 御役御用金2両を含む
御休息所様付女中米代	2分2朱余	
御分量ろうそく代	3分余	2分余
押合方祐筆ろうそく代	1分2朱	1分2朱
押合方客入用	2両2分	2両2分
押合方炭油代	1分2朱余	1分2朱余
御役御用紙代	2両	1両1分2朱
餅菓子砂糖茶代	3分2朱	
餅菓子砂糖茶用炭代	2分	
弁当代	3分2朱余	
公務要用金	6両	6両
御留守居手当金	3両	3両
小納戸分量	14両1分	
計	290両2朱余	220両1分2朱余

つぎに北沢らは文政一〇年一〇月以降の年間における藩主の在府・在邑の際の「江戸定式入用分」と「臨時入用」について計上した月割金をみると、在府時の六月と七月、在邑時の一二月と二月が高額となっており、元利合計で約八〇〇〇両となっている。この合計金額のなかには貸主への引き当て分として四〇〇両、津出し駄賃として三〇〇両が含まれており、この七〇〇両分は北沢らに手渡されている。この計上された月割金に対する引当米は領内よりの収納米で両に一石二斗五升の計算で一万石分、領内の豪商農層に割り当てられた御用金・才覚金として徴収し、月割金として江戸に送金された。

すなわち、郷単位として上伊那郷に一一〇〇石、洗馬郷に一一〇〇石、入野谷郷に一〇〇〇石を割り振り、残余の六九〇〇石を個人に割り当てている。改革担当者の北原九仁太郎が一三〇〇石、北沢勝兵衛、春近郷宮田村の酒造家代田宇源治、川下郷御薗村の御子柴治兵衛、善兵衛、喜左衛門が各五〇〇石、小池新兵衛・孫兵衛の各四〇〇石、川下郷西町村の代治・平蔵の各三〇〇石、同郷大嶋村の八左衛門が二五〇石、粂右衛門・惣左衛門・友右衛門・五郎右衛門の各二〇〇石、長四郎の一五〇石、源吉・茂兵衛ら三人に各一〇〇石ずつを割り当てて、合計一万石分に見合う月割金を前記の重立った者が藩に納入するものである。

借財の引き請け

右のような経過をたどった末、文政一〇年一〇月から北沢勝兵衛・原熊三郎ら改革担当者四人は改革の見通しが成り立ったことから、最終的に借財の「御引請書」を郷方役所に差し出している。それによると、まず最初に四人の引き請けの対象は個人に対するものばかりであるが、全体で四万八二〇両余で、最たる者は近江商人松居久左衛門らへの返却二万三〇六七両余であり、ついで小出三右衛門へ八〇五四両余、領内の年越金と尾張徳川家への返却が各一八〇〇両、木曽の居金二〇〇〇両、江戸借財の当年夏分としての送金が一〇〇〇両など二三人があげられている。

ついで、藩の元〆役所から御断りすべき分として六〇一四両余が計上されているが、この分はやむをえず公訴になった場合は引当物がないので、その節の状況によって四人から伺いの上で取り計らうことになった分量であるが、花頂殿土橋源蔵の二〇〇〇両、小泉良左衛門の一八〇〇両、小出喜兵衛の四六七両余など延べ一四人に対するものであった。

つぎに借財の引き当てとして御下げ金にて渡されたものには、深川下屋敷の御払いと四谷下屋敷内の樹木再伐にて七〇〇両、年々御下げ金として四〇〇両、津出し駄賃にて三〇〇両、籾子四〇〇〇俵の摺り出しにて一三二石、他所御扶持方の分御断りにて渡される分一二二石余、江戸下屋敷年々出金として六〇両、郷方役所より年々御下げ金一二〇両が記されている。

さらに、一四カ条にわたって四人の要求どおりになれば無借になるように取り計らいたい心構えであると「一札」を出している。

(1)　伝馬金として当年は六〇石を遣わしたい。

(2)　領内山林竹木のうち溝口村・三峯川入の小黒川・大黒川、黒川入の穴沢・やこ沢など九カ所と春近郷と中沢郷内すべての竹藪は残して、その他はすべて借財の引き当て物として下げ渡してほしい。た

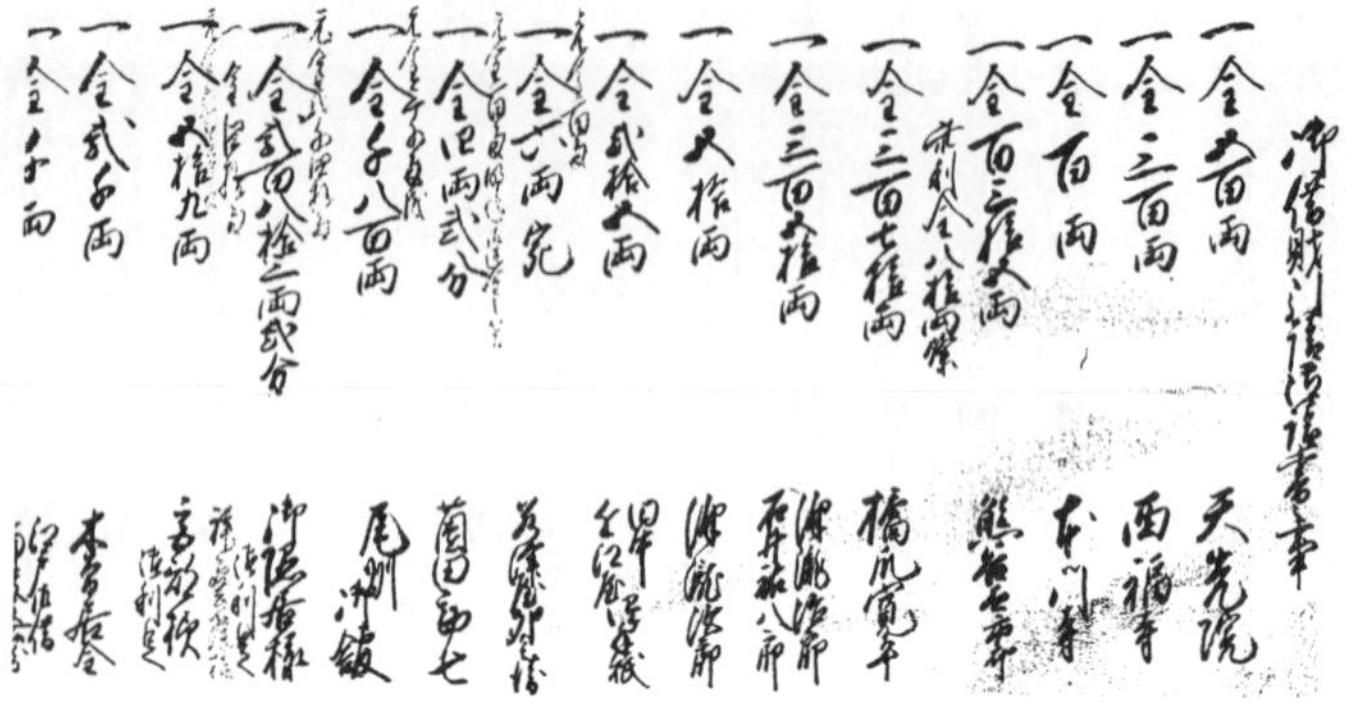

だし、御薪方御用や木地師・小白木師の入山については従来通りとする。

(3) 材木師が望む場所は、そのつど願い出て入山した場所は山林ともに下げ渡してほしい。

(4) 収納米一万石の代金八〇〇〇両（両に一石二斗五升）のうち借財引き請け金として七〇〇〇両を引き、残り七三〇〇両を年間の月送金とする。ただし、籾子四〇〇〇俵の摺り出し一三二石は代官より、他所扶持一二四石余は御蔵詰めからおのおの受け取りたい。

(5) 月送金は御米取捌人が話し合い、差し支えないように取り扱う。

(6) 月送金の利足一割二分五厘は、七三〇〇両のうちにて元〆役所より渡されたい。

(7) 月送金のうち月々臨時金四五両は割合できない。

(8) 月送金は四人の手元に請け取って、郷方役所に上納する。

(9) すべて領民協力して御用弁御融通よきようにしたい。

(10) 米値段のほか安米は従来の例にならないように取り計らう。

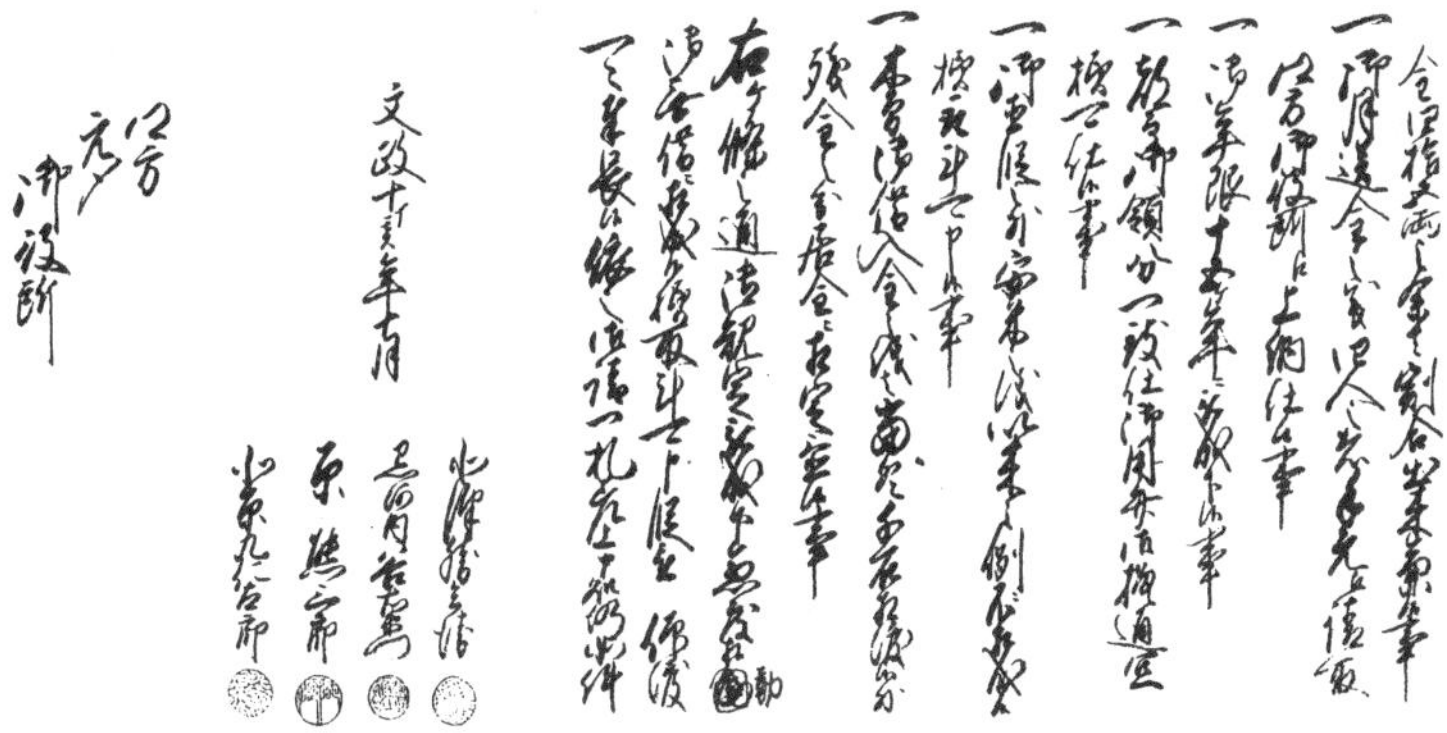

図4 文政の財政改革のときの最終借財「請書」。右頁文頭、左頁文末。

(11) 木曽御借り入れ金については当冬分として一〇〇〇石渡すが、
残金の分は居金とする。
(12) 米値段のちがう年でも借財は返金できるようにしたい。
(13) 金納米二〇〇石は、御蔵詰め五〇〇〇石のうちに上納したい。
(14) 借財返済年限は一五年間とする。

すなわち、返済金額は四万八二〇両余あって、これに引き当てるものは領内からの収納米と月割金およびその元になる才覚金上納が主たるものとなっている。これでは当然四万八二〇両余のほかに六〇〇〇両余の分も残余となってしまい、藩役所が提示した九四〇〇〇両余の額を上まわる借財となる。

改革担当者四人が返済可能と判断したところに、この「引請書」が差し出されたものと考えられるが、つまりところは藩側が目指した「借財切り」を北沢ら豪農も忠実に行う計画であったと思われる。なお「引請書」の記載には前述のように一五年の年数が限定されている。この一五年の年数で四万八二〇両の借財が返済可能であると判断して作成したものと考えられる。

このようにして借財の返済を請け負った四人のうち北沢と北原は

収納米一万石、籾子一三二石などを請け負い御米取捌人に手渡して代金八〇〇〇両を得て月割金として上納することを担当し、原熊三郎は借財の四万八二〇両を引き請けて「御引き当ての儀は、北原九仁太郎・北沢勝兵衛分より年々九月に金七百両を相渡し、相残るは翌年正月までにおいおい勘定相立つ」ように借財主と折衝した。さらに黒河内谷右衛門は御立山御林を引き請け「材木師入山これあり候のように取り計らい、すべて代金の分請け取り」、北原九仁太郎・北沢勝兵衛へ渡すことが役割とされ、それぞれの分担がより明確となった。そして、改革担当中の勘定合いは相互に明示することが確約され、「いささかたりとも疎意これなきように相心得、覆蔵なく申し合わせ御無借に相成る」ように励むことを藩役所に申し入れている。

一五年返済計画

北沢らは文政一〇年（一八二七）から一五年（天保一二年＝一八四一）にわたる借財返済金額を書き上げているが、北沢ら四人が大略勘定計算してはいるが多分の借財にはとうてい返済は不足し、値段ちがいなどは引き当てなどして無償にしたいと考慮している。最初の亥の年（文政一〇年）の計画案は借財返済金は八七七両二分余として、隠居頼以の返済利子、祥雲院の利子、尾張徳川家宮部様への利子、浅草西福寺・池上本門寺、その他の個人などを列記しているが、これに対する藩からの御下げ金は六〇〇両であるので、当然返済には不足する。

このように一五年計画を書き上げ、最終の一五年目（天保一二年）でもなおかつ二三四八両二分が残金となっている。そして、北沢らは次年度の一六年目（天保一三年）についても記載しているが、それによると、先の二三四八両二分余のほかに木曽の元金（二三七五両）、宮部様の元金（六三〇両）はそのまま返済不可能として残り、合計五二五三両二分余が「借財払い不足」として残ることを明記している。

しかし、実際には貸主との掛け合いなどもあることから、そのつど申し上げるとして藩側の努力に期待している。そして、四人はこの一五年計画を書き上げ「まずもって心当たりのところを申し上げ候、拾五カ年を軽く候はは、諸向返済相立ち申すべき」と考えていると結んでいる。

この一五年計画をみると、是非とも返済すべき四万八二〇両余の借財はほとんど減少せず、前藩主頼以の借財分のみが完済できただけで、その年度に入金した金額も木曽や宮部様への利息払い、諸入用にあてがわれ、近江商人や小出・永田などの借財主への返済や尾張徳川家への返済もわずか数回のみで、その返済金額もなんら返済の名に価しない額であり、しかも中途で打ち切らざるをえない実情があった。最終の一五年目にいたって前述のごとく元金はそのまま残り、五二五〇両余が不足分として手元に残されるありさまであった。

この状況では引き当て金品があったとしても、専ら藩側の生活費への充当と借財主への利息払い程度にしかならなかったのが現状であった。このため、江戸に出府した原熊三郎の借財主との対応がこの改革の主要目的となり、藩側もこれに期待をかけたと思われるが、それは藩主頼寧が当初から目的とした「借財切り」の政策であったことを明確に指摘できる。

原熊三郎の折衝

原熊三郎が財政改革にあたって江戸や木曽などに赴いて借財主と折衝したようすが、同家に残されている「亥冬御借財渡方」と題した「手記」によって詳細に判明する。この「手記」によると、最初は借財主と談合して返済した者、利息払いをした者、借財証文を書き替えた者、古証文を返却させた者、返済にあたって為替で手渡した者などが記されて、合計一三九二両余を返済することが決定している。

一例をあげてみよう。

一金壱分　　十二月廿日
　　榊原御役所御呼び出しの節、腰掛け入用
一弐百文　　右の節供、飲酒代
　右は尾州亥の年分納め相済み候の節、鈴木様御礼に罷り出で候
一五　匁　　鈴木様へ年玉代
一壱両壱分　　舟　代
一弐両弐分　　平清仕出し
一壱　両　　色々払い
　右は深川御見分の同勢拾三人
一金壱分　　紀伊国屋清八
　右は世話に相成る木場借り置き、舟入り候の礼

一同壱両弐分　　　　　袴地代
一同壱分　　　　　　　鰹節箱入り、伊藤慶助
一同壱分　　　　　　　右同断、佐藤平右衛門
　右は深川御見分相済み候の御礼

右のような形式で記されているが、原熊三郎は文政一〇年四月一四日に洗馬郷本洗馬村の自宅を出立して江戸に赴き、九月に一度帰村しているが、一一月には再度江戸に出府して翌年七月一三日に帰村して、惣日数二二四日、七カ月余を借財主との交渉にあて、その間に藩役人の出役に対する対応、借財主との折衝にあたり、手土産や江戸の料理屋に接待してふるまったり、深川下屋敷の見分に要した金額、日雇・手伝人・供人などへの手当金、自己の食事代などじつにこまめに日を追って記しているのをみると、熊三郎が借財主との談合にあたっていかに神経を用いて話し合いをしたかがよくわかる。このなかで深川下屋敷に対する対応がかなり頻繁に行われていたことがわかるが、この下屋敷が尾張徳川家への借財の担保となっていたのを、藩役所が貯木場・木材販売地、さらには同屋敷を藩用として用いることを尾張徳川家に承諾させることに成功したのであろう。なお、「手記」のなかに「平清仕出し・平清会席」と記された語句がみえるのは、交渉にあたって熊三郎が料理屋平清から弁当の仕出しや談合した際の会席料理を出したことを意味しており、「平清」は天保六年（一八三五）の「江戸名物」によると、当時江戸深川にあって、江戸府内会席料理屋八戸のうちの一戸として名望のある料理屋であったことが知られる。

原熊三郎が出府中、木曽滞留中に使用した金や借財主に返済した金額は一五二四両余で、これを四〇二

日の間に使用したことになり、熊三郎の交渉の巧みさ、熱心さ、そして努力の効果が表われたことを示すもので、この「史料」はあまり表に出ないが、原熊三郎が裏面で行った努力が改革担当者の「請書」の作成の根拠にもなっていたと思われるから、たいへん貴重で興味ある一史料である。また、このような財政改革や藩の御用に精勤した原熊三郎を藩主は「熊三」の愛称でよび、信頼していたことも、借財主との交渉権を担当することになった要因の一つとされる。

家中藩士への通達

文政一〇年一〇月に北沢・原ら四人は藩役所に「引請書」差し出した二カ月後の一二月に、藩役所は領内支配の郷代官をはじめに、その筋に対して担当者の北沢らに積極的に協力すべきことを「覚書」として触れ渡している。

すなわち、御趣法替えについて御勝手向きかつ御借財ともに郷中で引き請け、北沢・原・北原・黒河内に取り扱いを申し付けたから、左の条項をよく守って筋々に申し伝えておくようにとして、

(1) 当年暮の収納米よりの御払い分は四人の者が取り捌き、勘定はこれまで仕送方の取り扱いに準じて年限中は代官が引き請けて勘定が相立つようにする。

(2) 収納米より御蔵詰米五〇〇〇石、御蔵方取り扱いのうちの払い米は従来どおり仕送方にて取り扱い、郷中入用米の残りは四人の者に渡し、代官が取り扱うこと。

(3) 金納については金二〇〇〇両を代官より仕送方に納めること。

(4)　村の買い請け米は代官が取り扱い、四人の者に手渡す。
(5)　領内御立山山林竹木のうち溝口村・非持村・黒沢御立山など一〇カ所は残し、その他残りのすべては借財の引き当てとするので、御山方へも沙汰すること。
(6)　払い米勘定は翌年の春に代官が取り調べの上で元〆役所にいったん差し出してから、三月中に筋々へ差し出す。
(7)　尾張徳川家、その他中山道通行の節、助郷村々の拝借金は四人の者より調達させる。
(8)　川除橋々の入用、過料銭のほか入用は四人の者より調達すべきこと。
(9)　御立米値段の決定は従来どおりとする。
(10)　当亥の年（文政一〇年）の米代より代官が御金方役所に納入する。

などを申し渡している。

右の「覚書」によると、藩側もしだいに積極的になって四人への協力に理解を示し、領主収納米・払い米の処置、山林竹木についても四人の申し入れどおりに藩役所も対応したことが明確にわかり、四人がある程度自由にできるような処置をとっていることが知られる。

四人の引退

天保元年八月段階でなお一〇〇〇両の不足があり、「右の分御新借に取り置き候ては、御借財切りの御趣旨に相立ちがたき」ことなので、「此のたび御示談におよび、繰合金をもって御新借取り片付けたい」

からとして新借せずに、領内の身元相応の農民に、

繰り合わせ出金高に応じ、年々十月金拾両につき御米拾弐石五斗ずつ相渡し置き候の間、右の代金、其の年の御値段をもって御定式御月割りを相立て、九月までに皆済すべし

という内容の「御仕法書」を藩に差し出し、「繰合金質物の儀は、北原九仁太郎・原熊三郎・北沢勝兵衛惣田畑山林を入れ置き、いささか相違なく出金」し、繰合金を出金した場合は「金高に応じ、田畑・山林を書き入れ、其の村役人」が奥書して証文を出すことを条件に協力を求めたので、一〇〇〇両の不足金は短期間に調達されて不足金問題は解決した。

ようやく軌道にのった改革であるため、藩役所は北沢ら四人に手を引かれることを懸念して反対給付を行い、藩との関係をなんとか維持しようとした。文政一一年一二月郡代の星野蔀と神波半太左衛門の両人は北沢勝兵衛に対して、改革による功を賞して勝兵衛が狐嶋村に所有している田畑二五石余の土地を自己所有のものとして、藩側から知行地として給与するという形式をとって認められ、同村の年貢は北沢勝兵衛の持ち分を除外した残余からの徴収に変更し、さらに藩重臣内藤蔵人以下六人が北沢勝兵衛宛の書状に署名捺印をしている。

この北沢勝兵衛宛の「書状」は勝兵衛に士分の資格を与え、所有田畑を藩から給恩した知行地の形式を踏んでいるが、他の三人にも同様の処置が実施されたものと思われる。天保五年の栗田村における「年貢免定」によれば、北原九仁太郎に対しても同様に田畑の知行を認めた記載があって、村高から除外されていることを記していることからも証明されよう。

北沢勝兵衛はこの土地の宛行に対して、その翌年の二月に「口上書」をもって土地の宛行を謝した上で、「然る上は、何様にも御奉公筋出情仕りたく相励み候へども、いまだ御借財金御不足の分も多分に御座候につき、何とぞ冥加金として五百両献金仕りたく」と申し述べて、宛行への見返りとして五〇〇両を個人で特別に用立てている。

しかし、北沢・北原らは藩との関係を永く保つことを嫌い、適当な時期に引退することを考えて天保元年一〇月に一〇〇〇両の不足金問題が領内の御米取捌方取扱人の努力で調達が可能となった時期をとらえて改革御用の御免願いを差し出している。

私共、去る戌の年御勝手方御趣法立てにつき御用筋仰せ付けられ、おいおい身分にあまり候の莫大の御高恩を蒙り奉り、御威光をもって御用弁相勤め、諸向御借財口々済し方掛け合いにおよび（中略）、当冬出金仕るべきうち千両余の御不足相立ち候につき、御米取り捌き取り扱いの者・其のほか身元相応の者へ申し談じ、則ち金子調達に相成り候の間、いまだ御年限中には御座候へども、何とぞ御慈悲引き請け方御赦免に成し下され候のように仕りたき

と申し述べ、以後めいめい身分相応の御用があった場合は、冥加としていかようにも御奉公出精仕りたくと北沢・原・北原の三人が申し出たのである。

この担当者の願い出を藩役所もむげに拒否することもできず、一一月に三人を褒賞してその労を犒うとともに、「此の上とも申し談じ相残り候の儀はもちろん、沙汰および御用向きこれ有る節は、出情致すべきこと」として、紋付と金三〇〇疋ずつを支給している。この藩役所の褒賞は単に改革担当者である四人

のみではなく、協力した領内の身元相応の農民にも同様に行われた。この結果、文政九年一二月に開始された高遠藩内藤氏の財政改革は天保元年一一月の段階で、一応の結末をみたようである。

改革の帰趨

以上、北沢勝兵衛・黒河内谷右衛門・原熊三郎・北原九仁太郎ら領内豪農層を中心に、在町仕送役・酒造家・名主層・御米取捌人、木地師などの身元相応の者を加えての財政改革が文政九年一二月から解決され、その展開状況をみてきた。

内藤氏の文政改革は、従来の放漫な財政政策による多額の借財に対する処置と、文政五年の大坂加番役費用の捻出を強引に実施しようとした藩役所の失政によって引き起こされた全藩一揆の処置とその反省にあったのである。しかも、この一揆の完全な終焉は文政八年二月であった。かつ、一揆の解決に努力している最中でも生活困窮のために多額の借財を重ねており、しかも借財は一〇万両以上となっていたことを痛感した藩主頼寧は、なんらかの形で従来からの財政政策の転換を余儀なくされ、それが高遠藩最初の本格的な財政政策＝改革となっていったものと考えられる。そして領内の豪農四人を主要メンバーとする一方、郷方役所と元〆役所を加えた改革推進者が文政九年一二月から改革にのり出し、四年後の天保元年に一応の方向づけ（解決ではない）を示して結果をみたのである。

この改革にあたっての眼目は、必然的に一〇万両余の借財をいかにして返済するか、また、藩主一族および家中藩士の日常経費をどのようにして確保するかの二点であった。その引き当てとなるものは領内収納米を基盤に、領内の身元相応な農民からの才覚金や御用金を月割金として徴収することを財政確保の基調とする方策しかなく、収納米の換金化は多く藩側の経費にあてられ、領民からの月割金は借財の返済や利息払いにあてられた。文政一〇年一〇月段階で北沢らが考慮した江戸定式入用分の多くは借財の利息払いに転用されたが、それとても年々残金が増加する始末であった。それゆえ、借財返済は「借財切り」またば「年賦償還」にあったことが指摘できる。

文政一一年に北沢が特別に出府して原熊三郎とともに借財主と交渉した事実がみられる。また、出府した原熊三郎の折衝については先述したが、北沢と原両人が借財主と折衝した事例として、熊谷多一郎と真野専三郎両人に宛てた交渉があり、「勝手方へ御差し出し置かれ候の金一三五両のところ、今般御示談の上金二五両御渡し申し、古証文御請け取り申すところ相違なく」として、跡金については国元の大和又兵衛と相談して、来たる卯の年（天保二年）より返済するように取り計らうことを約束している。このように借財主と折衝して返金攻勢を一時的ではあるが回避したこと、かつ藩役所の財政に対する真剣な対策や取り組む姿勢を借財主に示すことによって、なんらかの期待を得ようとしたものと考えられる。

高遠藩では、文政の財政改革によって表面上鎮静化したかにみえた藩財政の収支動態も、天保四年の大凶作によってたちまち破綻をきたし、同六年八月藩主頼寧自ら年寄共への「直書」の形式で豪商農層の北沢勝兵衛らに再度藩への協力を求め、財政改革が同六年より二期にわたって実施されていくのである。

第六章　天保の財政改革

第一節　改革の背景

改革の背景

すでにみてきたように、内藤氏の藩財政は領内貢租を基盤としただけに、常に窮乏の状態にさらされつづけていた。この窮乏を切り抜ける抜本的な対策もなく、貢租を中心に増徴、小規模な新田開発、藩有林からの収入、無尽政策、各種分一運上、領内豪商農層による才覚金・冥加金、領民の御用金品、借財などで賄う状況となっていた。

これでは当然藩財政は底をつき、領内外からの莫大な借財を重ねることとなり、文政九年の段階ですでに一〇万両余に達する借財が計上されている。このような窮乏状況にありながらも藩役所はなんら積極的な財政政策なり、打開策を打ち出さず、たまたま文政五年の大坂加番役費用捻出からはじまる全藩一揆の発生となり、これに衝撃をうけた藩役所は一揆の教訓と反省、そして財政政策を含めてようやく文政九年一二月からの本格的な財政改革にのり出し、表面上は成功したといわれている。

しかし、これとてもどちらかといえば「借財切り」という消極的な政策であった感が強く、結果的には幕府御用・臨時の入用があればたちまち藩財政は困窮の度合いを増し、財政改革の進行中ではあってもたちまち借財を重ねていくというありさまであった。このため、藩役所は文政の財政改革についで天保期にも再度財政改革の実施に踏み切ったのである。

文政期の財政改革担当者であった北沢勝兵衛・原熊三郎らは、文政一〇年から一五年間の借財返済計画をたて、この線に沿って借財返済をしながら領民からの御用金確保を背景に改革を実施した。天保四年の計画をみると、同年は七年目にあたり、前年までの残金は三〇〇〇両余で、その利子は三七九両二分余、これから隠居頼以の年賦返金二五五両、宮部様への利子五九両、木曽元金の利子二九三両三分余、年賦利息と諸入用とで一二〇両、合計四一一三両三分余の出金があり、入金が一〇〇両であったから、残金は前年度の残金とほとんど変化していない。これをみると、文政改革が前述のように財政確保を打ち出すよりも、借財をいかにして返済するかの政策に終始したことを雄弁に物語っている。この状況のなかで天保四年を迎えたのであった。

天保四年の凶作

天保四年（一八三三）は夏四月ごろより冷気はなはだしく、九月には大霜がおりて作物を痛めつけ大飢饉が領内をおおいつくし、たちまち藩財政が困窮状況に落ち入った。米穀類もしだいに値上がりの様相を示し、藩役所はついに領内農民の土蔵改めまで実施して米集めを行う状況となってきた。このため、藩役所は天保四年一一月に「申渡書」を発布して、

> 当夏中よりの不陽気もってのほかの違作にて、御領分ひと方ならぬ困苦、是非もなき次第なり、しかる上は究《(窮)》民餓死などこれなきようにと思し召し、御家老中・御年寄中にも此の段は深く痛心いたされる、これにより、米穀融通勧諭の者を仰せ付けられ、おいおい在中へ罷り出で極難渋のもの相救わせ申す間有りがたく存じ奉るはもちろん、郡代中へも御沙汰これ有り、高割り引米御用捨引き別段御救い引き下される

ことを領民に通達したが、これとても充分な財源あっての実施ではなく、藩主頼寧が日ごろ秘蔵している道具類を売り払って、領内の困窮者を救おうという「恵み」であり、御救い行為であった。

　同時に、領内豪商農層を「郷中大世話役・夫食融通世話掛」などに命じて、本来藩役所にて施行せねばならない領民救済を豪商農層の所有する財産をあてにして肩代りさせ負担させるという消極的な対策を採用したのである。翌天保五年には御救い小屋を造作して施粥をほどこすものの効果はなく、さらに領内村村の名主を出頭させてわずかばかりの「御洗米」を領民に施したが、これとても充分なものではなかった。

藩主の直書

　それゆえ、天保六年八月藩主頼寧自ら藩の年寄衆に宛てる形式をとって、川下郷狐嶋村名主北沢勝兵衛、洗馬郷大庄屋役原熊三郎、藤沢郷栗田村酒造家北原九仁太郎ら領内豪農に「直書」を与え、彼ら豪農層の

経済力を背景とし、再度北沢らの手腕をかって藩財政の救済にあたらせた。北沢ら豪農層が文政期の改革でも藩財政に関与して努力し、表面的には成功したのも彼らの活躍に負うところが大であった。そこで、前回の経験を利用して藩主頼寧は再度彼ら豪農層に頼らざるをえなくなり、「直書」を与えて改革への協力を促したものといえよう。

勝手向き連年不如意のところ、一昨巳の年（天保四年）はからずも領内容易ならざる違作其の後別して不融通、江戸送金も甚だ差し支え、御方々への分量、雙方《（ママ）》家中の三季物成、月々の扶持方まで是れまでになく延び延びに相成り（中略）、自然借財方へは不義理のみに打ち過ぎ（中略）なかなかもって返済致すべき手段は申すまでもこれなく双方の役人共は申すに及ばず、我らにおいても面皮を失ない候（中略）、しかるところ、此のたび九仁太郎・熊三郎・勝兵衛格別の実意申し談じの趣をもって、趣法立ての次第郡代まで申し出、其の書面つぶさに一覧致し候（後略）

右の「直書」によれば、天保四年以来の凶作のため文政期にはじまった改革の中途ではあったが、江戸・高遠双方の家中における財政が思うにまかせず、「心外至極不成意の至り」であることを強調し、一方借財方へは返済すべき方策もないことを訴え、急才覚金さへあれば返済も可能ではあるが、前条の理由でできない。経済面に疎いわれわれ藩側がどのように頑張っても具体的な解決策は考えられず、「元来、不徳の我ら今さら何とも当惑心痛の至り」と藩主頼寧を嘆かせ、仕方なく北沢・原らの豪農層に再度の協力を要請したという内容のものであった。それだけに内藤氏の財政は文政期～天保期には極端な財政困難に落ち込んでいたことがわかる。

協力を依頼された三人は先の「直書」によると、すでに改革案の具体策を藩側に提案していたことがわかり、その改革案は①夫銭割の改訂、②拝地百五十年祭の執行、③集金講の実施の三案であった。

これに対して、藩主頼寧は重臣よりの報告を得て自分なりの考えを意見として申し述べ、北沢勝兵衛らの考えを「本意を遂げさせ候の含みに候、決して存じ込みをくじき候にこれなく、よくよく此のところを心得」させたいと感謝の念を表明し、「我れらも安堵いたし役人共其のほかまでも心置きなく、勝手向き永続の事と今より是れを相楽しみ居り候」と期待し、「三人の者もしや別物の心持ち成り候ては相済まず、さようの儀に相成るべき心底の者共にはこれなく候へども、町人共と宿意なく融通よろしきよう厚く示談し、専ら精力を差し加へ申し談ずべき」と忌憚のない意見を申し述べて、将来藩財政が充分に確保でき、その運用が巧みにできるようになった場合は、それなりの処置をしたいとして改革への参加を強く要望し、手はじめに紋付の袷を下賜した。ようするに、天保四年にはじまった大飢饉が背景となって、内藤氏の天保期の財政改革が俎上にのぼってきたのである。

第二節　第一次財政改革

農村の夫銭割改訂

先にみたように、要請をうけた北沢勝兵衛・原熊三郎・北原九仁太郎の三人は、藩役所に出頭して改革に対する再建策を差し出した。すなわち、①領内町村の夫銭課役の負担軽減策、②天保一一年（一八四〇）

である。①は各市町村での入用費の節減を企図したもので、②はこの祝賀を機会に領民から献金させることによる財政確保と、冥加金による村役人層への昇格を企図し、今後の上納金可能な農民層の把握を狙ったものである。③は集金講という名の無尽を実施することによって、当たり鬮の残金、または掛け金を藩側に借用の形で藩財政に流用することであった。ようするに、なんらかの形で藩財政に運用したいという考えである。

「夫銭割」については、藩主頼寧は「下々の難渋を救い、正路に取り扱かわせ申すべき」として、この政策には感ずるにあまりありと感嘆させ、「甚だ奇特なる心付け」であるとして、早々に取り行わせることになった。これは領内諸町村での入用費が従来まちまちで出費も増加しているので、財政改革の実施にあたってこれを統一して領民の負担軽減を行い、かつ藩財政の基盤である領民生活の安定を企図したものであり、ひいては余剰生産部分を藩側に吸収しようとする計画であった。藩側はこの夫銭割の改訂を実施するにあたって、北沢勝兵衛を「諸高掛取調御用掛」に任命して実行に移させた。

この「夫銭割」の改訂政策の実施にあたって御用掛となった北沢勝兵衛は原・北原らと在町名主層と談合して、その町村の慣習や慣行などを尊重して夫銭の新規決定を行った。この改訂は全領一斉に実施され、その多くは天保六年一二月に決定して差し出されているが、春近郷小出村のように天保八年になった村落もあれば、高遠城下町では天保一〇年に決定した場所もあった。この改訂はさらに天保一四年にも再度実施されたが、このときは天保六年時の改訂をさらに二割ほど減少させるというものであった。

まず、入野谷郷非持山村の事例をみよう。非持山村は天保六年一二月にはすでに決定をみていた村落である。非持山村では大部分が金銭によって賄われていたことが判明し、村役人層の役料が金銭と米の両方で支給され、参使給・祭礼費用は現物支給となっているが、その際の御礼は金銭でなされていた。また、藩役人の出役にあたっては止宿と昼食費は金銭負担となり、掃除人足は藩役人の廻村の節は六人、その他は四人の実働負担であった。蚕運上と役元使用の薪はいずれも「是れまでの通りに取り計らう」ことになっているが、現物支給なのか、金銭負担なのかは不明であった。蚕運上はその性質上金銭負担であったと思われ、薪炭は非持山村では金銭であるが、同郷中尾村では現物支給で年間三俵とあるので村落の事情によっては現金・現物の両方があったものと思われる。

中尾村の「定法帳」とを比較してみると、藩役人の出役関係の項目は両村とも同額となっている。これは出役人ごとに賄料が異なったり、村ごとに相違したりすることは藩側にとっては聞えの悪いことでもあるため、改革担当者である北沢勝兵衛らの思惑がはたらいて両村とも同額となったものと考えられる。このことから、二カ村のみの事例で全領の傾向を判断することは多少の危険がともなうが、この点においては全領村落すべて同額であったと思われる。それゆえ、藩関係以外の項目は村落内部の立地条件、その村の慣行・慣習・性格などを念頭において村ごとに自由に決定させたものと考えられる。

なお、村役人の役料については、春近郷小出村・上伊那郷新町村・中沢郷下高見村では米穀支給、上伊那郷上島村では金銭支給であったが、前述の非持山村では金銭と現物支給の両方であり、全領村落はこの三つの分類にすべて明確に分けられるものと思われる。祭礼費用は米穀と酒類であるが、寺社に対する御礼としてはほとんどが金銭や米穀であったから、他村もおおむね同様と思われる。このように、各村落で部分的に異なるのは、その村落の特殊性を生かした北村勝兵衛らの指導があったものと考えられる。

この「夫銭割定法帳」では、夫銭割の方法を具体的に示しており、非持山村では春・夏・暮（冬）の三季に行い、いずれも分米高割りと鍵割り（戸別の方法）であった。この他の木曽助加村出銭・諸郷歩人足割りなどは村高割りで、同郷の中尾村についても夫銭割帳は同様になっているが、相互に半々となっている。なお、両村の状況をみると金銭負担が多く、史料を単純にみても全般的に藩役人出役関係の賄いは金額が多いため、年間をとおしてみれば当然高額となることは容易に想像されるところである。瞽女・座頭などの止宿については家別となっており、中尾村では大豆納め、御小屋納めなどは見体割りの方法をとっている。

この天保六年の改訂を基本に、同一四年にさらに二割引きを行うことが北沢勝兵衛らによって提案され、各村落ごとにその決定をみて貼紙によって具体的に改訂している。この改訂の一つの特徴は、藩役人の領内出役に関しての賄い費用は出役がほとんど中止されたために「不時御出役の節は御賄料御渡しこれ有り」となって、藩側から支給される額の範囲内で村々が御用を賄うことに変更されたことである。城下町にはみられない項目なので、在方農村のみの特徴であろう。また、同年より分一方と御山方役所よりの出役は徒士以上となり、同年より新たに出役が加わった事実が判明する。なお、非持山村では貼紙をせずに二割引きに対する考え方や方法を別に書き上げている事例もあった。

城下町の夫銭割改訂

高遠城下町の「夫銭割定法帳」をみると、最初に城下全町の夫銭割定法を記載し、つぎに各町別（全部一〇カ町分）ごとに夫銭状況について書き上げている。

城下町全体の夫銭はほとんどが金銭で賄われ、「町方三役＝問屋一人、名主二人」は米穀類・鉾持権現および本社燈籠夜燈料は油類の現物支給、朱印証文記載時の役人出役賄料は金銭と米穀、同出役時の蠟燭代は現物支給となっている。城下町における行政事務費用はかなりの高額となっており、五二貫文（両に六貫五〇〇文にて算出）となっている。このうち参使給としての賄料が約六〇パーセントの割合を占めている。武士に対する賄料も多くは一食単位で記載されているが、出役ごとの数であるから、年間では高額になったことがうかがわれる。文化一〇年（一八一三）の松代藩城下町八カ町における武士への賄料は町役事務費用と変らない額を示していたことから類推して、高遠城下町の場合もこれに近い金額の負担となっていたであろう。

先述したように、入野谷郷非持山村の出役に対する費用が明確に記載されているのも、城下町より在方への藩役人の出役がかなりの数に及んでいたからで、藩側に残されている御山方や御薪方・代官の残した「御用留」をみると、毎月出役する度合が非常に高かったことを記しているので、町方よりも各村落の賄料は城下町の二倍以上にはなっていたと想定される。また、虚無僧の宿泊料が二〇パーセントの金額に達するのは、当城下町の一つの特徴と考えられるが、城下町に寺院の多いこともその要因と考えられる。

つぎに各町の夫銭をみると、大略同記載が全町にみられ、各町の立地条件、町の規模・役割によって当然負担の内容や金額が異なってくる。町内常夜番入用費は清水町・袋町・新町・鉾持町が鍵役勤めと廻勤であるが、本町・セリ町など他の六カ町で七八貫文余と最高額を示し、これに修覆費用が加算されると相当の金額に達したとみられる。町内入用費は六八貫文余であるが、横町のみに武士への賄料がみられるのも当町が金沢街道（藤沢街道）と城下町とを連絡する交通路にあたり、宿泊施設があったことによる賄いである。さらに一つの特徴としてあげられる点は祭礼入用費が高額で、しかも種類の多いことである。これは当高遠城下町が寺社の門前町を基盤として発展をとげてきたことを示すものであり、夜番入用・火消道具修覆入用・祭礼入用の三つで各町夫銭の全体比の三分の二を占めていたことが知られる。

なお、夫銭割の賦課は全体の場合は町別が多くなるのは当然であり、各町では「夫銭割」と「家別割」が大部分で、わずかに町内宗門筆墨紙料と押印時の弁当代のみが人別割りとなっていた。

家筋改めと拝地百五十年祭

高遠領拝地百五十年祭は内藤氏が元禄四年（一六九一）に高遠領三万三〇〇〇石を拝領して以後、天保一一年（一八四〇）で一五〇年にあたるところから計画されたもので、北沢・原ら豪農層の発案によるものであったことは、先述の「直書」でもみられたごとくである。

まず、全領民の「家筋改め」を実施し、その上での行事が一五〇年の祝賀であり、北沢勝兵衛らはこれを早めて実施しようとしたのである。しかし、「直書」にもみられるように、藩主頼寧には彼ら豪農層の意図するところはよくわかり、たいへんありがたいことではあるが、だからといって、

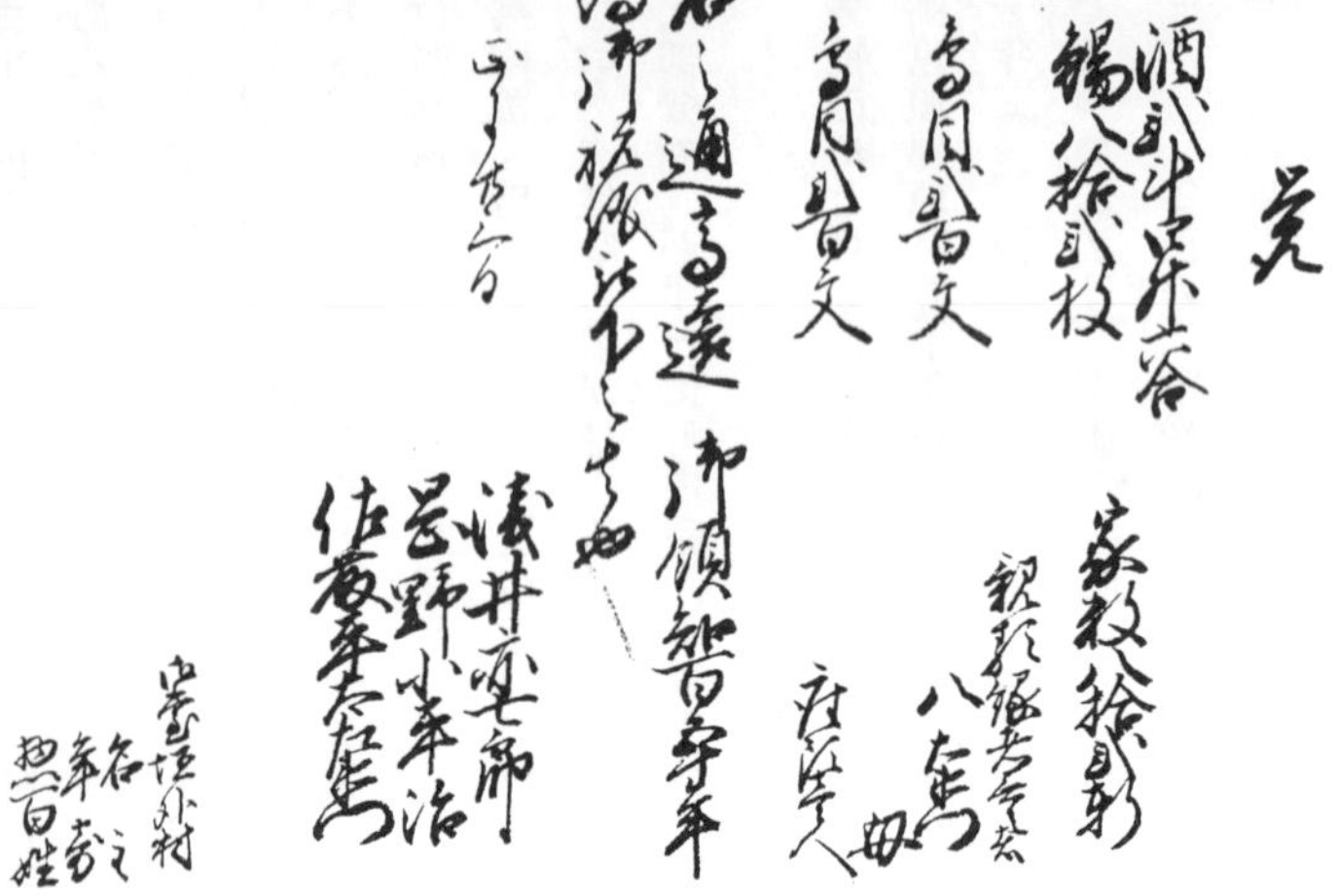

図５　百五十年祭のときの「領内への祝儀品下賜覚」

此の節は何分早過ぎ、全く借財方のために取り扱い候に相聞え候てはよろしからず、百五拾年の拝地と申せば誠に目出たき事に候、それを祝いの事につき少々たりともほかほかほかまであしく聞えこれ有り候へば、せっかくの仁政と申すべき事もいかが成り行き

もってのほかなる訳合いなので「不徳の上の不徳」を重ねることにもなって「拝地の祝いは公儀にも対せし事、拝地せられし家の祖にも実儀専ら致すべき事に存じ」とされて、北沢らの計画実施は「余儀なく此の節は取り扱いの儀は相延す」こととなって延期され、当初のとおりに天保一一年に実施されたのである。

藩役所は実施にあたって北沢・原ら三人を登用するほか、藩側から山下順蔵と山下作治の両人を「取調御用掛」に新たに任命して、「家筋改め」の内容・記載様式の統一について話し合い、作成させることとなった。

まず、藩役所は天保一〇年一一月に郡代の岡野小平治・浅井亦七郎・佐藤平太左衛門の三人の名で、領内に「心得書」を発布した。

高遠御領分御拝地より来たる子の年（天保十一年）に至り百五拾年に相成り、格別の御儀につき、早々御祝いの御規式執り行わせられ候につき、元禄年中御検知（地）の節、御縄受けの有無ならびに其のころの長幼、小前の訳、其の後長筋に取り立て候のもの、かつ家筋たりといへどもおいおい凡卑致し、当時休役の者など巨細に相糺し候のよう、此のたび御帰城の上仰せ出され候

とあって、元禄検地時の縄請けの有無、村役人か平方農民かの区別、その後長筋の身分に取り立てられているか、役筋の者でもその後休役になったか否かの書き出しを求めたのである。しかし、右の「心得書」では書式が不明確であったためか、領民側の作成方法に不統一が出たために、郡代の指示によって富島善左衛門ら六人の代官が作成方法と案文を新たに提示し、さらに僧侶・神官らの取り扱いについても詳細に触れ出したが、これとても不統一であったから、藩側では重ねて通達した。すなわち、

(1)　元禄検地の際の名主は「家筋改め」には最初に書き、これより各戸の家筋を順筆にする。
(2)　元禄検地以前の本家と分家の別は記載しなくともよい。
(3)　検地以前の年代数・役儀についての記載は省略すること。
(4)　従来、村役を担当した家からの分家でも、当年まで村役を担当しない者は記載しなくともよい。
(5)　村役を担当している者で証拠のない者は村役に届け出ること。
(6)　当年まで組頭役を担当した者は、組頭の箇所に書いて、それ以前の者は平方とする。

などを通達している。

この「通達書」によって「家筋改め」を行い、各町村ごとに「家筋書上帳」を作成し提出させている。すなわち、村内家筋を名主からはじめて役筋・平方の順に書き上げ、村役人から各郷代官に差し出し、村内の全農民が署名捺印した上で「請書」を書き出している。そして、村役人と年寄筋が御用掛五人と郷中の「御祝御手伝世話役」五人宛てに差し出す形をとっている。なお、御用掛五人とは前述した両山下の藩役人二人に北沢勝兵衛・原熊三郎・北原九仁太郎の豪農三人であるが、両者対等で署名しているところに天保期財政改革の特徴がみられると同時に、「郷内御手伝世話役」が任命されており、春近郷の事例によると、小出村から三人、上殿嶋村と下殿嶋村で各一人が担当している。また、「御用掛」三人のほかに領民の献金・冥加金を取り扱う御用人として城下豪商の小林藤左衛門と池上本右衛門の二人が加わっている。

百五十年祭の執行

「家筋改め」の書式を統一した上で翌天保一一年正月祝賀の「布告」を行い、左のように通達した。

(1) 拝地一五〇年にあたり、祝儀として領内よりの差上物は組合ですると雑費がかかるので目録として出すこと。

(2) 祝儀に罷り出た際には藩主の御目見があるので、名主・問屋・年寄、当時休役でも年寄筋にあった者、永々御目見の者、在中御用達共は麻裃着用のこと、ただし、休役年寄筋でも後家や一五歳以下の場合は出なくともよい。

(3)　領内寺院、または一人立ちの僧侶は御用金上納は自由とするが、祝賀には出席しなくともよい。平僧・寺塔中の者、庵主は御目見を行う。

(4)　神官・山伏も同様に出頭すること。

(5)　座頭・宗門の者も格別の祝賀なので御目見を行う。

のように申し触れを出し、天保一一年正月の二二日に洗馬郷大庄屋原熊三郎、諸郷帯刀御免の者、洗馬郷・入野谷郷・中沢郷・城下町の名主・問屋・御用達の者、二三日には川下郷・藤沢郷・上伊那郷・春近郷の名主たち、二四日には寺院、二六日には神官・山伏・座頭の出席を触れ出したのである。

なお、家中の藩士については上級の藩士はもちろん、中間・小者にいたるまで二一日に総御目見が行われた。一般の農民に対しては各戸ごとに酒三合と鯣一枚ずつを支給し、献金の多かった領民には別に鯣一〇枚が与えられ、城下町人にもなんらかの祝い品が手渡されている。そして、二八日には城中にて家中藩士の祝宴があって終了している。

献金・冥加金の上納

「家筋改め」は一五〇年間における藩主内藤氏と領民との封建的関係をより緊密なものとし、藩主の御恵を領民が認識することによって、先祖からの家筋がうけた御恩に報いることの意識をもたせ、領民側から祝賀の献金をさせようとするものであった。藩側から御目見得と下され物があったのと並行して各町村から献金が行われたが、その金額は一定しておらず、役筋は平方よりも高額であった。

また、献金のほかに個人による冥加金の上納もあった。この冥加金の上納には左のような特権が付帯していた。

一金五十両にて　　門御免には
一金五十両にて　　永代御目見え、苗字・一刀御免
一金弐十両にて　　御紋付、御上下を下さる
一金八十両にて　　平方より長百姓に、年寄に相成る
一金五十両にて　　平方・組頭より年寄に相成る
一金弐十両にて　　組頭より立合いに出で候の者
一金拾両にて　　立合いにより年寄に相成るには
一金三両にて　　名主相勤め休役の者、帰役相成るには
一金弐両にて　　代判相勤め候の家にて帰役に相成るには
一金五両にて　　平方より組頭筋に相成り候には
一金五十両にて　　平方より役場立合いに相成り候には

右のような条件は金額が上納されればただちに役筋への取り立てや復帰が可能となったのではなく、「取調御用掛」が「右は慥かに同家筋と村役人よりきっと申し立て有る」場合や、確固たる証拠の提出を求めており、願書や冥加金の上納があっても村民の納得が得られない場合などきびしい審査を経た上でなければ認めない立場を貫いている。このため、正当と判断された場合のみ昇格や復帰が認められたのであ

る。春近郷下牧村の農民八右衛門が名主役への復帰が認められ、平方農民の仲右衛門が組頭役への昇格があったことは、この一例であった。

つぎに「御領分御目録冥加金納方仕分書上帳」や、その他の史料によって献金や冥加金の具体的な実態をみてみよう。

入野谷郷の事例をみると、最高は溝口村の二六両をはじめとし、山室村の二四両余、非持村の二〇両余、下山田村の一七両余の順に続き、最低は浦村の三両余まで村高に応じて上納している。この他に苗字帯刀を許された杉嶋村の名主伊東伝兵衛（河川改修工事、御山方・御薪方の郷内請負人としても活躍している）が別途献金している。

つぎに村別にみた場合の事例を川下郷境村でみると、同村は二六両の献金を行っているが、一〇両を筆頭に、一両一分が一人、一両が五人の順に金一朱まで一〇段階に区分され、さらに金一朱を四人と七人のグループで負担した平方層のあったこともわかるので、一村内では身分や所有反歩の多少によって負担したことがわかる。また、同郷狐嶋村の事例でみると、北沢勝兵衛が一〇〇両の別途献金を行い、勝兵衛以外では三両上納の二人を筆頭に、二両が一人、一両二分が一人、一両一分が二人の順に一二段階に区分して納入している。

なお、特権の付帯した冥加金の上納額を上伊那郷に事例をとってみると表21のように「平方より年寄筋願い」など一三項目におよび、「組頭筋願い」への昇格が三六人と最多数を示しており、「組頭筋より年寄筋願い」への昇格が一九人と続いているが、ここに記載されたすべての農民が役筋が認められたとは考え

表21　上伊那郷各村の役筋願数

	横川村	上嶋村	下辰野村	上辰野村	平井村	沢底村	赤羽村	今村	宮所村	宮木村	新町村	羽場村	北大出村	計
永々御目見苗字帯刀願	1				1									2
平方より年寄筋願	1	2		2						2	2			9
長百姓より年寄筋願	1	3								1	1			6
組頭筋願	8				10					1	6		11	36
御紋付御上下願		2												2
組頭筋より年寄筋願		1	5	7	3	2						1		19
組頭筋より役場立会願			3	1									3	7
平方より役場立会願				1				2		1				4
年寄筋願					5	1			1	2		1		10
一紙宗門願					1									1
役場立会願							1		2			1		4
長百姓筋願										1				1
名主勤席願													1	1
計	11	8	8	11	20	3	1	2	3	8	9	3	15	102

（註）「御領分御目録冥加金納方仕分書上帳」による。

られない。しかし、同郷の冥加金は全額で一八六八両に及んでいる。

つぎに前述の「御領分御目録冥加金納方仕分書上帳」によって全領町村の上納金を検討すると、上納献金は全領で二三七四両二分余で、冥加金は八二七三両（約七八パーセント）とじつに一万六四七両二分余の高額に及んでいる。これを郷町別に表示したのが**表22**である。洗馬郷の三二四〇両余を筆頭に、上伊那郷・川下郷・中沢郷・春近郷・入野谷郷・藤沢郷・高遠城下町の順となり、内郷地（城付地）より外郷地（飛地）ほど高額となる結果をみることができる。この上納金は天保一一年正月より一六回に区分して藩役所に納入されたことが判明する。また、役筋への昇格・復帰などへの要求人数別に表示したのが**表23**で、全額で五五六人の多数にのぼり、その冥加金は前述のように八二七三両の多額の金子が上納されたのである。これは当時の領民がいかに役筋への昇格を望んでいたかを知ることができると同時に、村落内部での村政に対する発言権が大きくなっていたことをうかがわせるものであり、藩側の役筋への昇格や復帰を背景に彼ら小前層の台頭を利用して確実に藩財政への財源調査を可能にする農民層を狙った藩側の意図を明確に読みとることができる。

とくに、洗馬郷の冥加金が最高の額となっているのは、同郷においてはとくに村役への昇格や復帰を希望する農民が多かったことを示すものであると同時に、付帯条件の費用が大きかったことも指摘できる。すなわち、平方より年寄筋への昇格が内郷地では五〇両であったのに対して、外郷地の洗馬郷では一二〇両、平方より組頭役への昇格は内郷地の五両であるのに外郷地の洗馬郷では四〇両であったし、先年年寄筋であった者が同筋へ復帰する場合は内郷地では考慮されていないのに、洗馬郷では五〇両であったように、特権に対する金額が非常に高額であった。

この要因としては、文化一四年（一八一七）に同郷本洗馬村内の琵琶橋の架け替え工事にあたって献金による村役への昇格・苗字帯刀、紋付着用御免などの特権をうけた農民層に対する人足役負担を行った小前層との対立、文政三年（一八二〇）洗馬郷への献金による村役への昇格触による対立と、これらの事件を背景とする文政五年の打ちこわしをともなう郷内一揆のあったことが考えられ、献金すれば昇格できるという前例を農民に示したことも影響している。このことは洗馬郷農民の家格意識に対する鋭敏さへの刺激を抑制し、家筋の変化が生ずることを避け、低役筋への異動という観点にたった藩側の思惑があったた

中沢郷	春近郷	上伊那郷	洗馬郷	高遠城下
261両2分3朱	308両3朱	335両1分	275両2分1朱	174両3分
927両	754両	1868両	2945両	
1088両2分3朱	1062両3朱	2203両1分	3240両2分1朱	174両3分
129両1分3朱	201両1朱	293両3朱	105両1分3朱	143両2朱
46両	102両1分2朱	241両	280両	
130両3分				
85両1分	94両			
		115両	138両	
144両3分	74両	157両	220両	
171両2分2朱	70両			31両2分2朱
		235両	350両	
188両1分	121両			
		232両	355両	
120両3分	78両	224両	420両	
14両	40両			
		170両	450両	
70両	154両			
		247両1分2朱	480両	
127両2分3朱	127両2分3朱	288両2分3朱	442両2朱	

（註）「御領分御目録冥加納方仕分書上帳」にて作成する。

めと考えられる。それでも他郷と比較して人数・冥加金額がともに多いことは、やはり同郷農民の家格に対する意識、村政への発言力が強まったこと、村役人層に対する強い不信感などがあったものといえよう。

冥加金の使途

一方、領民のよる献金・冥加金の使途については、天保一一年（一八四〇）二月二日付で藩役所から領内の惣代に対する「申渡」の形式で通達されている。それによると、拝地一五〇年の祝儀として上納された献金・冥加金は格別の御仁恵の思し

表22　郷別献金并冥加金と月別上納額

	藤沢郷	入野谷郷	川下郷
献金(目録金)	252両1分2朱	224両1分3朱	542両1分3朱
冥　加　金	133両	181両	1465両
計	385両1分2朱	405両1分3朱	2007両2分3朱
天保11年正月	243両2分	84両3分	392両2朱
〃　2月	16両3分	38両3分1朱	249両1朱
〃　3月		2両	
〃　7月	14両2分		160両
〃　9月			
〃　12月	17両		250両
〃 12年 3月	20両	113両3分	100両
〃　6月			
〃　7月	15両2朱	29両	150両
〃　9月			
〃　12月	15両		150両
〃 13年 3月	10両	86両	229両
〃　6月			
〃　7月	20両	36両2分3朱	260両
〃　9月			
〃　12月	13両2朱	14両1分3朱	67両1分3朱

召しと考えていると申し述べて、左のように三つに分類して示した。

(1)　納入額の一〇パーセントで、当時領内の凡卑の者に少々ずつの御救い金として与えたい。

(2)　納入額の残り九〇パーセントの半分を領内の手当にいささかの利廻りとし、地方入用・新開・川除や、そのほか貧窮村の者共の御救い金として下賜したい。その世話役として北原九仁太郎・原熊三郎・北沢勝兵衛・小林藤左衛門・池上本右衛門に仰せ付けて御下げ金

表23　領内村別にみる役筋願数

村　名	人数	村　名	人数	村　名	人数	村　名	人数
弥勒村	4	下大嶋村	2	火山村	11	中越村	5
野笹村	1	上川手村	4	塩田村	5	下牧村	2
板山村	1	下川手村	2	栗林村	8	下横川村	11
中村	1	日影村	6	伊那村	12	上嶋村	8
四日市場村	3	境村	12	本曾倉村	2	辰野村	19
栗田村	1	上新田村	5	下高見村	2	平出村	20
荒町村	1	狐嶋村	1	上高見村	9	沢底村	3
片倉村	6	古町村	3	中曾倉村	1	赤羽村	1
台村	1	上牧村	3	菅沼村	4	今村	2
上山田村	6	西町村	24	下新山村	3	宮所村	3
西勝間村	1	荒井村	10	上殿嶋村	22	宮木村	8
非持村	2	小沢村	10	中殿嶋村	2	新町村	9
芝平村	1	平沢横山村	15	下殿嶋村	7	羽場村	4
下山田村	1	山寺村	6	田原村	11	北大出村	15
杉嶋村	1	御薗村	3	小出村	11	本洗馬村	29
市野瀬村	2	野底村	1	表木村	8	西洗馬村	29
溝口村	17	青嶋村	1	諏訪形村	1	岩垂村	5
山室村	1	桜井村	5	宮田村北割	1	針尾村	14
黒河内村	1	貝沼村	6	宮田村町割	5	小野沢村	6
芦沢村	6	北福地村	6	宮田村南割	4	古見村	7
笠原村	4	南福地村	4	宮田村新田	10	小曾部村	26

（註）「御領分御目録冥加金納方仕分書上帳」による。

とするから、各村の役人共はとくと吟味して新開・川除、そのほかも五人の者に申し出ること。

(3)
残りの半分は、藩の御勝手方の難渋や上・下屋敷の類焼、昨年からの米相場の下落によって米取り捌きがうまくいかないことは領民も恐察しているはずであろう。その上公儀よりの拝借金も次第に嵩み、そのほか御恩金(借財か)も少なくないので、藩の財政に応用したく思う。それゆえ、この金額による取り繕いができることに藩主はたいへん満足に思っている。よって取り扱いをよくわきまえるので、平方農民にもよくよく申し聞かせてほしい。

すなわち、全体の一〇パーセント（約一〇六四両余）を領内の生活困窮者への御救い金とし、残り九〇パーセントの半分（約四七九〇両）を領内の新田開発や川除普請など農業経営に必要なものに利用し、残りの半分（約四七九〇両）は藩財政や江戸藩邸の再建費用、米価下落の際の充当金とすることを触れ出したものである。

しかし、具体的に使用された決算書がないので、通達されたとおりに利用されたのか否かは不明である。これ以後新田開発はなかったし、川除工事も国役普請の要求が何回かあるため、結局は従来の藩側の仕法によれば、大部分は藩財政になんらかの形で利用されたものと推定される。

集金講の実施

この無尽政策は「集金講」の名ではじめられたが、無尽が財政政策に応用されたのは文化期につづいて二度目である。この「集金講」の実施は天保七年からであるが、内容をみると、

(1)　講の手取金は二〇〇〇両で、一二回実施の一二口であること。
(2)　初会の掛け金は一口二〇〇両で、二番会より子方は一口について一五両落しで一八五両とする。
(3)　初会に手取金を得た者は最後まで二〇〇両で掛け通すこと。
(4)　親の掛け金は二番会より一割一分増しの二二二両で掛け通すこと。

(5) 毎会の掛け金は村々の役場で集め、もよりの世話人方に差し出すこと。ただし、会ごとに二〇両を必要とする。
(6) 例会は城下町で行い、世話人が掛け金を持参し、鬮引きを行う。
(7) 藩主の掛け金が万一差し支えができた場合は、村方の加入高に応じて貢租米のなかから差し引く。
(8) 鬮当たりの場合は引き当てとして、村方の場合は田畑や山林を、城下町の場合は家屋敷や家財道具などを質物として書き入れること。

などの条件があり、手取金を含めて若干の点が明和・文化期と異なるが、大略は同趣旨・内容であった。ようするに、集金講の実施は、初会は子掛けのみで一二口で二四〇〇両、手取金二〇〇〇両を差し引いた残金四〇〇両が二番会以降に繰り越される。二番会より親掛けは二〇〇両、子掛けは一五両落しの一一口で二〇三五両に、前会の残金四〇〇両、利子一〇パーセントを含む二六七五両のうち、手取金二〇〇〇両を差し引いた残金六七五両が三番会に繰り越されるという形式で実施された。

最終会は子掛けはなく、初会当たりの親掛けは二〇〇両、二番会以降の親掛けは一〇口二二〇〇両、前会の残金と利子で二一四三両余の計四五四三両余から鬮二本と会料二〇両を除外した残金五二三両を九番会当たりの者に四五両、一〇番会当たりの者に七〇両、一一番会当たりの者に一一〇両、一二番会（最終会）当たりの者に二六〇両を割り返し、さらに残金を惣割りにすることになっていた。ようするに、明和・文化期の無尽と同様に、各会の残金を藩役所が財政に一時的に借用して利用するものであった。

第三節　第二次財政改革

改革の開始

前述のように、夫銭割の改訂、拝地百五十年祭の執行、集金講の実施などによる第一次財政改革が実施されたが、結果的には充分に藩財政の収入面をカバーすることができず、他からの借財に依存せざるをえなかったのが現状であった。

天保一二年六月紀伊徳川家の吉井貸付所から一〇〇〇両、同一四年七月には北沢勝兵衛・御子柴治兵衛・加納与右衛門以下領内豪商農層一七人の名で「おかめ殿（不詳）」から領主要用との理由で八〇〇両、同一二年一〇月には志賀谷役所から旦那入用の理由で二五〇〇両の借財などがあったことがわかる。

これらの事実は財政困難な実態を端的に示すものであったから、藩役所はこの期に再度藩財政そのものに対する対策を強力に打ち出すことを余儀ないものとしていった。すなわち、第一次財政改革は財源の確保に重点がおかれたが、天保一三年から第二次財政改革を開始するにあたって数少ない財政からいかに節約して借財の返済にあてるか、または藩財政に運用していくかが改革の骨子となっていったのである。

そこで、領内仕送役一三人に対して天保一三年一〇月藩財政の窮乏を訴え、「他所御用達より御借り入れなどは出来がたく、此のたび格別御暮方御省略成られ候のように仰せ出され、右の取り扱いを北原九仁太郎・北沢勝兵衛・小林藤左衛門へ仰せ付けられ候」として、御勝手向きの御用は三人に協力するようにとの沙汰を行った。この改革では黒河内谷右衛門の代りに城下豪商の小林藤左衛門が新たに加入したことが注目される。

御入用の減じ方

要請をうけた北沢・小林らは藩財政方役人と談合して方策を検討した結果、ここに再度「御趣法立」政策を実施することとなったのである。北沢らは改革の実施に先立って内々にて「御入用減方」について検討している。

それによると、家中藩士への扶持米渡しについては「役料・手当米・御雇筋扶持米」を除外して、従来は四二九四石一斗余を支給していたのを、三〇パーセントを減じて二九七五石九斗余を新規に扶持米として渡す。また役料・手当米については従来一三二二石余であったのを三七石三斗余を差し引いた残りを「御捨扶持」として渡す。他所扶持米は従来は一三四石三斗渡しであったのを、そのうちから大和又兵衛・林元右衛門各父子、武居代治郎には半分として三一石八斗余を渡し、残り一〇二石五斗余を渡す。城下の満光寺と樹林寺の二寺への従来渡しは二三石一斗を三〇パーセント引きで一六石一斗余を渡し、城下町方への扶持も従来三八石二斗余を五〇パーセント引きとして一五石一斗余を渡す。郷中入用米も従来渡しの四〇一石三斗余から別途で支給していた「町役人・在中扶持米」分の半分引きの三四六石八斗を入用とするなどして、全体で五二六九石九斗六升のうち一五四六石二斗六升（両米一石二斗五升の計算）で、代金は一二三七両余、これに大和又兵衛への下され米一〇〇石（代金七六両三分二朱）を加えて一六四六石二斗六升を減少させることを提案しているが、じつは従来支給していた五二六九石九斗余の分量から引き分の一六四六石二斗余を差し引いた（原史料の数字と実際の計算による数字は合致しない）三六二二石七斗余まで減ずるという北沢らの「案文」を作成したのである。（これを以後「内案甲」とする）。

三年計画案

北沢勝兵衛らは三年間にわたる「御暮積」と「御引当」の「案文」を作成している。この「案文」（これを以後「内案乙」とする）をとおして三年計画案をみてみよう。

まず、「御暮積」をみると江戸で借財した分の返済振り向けは五〇〇〇両、尾張徳川家・日光山・馬喰町への年賦納めへの振り向け分として六〇〇両、正月から九月までの江戸送金の月割金四七九三両余、領内月割金の利息五〇〇両、在所入用の平年分は一〇〇〇両三分余、高遠領川除普請への手当一〇〇両、江戸借財分への引き当て振り向け額七七七両余としたが、但し書きがあって従来一二七九石五斗余の引当米のうちから三四七石は借財への引き当て、尾張紀伊両徳川家・大坂名目金・近江両家・池ヶ谷への引き当てとしている。さらに、別口として尾張紀伊両徳川家・大坂名目金・近江両家・池ヶ谷借財への引き当て分、一〇月より一二月までの年賦才覚の分四八二九両、高遠での天保一三年分二〇〇〇両の借財返金の節の利子二四〇両、江戸家中の昨一三年分の物成渡しの不足分三一七両三分余、領内月割御用担当者への割り返しとして六〇〇両を振り向けたが、当年で返済終了のはずであるが、半分は翌年分に廻すことが但し書きにみえている。在所家中藩士への春・夏分の物成渡しとして七〇〇両、昨年の近郷口入金の元金三〇〇両を当年と翌年で一五〇両ずつ返金し、この元金三〇〇両の利子分として四八両を当てるなどして、合計二万二三五両三分余であった。

右の「御暮積」(いわゆる予算書のこと)に対する予算の支出が考慮されているのに対して、「御引当分」をみると、領内貢租によって得た払い米は九〇一九石三斗六升余(両に一石三斗の計算で代金七〇七二両余)を中心として、家中藩士の「御借上」を一〇パーセント引きして三三五石の代金二五四両一分余とし、「御趣法帳」では五〇〇石の予定であったのを検討して一〇パーセント引きで三三五石としたとする但し書きがみえている。そして、領内よりの臨時運上として八〇〇両(ただし、「御趣法帳」には九〇〇両とあったが、違作によって一〇〇両を減じたとある)。産物方石灰ならびに糸運上、その他の益金にて一三〇〇両、金納で三〇〇両、洗馬郷延米三〇〇石代金二五〇両(両米一石二斗の計算)を加算して八八二六両一分余しかなく、天保一四年の一年で実質的には一万四〇九両二分余の不足となることが明らかとなっている。この状態でいくと、三年間で大幅な不足金(赤字)の出ることが予測された。

事実、先の三年間の見積った案の最後の部分に、三カ年の不足金は合計で一万八二〇三両一分余とあり、これに領内借財への割り返し金として二〇〇〇両、計二万二〇三両余となるが、天保一四年(一八四三)と弘化元年(一八四四)・二年の領内からの借財が五五〇〇両、同二年間の藩主御納戸金の節約分の二〇〇〇両を引いても一万四五〇三両三分余の不足金が弘化二年に残される計画となり、さらに、その他として「三ケ年御不足積り候へば、多分に相成り候につき、相除き申し候」との一文が記載されている。ようするに、不足金が積っていけば多額になるので、前述の一万四五〇〇両余に含まれない不足金があってかなりの高額となるから、この提案から除外すると断り書きをしたのである。

担当者の要望

このため、北沢勝兵衛・原熊三郎・北原九仁太郎・小林藤左衛門の四人はさらに鳩首協議した結果、藩役所に対して左のような「要望書」を提出して協力を求めたのである。すなわち、

此のたびいよいよもって御大切の御時節と存じ奉り、それぞれ御入用の御次第ならびに御借財の分いちいち取り調べ拝見奉り候のところ、かねがね存じ込み候よりも莫大の御太借(他)に相成り、此の上御趣法相立て御借切りに相成り候のように取り計らい候の愚案相つきかね、実々もって当惑仕り数日申し合わせ巨細工夫相つけ候へども、一通りの出金にてはなかなかもって引き足り申さず

と前置きして、彼ら四人の者が考慮していた以上に借財が嵩んでいたことが判明し、これによって前述のように数日にわたり相談したが一通りの方法では引きあわないありさまであるとして、

(1)　江戸および高遠における藩主一族の財政節減を行うこと。
(2)　同様に、江戸・高遠家中のおける藩士の「御借上」を実施すること。
(3)　惣借財分は領民の献金によって処理すること。
(4)　財政改革は三年間で終了すること。
(5)　藩主の扶持米、公務諸入用は貢租の範囲内で行うこと。
(6)　借財の返済は四年以上にわたたって実施すること。

などの六点について藩役所に申し入れると同時に「予算書」を書き出している。

この「予算書」によれば、「御家中渡し米」の従来量は「給人以上・格式以上・無格以下」をあわせて四八四四石余、「寺院・町方・他所扶持米」をあわせて二八五石七斗余、藩主一族の分量は一七二三石八斗余、「江戸家中扶持・同三季物成・江戸出入り扶持」をあわせて三四四八石七斗余となって、合計一万一〇四五石四斗余と大幅な分量となっていた。

この予算をそのまま実施させるのではなく、あくまでもこの案より以上の節約を行わせようとするものであった。それは「高遠家中」および「町方・他所扶持・寺院」への支給量は約三四パーセント、江戸関係費用は約五七パーセントに達していたことが節約政策が打ち出されるゆえんとなった。この「江戸関係費用」には「朱書による註」がほどこされており、その一例を「江戸家中三季物成」についてみると、従来一一五二石六斗余が例年計上されていたが、これは両に一石二斗の計算で九六〇両二分の経費となっていた。この九六〇両二分を高遠における仮値段として両に一石三斗として算出すると、記載どおりに一二四八石六斗余となって北沢勝兵衛らの予算どおりとなる。しかし、「御家中月々扶持米」については同様に計算しても数字は一致しなかった。「高遠御家中入用米・江戸御家中扶持米・一族分量」、その他を合計した数の残米は四三八六石三斗余で、この分量が「御払い米」に充当されるものであった。これは高遠値段である両に一石三斗の計算で三三七四両余となる。この残金から三〇五六両が「江戸定用引」として、さらに不足分を補塡する形で引き出されている。

そして、最後にこの改革実施期間中に臨時入用があれば年々不足が増し、借財しなくとも藩経済がはな

はだしくなることは眼にみえていることをあげ、

およそ御拝地後元禄頃の御家中惣御扶助米三千石余りと承わり、享保の頃に至り江戸・高遠御家中御扶助米五千石の内にて、御入用江戸送金五千両と相見え、其の後おいおい御米高も余分に相成り、文政戌年ごろ（文政九年）私共御引き受け仕り候の節は高遠御扶助米、雑穀ともに五千石ほどにて、江戸送金御借財すべて御入用八〇〇〇両の送金に御座候、しかるところ、此の節高遠表惣御扶助御入用米五千七百四拾弐石六斗余りに相成り、元禄・享保頃に引きくらべ候へば次第に相増し、御公務始め御定用へ引き当て候の御米高減少仕り

と述べて、このままの状況が継続されるならば、ゆくゆくは御暮し方もつきかねてまたまた不足金が嵩み家中や領内が難儀となるのは必定であるから、「借財切り」になるならば午の年（弘化三年）以後の生活は一応安堵するものになるであろうとの意見を述べている。

右のように、北沢勝兵衛・小林藤左衛門らは内々の「内案」を作成した上で「要望書」を差し出したので、藩役所も協力を余儀ないものとされ、年寄役兼御勝手方の漆山源右衛門（弥八郎）を通じて御家中御納戸金の予算を二年分二〇〇両を節約することを藩主は北沢勝兵衛らに申し渡した事実からみると、藩側もかなり積極的に協力したことがうかがわれる。この藩側の協約を基盤として北沢勝兵衛らは藩役所に「御趣法立政策案」（以後「実施案」とする）を差し出したのである。

天保十四年の御暮積

右の「実施案」を「内案甲・乙」と比較しながら、天保一四年分をみてみよう。

収納米一万五四三一石五斗余を基準として、御膳米三〇石は藩側の買上げとなり、家中への渡し米は「御借上」政策の実施によって、「内案乙」では一〇パーセント引きであったのが、「内案甲」では三〇パーセントとし、「実施案」ではすべて五〇パーセント引きとする大幅な内容の変更をし、「要望書」に記載されていたように三つに分類し、「給人以上」に対して従来一六一八石八斗余であったものを八〇九石四斗余に、「格式以上」の一二六三石八斗余を六三三石九斗余に、「無格以下」の一九六一石八斗余を九八〇石八斗余としている。「郷中入用米」は北沢勝兵衛らや、町方三役・在町仕送役などの役料を五〇パーセント分引いた残額が「内案甲」のとおり、そのまま三四六石八斗余と決定し、「小蔵渡し」も同様に九一石三斗余になっている。また、「他所扶持米」は「内案甲」では一三四石のうち大和又兵衛、その他に支給されていた分量の半分が差し引かれて一〇二石余と考えられていたものが、「実施案」では従来どおりの支給量二〇四石九斗余の約半分の一〇六石八斗の支給に変更されている。「寺院渡し高」は二三石余（「内案甲」）の半分が「実施案」では「寺院渡し高」と「仕送役扶持」とが一括されて、しかも半分となって四〇石三斗余となっている。

つぎに「内案乙」と「実施案」にみられる「御暮積」を検討すると、「内案乙」の「江戸借財返済」分の五〇〇〇両は、「実施案」では借財引き当て分五〇〇〇両に辰の年（弘化元年）引き当て分の二九九〇両から一五〇〇両を引いた残金の合計六四九〇両を、天保一四年から三年分を除した三一六三両分が当年の返済分として計上され、「高遠平年入用」分の一〇〇五両余は半減した分五〇二両余が同様に天保一四年分に計上（残金は翌年廻し）され、他の費用はすべて「内案乙」・「実施案」とも同様であった。

天保十四年の御引当

この「御暮積」に対する「御引当」をみると、先述のごとく御払米七〇七二石余（この数字が何を根拠として出されているのか、史料不足で明確ではない）、家中の御借上一〇パーセント引き、高遠臨時諸運上・産物方石灰ならびに糸運上、その他御益・金納・洗馬郷御延米などをあわせて八八二六両余の引き当て金額となっているのが、これでは一万一四〇九両が不足金となって改革実施は困難となる。ここで両方に相当する部分を「実施案」からみると、御払米一万一七九四石三斗余の代金九〇七二両を基本として、高遠臨時諸運上、産物方石灰ならびに糸運上、その他御益・金納・洗馬郷御延米などは「内案乙」と同額であったが、これに藩主頼寧一族の節約分、すなわち、隠居頼以御分量の二一〇両（従来の七〇〇両の三〇パーセント相当分）、奥様ならびに御方々様御分量の一六七両（従来の五七〇両の三〇パーセント相当分）、御納戸金御省略分一〇〇両の他に、江戸御家中月々御扶持米分五二三両（従来の一〇四七両の五〇パーセント相当分）、同三季御物成分四八〇両（従来の九六〇両の五〇パーセント相当分）、江戸出入扶持分一一一両（従来の二二二両余の五〇パーセント相当分）が加算されている。さらに、領内よりの借入用金が三一〇〇両（領内村落より三〇〇〇両、城下町方から一〇〇両を御用金とする）が加えられて、合計金一万五二六五両を引き当てとするものであったが、これとても実際には一六八〇両三分余の不足が見込まれる結果となっている。

このように、天保一四年の一年分をみても、北沢勝兵衛ら豪商農層の主張する藩財政解決のための施策はかなり無理した一面がうかがえる。このため、藩主一族の全面的な協力、家中藩士の五〇パーセントにおよぶ「御借上」の実施、領内からの多額の借入金によってもなおかつ一六八〇両の不足金が出るありさまであった。それゆえ、藩側の借財分の大部分は拒否せざるをえない「御借財切り」の政策を強力に打ち出さないかぎり、解決できないところまで落ち込んでいたことが判明する。

改革の帰趨

以上みてきたように、高遠藩天保期の財政改革は第一次財政改革と第二次財政改革の二期にわたり、前者は天保六年から一一年にいたる時期に集中的に実施されているが、この時期の改革の特徴は百五十年祭を利用した「新規役筋」の格上げによる財政確保にあり、文政三年時にもみられたが、一郷単位の小規模な政策であった「新規役筋」の承認を、天保一一年に明確に財政改革に応用した藩側の意図が表明されている。これと並行して「夫銭割」の改訂による町村入用費の節減、さらに同一四年には二割引きの節約を強要して、浮分を藩側に確保しようとする目論みがあった。また、「集金講」の実施による領民よりの財政吸収に改革の目的があったことを指摘できる。この無尽政策はさらに慶応期に継承され、「損益講・惣益講」の名称で実施されている。

後者、すなわち、天保一四年以降の改革は藩財政自体の困窮を解決するために、三年間にわたって実施されたものであるが、北沢勝兵衛ら領民による対策で実施され、文政期の改革と藩財政の内容はほとんど変化のないものであったため、見込みのない藩財政に対して無に等しい努力を払うものであった。また、莫大な不足金が残ることは必定であったから、藩主一族の生活費節約、家中藩士に対する五〇パーセントにおよぶ「御借上」の実施、領内在町民からの借入金を得て解決する方策しかなかった。このため、北沢勝兵衛らの改革に対する対応の仕方は文政の財政改革と同時に、あくまでも「借財切り」の方策を強力におしすすめること以外に解決方法が見出されなかったのである。

よって、高遠藩天保期の財政改革の特徴は、文政改革時と同様に領民サイドからの財政確保よる赤字分の穴埋め、家中藩士からの「御借上」の実施と、「借財切り」による支出抑制という消極的な政策であったことを指摘することができるし、藩自体の立地条件や専売政策が行えない状況から判断して、高遠藩内藤氏の藩財政の一つの原点がみられると同時に、改革そのものの制約も見逃すことができない。また、改革担当者として家中藩士が中心とならずに領内の豪商農層にしか依存できないという点も、改革が成功しえなかった大きな要因といえよう。

第七章　幕末期の財政政策

第一節　在仕送役の設定

在仕送役の設定

先述してきたように、内藤氏は享保一〇年（一七二五）から「町仕送役」を設定し、これとは別に領内農村に「在仕送役」を幕末期に設定して、藩財政確保の末端機構に新たに組み入れていった事実をみることができる。

在方においては、当初名主階級を中心とした村役人層から御用金の名目で調達させた金子を藩財政に充当させたのであるが、「在仕送役」の名称で御用金上納を義務づけた時期についてはいまだ明確ではない。現在のところ、春近郷下牧村の名主加納与右衛門と川下郷御薗村の名主御子柴治兵衛の両人が文化一三年（一八一六）に「御米取捌方」と称する役職に任命された事実を史料によって確認されるのが初見であった。この「御米取捌方」が天保年中には「在仕送役」の名称として登場しているので、「御米取捌方」が発展して「在仕送役」に改変したものと考えられる。

しかし、文化五年正月に川下郷狐嶋村の名主北沢勝兵衛が、代官松井忠兵衛に「在仕送役」と帯刀御免が認められたことに対する「礼状」が残されている。

私儀、不調法者に御座候のところ段々御勝手向の御用など仰せ付けられ下し置かれ、存じよろず帯刀御免・御仕送仰せ付けられ、冥加至極重畳責《ママ》申し上ぐべきようもこれなく、有りがたき仕合わせに存じ奉り候、しかる上は、精力におよび候のほどは御用弁仕りたき心底に罷り在り候（中略）

文化五戊辰年正月吉日　　　　　北沢勝兵衛

松井忠兵衛様

北沢勝兵衛が文化五年以前にすでに「在仕送役」に任命されていたことが明白となる。高遠城下町では、すでに享保一〇年段階で任命されているが、「町仕送役」の負担があって財政確保が充分ではなく、しだいに藩財政の窮迫度が大きくなり、文化年中には領内年貢の厘増し上納や無尽による財政確保の政策を開始しているが、その政策の一環として領内に「御米取捌方」、すなわち、「在仕送役」と称する職務を登場させたものと考えられる。

文政五年（一八二二）の加番役費用の捻出を農民たちの御用に転嫁したことから全藩一揆が引き起こされ、この反省が同九年からの財政改革に発展していき、天保期には再度の財政改革を断行するのと並行して実質的に「御米取捌方」を「前金仕送り」を行う「在仕送役」に正式に改変させて設定したのであろう。

このような観点にたって考慮すれば、北沢勝兵衛はこの「御米取捌方」を実質的な「在仕送役」と同等のものと考えていたようで、藩は天保の改革にあたって領内の重立った「御米取捌方」を正式に「在仕送役」の名で登場させたのは天保期であった。それは「在仕送役」の名称が史料上に散見されるのは天保期からであった。それにより、少なくとも「在仕送役」的な職務を「御米取捌方」にもたせたのは文化年中であったと考えられる。

加納与右衛門は天保元年（一八三〇）に御用達となり、同九年に「在仕送役」に就任している。以後代々同役を担当したことが史料によってうかがわれる。川下郷御薗村の御子柴七左衛門、中沢郷貝沼村の埋橋粂右衛門の両人は天保一四年に、川下郷御薗村の御子柴治兵衛は天保五年に、上伊那郷宮木村の大嶋勘兵衛は安政四年に、それぞれ「在仕送役」任命されている。さらに、嘉永六年（一八五三）には御子柴七左衛門・新村惣左衛門・埋橋粂右衛門・北沢伝兵衛の四人を「在仕送役」本役に、御子柴庫三郎・加納与右衛門の両人を「在仕送役」見習に、翌安政元年（一八五四）には戸田由右衛門・御子柴治兵衛・細田多右衛門・新井忠内・加納与右衛門の五人を「在仕送役」本役に、山川治郎左衛門・飯嶋藤兵衛ら九人を同見習に任命した事実をみることができる。

これらの事例から考慮すると、領内の豪農で名主階級や酒造家などを中心として、「在仕送役」の設定が急を要する問題にまで発展していたことを示すと同時に、「在仕送役」の人選数もしだいに多数となっていったことが知られ、これは藩側が完全に領内の豪商農層に寄生しなければ藩政の運営にも支障をきたすまでになっていたことを意味するものであった。

在仕送役の実態

天保期以降の史料によって「在仕送役」の実態をみると、「在仕送役」の土地所有高は加納与右衛門の二三石余・御子柴七左衛門の四〇石余・御子紫治兵衛の二五石余・北沢勝兵衛の三二石余をそれぞれが所有していた。なかでも北沢勝兵衛は藩の財政改革に従事した功績が認められ、天保期以降所有地からの貢租負担を免除されて、しかも藩士としての資格を与えられ、所有地を知行地の形で占有することが認められている。この特権を得た反面、「在仕送役」として藩財政への御用に参加することを余儀ないものとされていった。天保期の財政改革に北沢勝兵衛が再度登場することとなった事実は、このことが背景となっていたことを示すものである。

この「在仕送役」には右の事例にもみられるように「本役」と「見習」の二種類があって、後者の「見習」役を経て前者の「本役」に昇格することが、先の事例で証明される。また「見習」役には新規の「在仕送役」の候補者と、「本役」の息子たちが任命されることも明らかである。藩側は「在仕送役」に対して「町仕送役」と同様に「前金仕送り」を担当させ、収納時に貢租米を引き当てとして決済する方法を全面的に採用している。

ここで「在仕送役」が具体的に行う「前金仕送り」の実態をみていくと、天保九年の加納与右衛門の事例によれば、通常の上納として一〇月に金一六両一分余とその利子二両一朱余、一一月分として二八両三分とその利子一両一分余のような形式で仕送りし、天保九年一年で二二〇両を負担して、別に酒造家として前金で六九両三分の上納があり、その利子のつけ方は一〇月に納入して金額は翌年九月までの一二カ月分、正月の上納分は九カ月として利子をつける方法を採用しているが、この方法は財政改革の際の御用金上納の利子つけと同様の方法であった。

川下郷西町村の井沢喜右衛門は文政四年一一月と一二月の両月のみで仕送りした前金は一二九〇両の多額にのぼり、利子はすべて一割二分五厘であった。御子柴治兵衛は天保三年を事例として取り上げると、

一金弐拾両なり　二月十七日請け取り
一金弐拾両なり　三月十七日請け取り
一金弐拾五両なり　四月十七日請け取り
一金四拾七両弐分なり　五月十七日請け取り
一金三拾七両なり　六月十七日請け取り
一金三拾三両なり　七月五日請け取り

のように月ごとに仕送りし、「御米前金として慥かに請け取り上納致し候のところ相違なく」として、池上本右衛門・小林藤左衛門・黒河内甚右衛門など八人が連署して「請取覚」を発行している。同史料によると、御子柴治兵衛が「御米取捌方」（在仕送役）として前金仕送りした際の二月から九月までの金額は二二七両二分であった。こうして藩に仕送りされた御米前金は代官を通じて郡代から元〆役所に納入された。仕送金を請け取った藩役所は納入者に代官を通じて「借用書」を手渡しているが、裏書には藩の年寄や御用人が署名して相違ないことを確認するのであった。

右の事例は正常の前金納入であるが、藩財政の窮迫はしだいに「此のたび臨時御入用筋これ有り候の間、

才覚金」とか、「今度御繰り合わせもこれ有り候の間、才覚金精々相勤め（中略）、此のたび金三拾両新年越才覚金」などの名目で納入させる事例が増加していったのである。

天保七年（一八三六）四月藩主の上屋敷が焼失した際の臨時才覚金の事例をみると、北沢勝兵衛・御子柴治兵衛・同七左衛門・加納与右衛門ら二六人が五〇〇両を負担し、一〇〇〇両を七カ郷が郷割りの形式で上納している。この郷割りを川下郷の事例でみると、同郷は一六五両の負担であった。このうち五〇パーセントを郷内村々の高割り、二五パーセントを村割り、二五パーセントを集金講割りで納入する方法を採用している。このほかに郷内の御用米取捌人として御薗村の予蔵、青嶋村の太右衛門ら一二カ村一八人が九二両を別負担した事例もみられる。また、嘉永六年（一八五三）から安政四年（一八五七）までに「年越才覚金」などの名目で在仕送役らが負担した事例では、その平均上納額が年間三〇〇〇両であった。

第二節　安政の大地震と財政

大地震の実態

安政二年（一八五五）一〇月二日の夜半亥の刻ごろ、突如江戸府内に大地震が襲った。西洋暦一八五五年一一月一一日の夜半一一時ごろで、東経三九度八分、北緯三五度六五分を中心とするマグニチュード六・九の直下型大地震が江戸府内を直撃したのである。この安政年間だけでも二五回（マグニチュード七以上のみの数字である）の地震が日本全国を襲い、とくに、安政元年一一月四日～七日（陰暦）の三日間だけでマグニチュード七・三から八・四の巨大地震が三日たてつづけに発生し、日本列島の太平洋沿岸に地震と津波による大被害をもたらしている。

その余韻のおさまらない翌二年一〇月二日に前述のような大地震が江戸府内に発生したのである。これを世に「安政の江戸地震」と称し、安政元年の大地震に比較すれば規模はやや落ちるが、直下型の地震であったがために大被害を出したのである。

まず、高遠藩の上屋敷のあった江戸小川町（江戸初期は鷹匠町と称した）を中心に、『東京市史稿』から府内の被害状況をみてみよう。

「破窓の記」

（前略）家のうへによぢ登りて見れば、東に本所、巽は深川、西は丸の内、乾は小川町、南は京橋の辺り、北は下谷、艮は千住・吉原・浅草すべて火の口はたちはかり見ゆ、丸の内・京橋のほとりなどの近き、火の子ちりはひ、家々の燃る音さへあからさまして、いとすさまし、其の夜北風にて京橋の火は我れ居る町〔西河岸町〕をしりにせれば、気つかはしからず、また丸の内の火は、火の行かたはらにあたれり、小川町のは追風にていと〳〵あしければ、かにかくに火のやうに見んとて家を出づ（中略）、先鎌倉河岸より二、三番の御火除け原の前をすぎ、四番原のうしろへよきれば、小川町松平豊前守〔信篤〕、本郷丹後守焼る、表神保小路北の角、西の角より一橋通り小川町東の方片側、表猿楽町堀田備中守殿〔正睦〕、西の角よりおしなべて水道橋の辺りまで御旗本衆の屋敷焼る。四番の御火除け原のつつき、御堀端小出伊勢守殿・大沢右京太夫殿の屋敷前より俎板橋までのあわひ大地裂る。

> ほのほは今みさかなり（下略）
>
> 「安政乙卯武江地動之記」（傍点筆者）
>
> 小川町焼亡の家々は
>
> 本郷丹後守殿〔漆屋敷〕、小普請小笠原弥八郎組北村季元、御医師峯岸禧庵殿、御番医師塙宗悦殿、御書院番酒井肥前守組大岡鉞二郎殿、内藤駿河守殿〔火出る、表残る〕、御書院番酒井肥前守組三宅勝太郎、小普請間助次郎（以下四二人省略）
>
> 其の分焼つくして潰れたる家多く、焼亡の家と同すれば、小川町のみにておよそ弐百宇に余るへし〔およそ小川町御門内より原の御厩手前蜷川家後の方までなり、魚板橋手前の方は火なし、岩城侯の辺も残れり〕大久保筑前守殿屋舗、殊に総潰れなり〔小川町辺り、即死、怪我人何百人ありや知るべからず〕小川町火消屋敷の火の見櫓は火中にして残る。駿河台火消屋敷の火の見も別条なし（中略）、此の辺りの輩は漸かに僅かの財を背負い、或は主君にかしづき、妻子を誘引し、護持院の跡明地へ迯れ退きたり、老たるは称名称題し、或は泣きさけぶもありて、其の夜の苦しみ筆紙に尽し難し、丸の内、其のほか処々武家方仮の小屋も営み、幕を引きめぐらし、野宿くる輩多し

この安政の地震記録については、今右に二例をあげたが数多く残されている。高遠藩主内藤頼寧の上屋敷のあった小川町の地域は平川の流域にあたり、この辺り一帯は埋立地であったために、とくに被害が大きかった（あるいは液状化現象もあったかもしれない）ようである。一方、江戸府内の状況をみると、「嘉永・明治年間録」には、圧死および一〇万人を越え、公儀に報告された数だけでも二万五〇〇〇人余

りとあり、「地震年代記」には死者一三万四〇〇〇人余り、負傷一〇万一〇〇〇人余り、治療をうけた者は三万一二〇〇人余りとあり、「安政雑記」には江戸の寺々が供養した町人は二一万九九〇〇人余りに達したとある。「聞之伍続編」には、

十月二日夜四つ時、江戸大地震、御曲輪内、小川町、牛込、下谷、新吉原、本所、深川辺動揺殊に強く、家も多く倒れ、失火もおよそ三十口ばかりあり、其の中に家に敷かれ、火に焼れて変死するものすべて壱万人余りなりと聞ゆ、町方変死人は御調べ有りて奉行所へ書されしは男女総計三千八百九十五人なり

と記している。また『日本震災凶饉攷』によれば、

江戸地大いに震ふ、城郭の石垣崩れ、多聞櫓及び諸門など倒る、しかして東北の殊に甚だしく損壊せり、諸侯の邸宅及び士庶の屋舎、倉庫多く倒る、既にして火を失すること五十余ケ所、延焼殆ど其の数を知らず、圧死、もしくは焼失するもの二万五百三拾九人ありといふ、しかし、これは最初幕府に届け出たるもののみの員数なれば、実際は数十万人を超過せり

と記していることから、この安政の江戸地震の状況がいかほどであったかが判明する。

幕府の対策

「内藤家十五世紀」によれば、

十月二日ノ夜亥ノ刻ゴロ、大地震ニテ小川町上邸潰レ屋破損多ク、死亡ノ者士以上四人、中間三人、

其ノホカ怪我人ナドコレ有リ、モットモ土蔵一ヶ所・長屋少々残リ、コレニヨリ、家族一同内藤宿ノ下屋敷エ引キ移リ候ノ旨、老中エ届ケラル、右ニテ深川嶋田町ノ屋敷惣潰レ、長屋大破、怪我人ナドハコレナキ旨、老中エ届ケラル

とあって地震の状況が判明するが、前述の「安政乙卯武功地動之記」によれば、上屋敷より出火して表門のみ残ると記載されている。「内藤家十五世紀」では、猿楽町からの火災にて類焼とあり、土蔵と長屋が少々残ったと記されて、両者に相違がみられる。在方の残存史料をみても類焼にて焼失の記事が多くみられるので、「内藤家十五世紀」の記載が正しいといえる。

幕府は地震後の四日に、町奉行の井戸対馬守覚弘の同心や町年寄の樽屋藤左衛門・喜多村彦右衛門の手代など一五人を三組に分けて被災地の状況を視察させて、これを機に被災地の絵図を作成することを命じている。小川町を含めてもっとも被害の大きな地域は奉行所同心の吉沢保兵衛・平松喜太夫らが巡回して全部で一二枚（長さ一里二町四〇間余り、幅平均して一町四七間余り）の絵図を完成したが、その他の地域をあわせると合計二三枚（長さ二里一九町余り、幅平均して二町余り）となった。しかし、焼失地域が小火で一〇間以下の地域はすべて除外されている。

一〇月七日には、在府の諸大名に対して幕府は左のような「触書」を発布して、

諸大名の上屋敷、地震ならびに火災ともこれ有り候の向は格別難儀たるべきと思し召し候の間、勝手次第に御暇下さるべきの旨、最前仰せ出され候の儀に候へども、居屋敷・下屋敷とも家作潰れならびに火災これ有り、実に居所もこれなく差し支へ候の向は格別、長屋向などにても相残り居り、取り繕

> いなるべき住居も相成り候のようにも候は、当時御人少なのおりから成るべくだけ当地に罷り在り候のようにこれ有りたき儀につき相願い候の向、右などのところを格別に勘弁致し、実々よんどころなき向計かり御暇を相願い候のように最前相達し候（下略）

とした。ようするに、屋敷の焼失・倒壊した諸大名の帰国の自由を認めたのであるが、当時は江戸府内に滞在する諸大名が少ないことから、少々でも建物が残り、修理すれば居住の可能な者は滞府すべきをあらためて通達したのである。

さらに、幕府は十月六日以降、老中阿部伊勢守正弘に「伊勢守の屋敷地震にて大破におよび、潰れ家もこれ有るにつき、金壱万両の拝借を仰せ付けられ候、此の上格別の思し召しをもって時服十を御前において拝領」とあるように、被害のあった諸大名に対して屋敷再建のための費用を下賜している。

上屋敷の復旧

藩主頼寧は一一月四日には神田橋外二番の明地預り役と、同月二八日には外桜田御門の警備役を上屋敷の類焼によって免除され、頼寧やその家族は生活の場を四谷の下屋敷に移している。

つぎに内藤氏の上屋敷の復旧状況についてみよう。

藩役所は安政三年（一八五六）七月に領内各郷村々の名主宛につぎのような「触書」や補足としての「達書」を触れ出している。すなわち、

> 御上屋敷御普請につき、向々献金を申し立つの分も少なからざる金高にて相成り候へども、此のたび

の儀は木材高料、諸職人も払底の旁随分手軽に仮普請同様成る儀に仰せ付けられ候へども、御入用は多分の儀につき御用金御引き足りこれなきの間（中略）、公辺へ厚く御願い立てのところ御聞き請けも宜しく、金弐千両の御拝借仰せ付けられ候につき、差し当たり別段の御用途は申し付けず候（下略）

とあって、仮普請を行うにあたっても費用が多分にかかるので、すべて領民の御用金で賄うわけにもいかず、幕府に願い出てとにかく二〇〇〇両の拝借金を得たのである。そして、この二〇〇〇両の返済にあたって利息を加えて一〇年の年賦返済をしたいので、毎年一一月の貢租上納の時期に拝借金の返済のための金額を出すようにと領民に触れ出したのである。

この一〇年賦返済の方法については、「別紙」で通達しているが、それによると、初年度は二〇〇〇両を一〇年度で割った二〇〇両を基本として、その二〇〇両の元金に二〇〇〇両の利子二〇〇両を加算した四〇〇両を返金する。二年度は元金二〇〇両と残金一八〇〇両の利子一八〇両を加算した三八〇両を、三年度は元金二〇〇両に残金一六〇〇両の利子一六〇両を加算した三六〇両を返済するという形で一〇年間で二〇〇〇両と利子を加算して、全額で三一〇〇両の返済を行うものであった。ようするに、年度ごとの返済額を領内七カ郷と城下町で割り、各郷や城下町に割り当てられた額をさらに村ごと（城下町の場合は町数で分割する）に分割して一〇年で返済するというものであった。

御用金上納の実態

藩役所は前述の「触書」以外にもう一通の「触書」を領民に示している。すなわち、「去る冬中江戸大地震にて所々よりの出火、すでに御上屋敷御類焼につき、此の上御普請の儀御領分一統に心配致し、献金致したき申し立てに候の段、其の節つぶさに御聴き入れ」になったのであるが、領民の生活のことを熟慮して今日まで沙汰をせずに過ごしてきた。しかし、普請をいつまでも先送りすることもできかねるので、おいおい普請に取りかかった。そして、「かねがね申し立ての金高の半減は当年納め、残りの半高は来たる春納めに申し付け候のように仰せ出され候、当年納めの分も一度に納め候ては手張り申すべきとの御厭いにて、半高の半分は八月納め、残りは十月納めに申し付け」ることにするとの内容であった。

初年度の返納金を領内割りした場合は、

藤沢郷	金二三両三分	銀三匁五分三厘余
川下郷	金六三両二分二朱	銀一匁一分七厘
春近郷	金七一両三分	銀五匁六厘余
中沢郷	金六五両一分二朱	銀七匁四分一厘余
上伊那郷	金六六両	銀六匁三分三厘余
入野谷郷	金四一両二分	銀五匁四分三厘
洗場郷	金五三両二分	銀二匁一分一厘余
城下町	金一一両二分二朱	銀六匁五分二厘

となって、合計は金四〇〇両と銀九《(マ》厘二毛《マ)》となって上納額をオーバーしている。これを領内割りの一〇年分を計算すると、元利ともに三一〇〇両の返金となった。

これを郷単位ごとに入野谷郷と川下郷に事例をとってみると、前者の場合は表24のようになり、最高は非持村の六両と銀二分五厘九毛で、最低は浦村と芝平村であった。この両村はともにもっとも奥地に立地しており、そのほとんどが山林で占有され、わずかに畑地がちの村落であった。後者の最高額は献金は笠原村の七両二分余と銀二匁九分余で、最低は青嶋村と新田村であった。

右の状況を村落内での納入状況でみた事例を入野谷郷勝間村でみると、初年度の安政三年分は一一両三分二朱の上納額（先の表22でみたのと一致しないが、原史料どおりに検討する）となっている。同村ではこの一一両三分二朱余のうち二両三分三朱ずつを八月一五日と一〇月一五日に納入し、残りの六両を安政四年二月一五日に上納している。先にみた「触書」どおりの納入となっている。この二両三分三朱は銀価になおして一七六匁二分五厘（両替六〇匁）を、三ッ割りとして、その一つ（三分の一）の五八匁八分を鍵割りで、残りの二つ（三分の二）の一一七匁四分五厘を高割りにして上納するように村側では決めている。勝間村は西勝間村と原勝間村とに分村しており、鍵割りの五八匁八分を西分として四一匁九分、原分として一六匁九

表24　入野谷郷村別上納額

	金	銀
上山田村	4両3分2朱	3匁3分8厘
下山田村	3両3分1朱	8分3厘9毛
小原村	4両2朱	3匁3分2毛
勝間村	4両1分2朱	5匁7厘2毛
非持村	6両	2分5厘9毛
溝口村	4両1分	3匁5分1厘5毛
市野瀬3カ村	4両2分1朱	7分1厘8毛
浦村	2分2朱	3匁1分6厘5毛
山室村	4両1分3朱	2匁8分5厘1毛
荊口村	1分3朱	3匁5分3厘5毛
芝平村	2朱	3匁5分5厘5毛
計	41両2朱	27匁9分2厘3毛

（註）市野瀬3カ村（市野瀬村・杉嶋村・中尾村）

表25　入野谷郷原勝間村の上屋敷普請個人別献金額

	安政3年10月	安政4年2月
利平治	154文	320文
名主豊太郎	627文	1310文
熊太郎	112文	233文
忠右衛門	311文	648文
勝平	180文	374文
久兵衛	124文	260文
勝蔵	308文	643文
水右衛門	129文	268文
源左衛門	125文	261文
吉弥	127文	264文
口蔵	99文	209文
覚治	299文	217文
新七	87文	183文
傳四郎	233文	486文
為弥	237文	492文
儀左衛門	128文	289文
八十太	94文	194文
伊兵衛	213文	439文
九右衛門	255文	552文
浅右衛門	297文	623文
清右衛門	230文	479文
作兵衛	229文	477文
八五右衛門	180文	381文
善蔵	258文	541文
八十左衛門	204文	426文
弥惣右衛門	258文	541文
新治	428文	892文
久右衛門	124文	257文
八郎左衛門	127文	261文
増蔵	170文	364文
鎌太郎	67文	139文
長左衛門	170文	354文
清七	165文	355文
御宮	35文	70文
野澤氏	9文	17文
彦右衛門	43文	85文
傳兵衛	24文	49文
計	6貫790文	13貫953文

分一厘に分割して八月と一〇月に納入し、高割りの一一七匁四分五厘を西分として七三匁四分二厘を、原分として四四匁余にこれまた分割して同様に八月と一〇月に上納している。また、二月納入分は三分の一の一二〇匁（一戸について一匁五分ずつ）を西分八五匁五分、原分三五匁五分として、残りの三分の二の二四〇匁（一戸について六分四厘余ずつ）を西分一五〇匁二厘、原分を八九匁九分九厘余としておのおの納入していることがわかる。

　これをさらに原勝間村の個人別でみてみよう（表25）。原史料では個人によって納入日が一致しないが、ここではそれを度外視して納入額をみると、前述したように八月と一〇月はいっしょにして三分の一、翌年二月の三分の二相当額を納入していることを明確に知ることができる。なお、表中の農民覚治の二月納入額が前年一〇月分より少なくなっているのは、多分記載した際に誤記したものと思われる。

また、洗馬郷岩垂村では辰の年分の上納額のうち、同村に入作している松本藩預り領の今井村・今村・小俣村・神戸新田村四カ村の農民の岩垂村への入作高はじつに六一八石五斗余（なお岩垂村は一カ村で一三〇六石余の村高を保有した村落である）を所有しており、約半分の所有高でありながら四カ村の入作農民は一文も岩垂村に出金しなかったために出入りが発生している。

岩垂村の名主政三郎・代判平八ら村役人層は、四カ村の納入不払いの行為を不当として高遠藩主内藤氏の「添状」を得て松本藩役所に訴願したいと願い出ている。松本藩預り領の四カ村からすれば、他藩主の借金までわれわれが負担すべき必要なしとの考えにたっての拒否であろうが、反対に岩垂村の農民からすれば、他領の農民でも高遠藩領に入作して田畑を所有しているかぎり上納するのは当然の義務であるとの考えにたっての訴願であった。この出入りに関しての史料は他に見出せないので結果は不明であるが、推測の域を出ないが岩垂村の農民の主張に正当性が見出されるので、四カ村の高割りによる上納は実施されたものと考えられる。

以上みてみたように大略大地震にあたり焼失した上屋敷の復旧のため幕府から借用した二〇〇〇両の返済方法は返却にあたって、一割の利子をつけて全額三一〇〇両を返済したのである。その返済方法はまず郷割りとし、さらに村別に分け、それを鍵割り（他村では戸割りがあるが、これと同じと考えられる）、そして高割りにして個人の負担とするものであった。しかし、個人で負担する金額はわずかなものではあっても、幕末期には相当量の借財を藩が背負っており、才覚金・御用金・冥加金など領内の豪商農が毎年負担し、また領民も以上の御用金負担の他に江戸人足御用・長州征伐などの御用によって分担量をしばしば負担している実情などを考慮すれば、今回の地震拝借金返済の肩代り上納も決してわずかな金額とはなりえないのである。

第三節　借財証文にみる藩財政

借財の特徴

高遠藩の借財が史料上に表われてくるのはおおむね安永年中ごろと思われるが、しかし、藩が享保一〇年（一七二五）三月の段階で「町仕送役」を設定して以後、豪商が藩への仕送金上納にあたって借財する傾向が表われてくるのは、元文～寛保年中ごろであった。さらに、頻繁に借財証文が書かれるようになってくるのは文化年中以後のことである。これら借財のうち一度に大量の借財をしたのが、文政元年四月・同六年に近江商人の松居久左衛門と外村与左衛門からの各一万五〇〇〇両ずつにのぼる事例があり、すでにみてきたごとくである。

つぎに化政期を含めての幕末期における高遠藩内藤氏の借財をみると、

(1)　他家を含めての公的な相手からの借財

(2)　領内外の個人からの借財
(3)　領内無尽金からの借財
(4)　高遠藩を仲介とする他への貸付け

という区分がみられることである。

まず(1)の他家を含めての公的な相手からの借財については、すでに天保の財政改革においてみた天保七年四月の紀州徳川家、同一二年六月の紀州家などがあげられるが、文化一一年（一八一四）一一月に藩主御勝手方の困窮を理由に、近江屋善四郎ら三人から三〇〇〇両を借財した事例がある。これをみると、近江屋善四郎ら三人が他家の役人と折衝して借財した金額を改めて藩側が近江屋善兵衛より借財する形式で借財しているもので、「右は、誠に諸家様御役人中へ御頼み申し入れ、積金致し候の義にて御儀利《(理)》合い厚き儀につき、万々一差し滞りなどこれ有り候へば、信儀も相立て難き筋に候の間、大和守儀得と承知致され、ならびに江戸・在所の役人一同申し合わせて」積金にて返却すべきものとしている。

つぎに(2)の個人からの事例としては、文政元年（一八一八）一〇月に近江屋喜平治ら両人から借財した事例があげられ、「亀屋甚助方と相合いの口へ借用」とあることから、このときの借財は両人が亀屋甚助と三人の名で借用した金額を近江屋喜平治ら両人から借用したとの条件で獲得したもので、このときは五〇〇両を借財している。同年同月の他史料によれば、「明神下同姓方の口へ借用」したとあり、近江屋喜平治の親類筋にあたる亀屋甚助に依頼した形での借財であったことがうかがわれる。

つぎに(3)の領内無尽金の借用例をみると、文政四年八月と九月の「借財証文」が残されており、

金八百両は　　但し、広済講鬮当たり金の内
右の金子慥かに預かり申すところ実正なり、返済の儀は御定帳面の通り相違なく返金致すべく候

と仮証文をまず書き、ついで先立って八〇〇両を借用し、前証文と同様の文面で残りの二〇〇両の借用証文を書き上げている。

右の事例は、領内おける無尽で蓄積された金額を当選者が決定するまで藩が借用する形で請け取った金額を預かり、藩の財政に充当する。積立期間が終了する直前に二人の当選者が各一〇〇〇両ずつ確保するのであるが、その段階での藩役所には無尽金の積立てはなく、当選者は単に当たり鬮の額面が表記された借用証文を手にするだけであった。藩としては「ない袖は振れぬ」わけで、右証文にみられるように当選者に借財証文を手渡すしかないのである。藩側にしてみれば手元に一両の金がなくても簡単に「借財証文」を書くことによってその場を取りつくろうことができるから、いつでも「借財証文」を書くという、それこそ「形振り構わず」の語句どおりに借財証文を乱発したのであった。この事例は化政期にとくに顕著にみられる特徴であるが、他時期にもあったであろうことは否定できない。

つぎに(4)の他からの借財で常に苦しめられていた高遠藩が、反対に他への貸主となっている事例がこの期に二例みられる。

預かり申す金子の事
一金千五百両　　但し、文字金なり
右は、金子慥かに受け取り預かり申すところ実正なり、利足の儀は一ケ月四分五厘の割合をもって差

し加へ、毎月元利の内へ金三拾六両三分ずつ、皆済まで滞りなく皆済致すべし、後證のため金子預かり證文、よって件んの如し

文化十二亥七月

内藤備役守内
松 井 宇 兵 衛（印）
大 見 作 兵 衛（印）
今村与一右衛門（印）

内藤大和守内
証印 原 忠 蔵（印）
三瓶清右衛門（印）
飯 田 市 太 夫（印）

田 中 仲 介殿
近江屋喜平治殿

前書の通り相違これなく候、以上

内藤備後守内
忍 与三左衛門（印）

この証文にみられる内藤備後守は、九州延岡藩主七万石の内藤備後守政順のことで、家中にて是非とも金子を借用せねばならない事情が生じてその貸主を探していたところ、同族の高遠藩内藤大和守頼以の紹

介によって、高遠藩領内の近江屋喜平治と田中仲介の両人から文字金で一五〇〇両を引き出して借用したのである。頼以の家臣で大目付の飯田市太夫と三瓶清右衛門、中小性目付の原忠蔵の三人が証人となって仲介役をとっており、延岡藩の家臣松井宇兵衛・大見作兵衛・今村与一右衛門の三人の名で借用し、さらに奥書で藩重臣の忍与三左衛門が署名したものである。

もう一つの例は尾張領木曽の山村甚兵衛に高遠藩が五〇〇両を融通したときの証文である。五月の半夏（夏至から一一日目にあたり、現在の七月二日ごろに相当する）までにはかならず返済するという内容であるが、極度の財政難に落ち入っていた高遠藩が木曽の山村氏に貸し付けるという稀なる事例であった。しかし、これとても藩役所から出たものではなく、高遠藩が領民から借財して木曽の山村氏に融通したものと考える方が妥当のようである。

借財の返却

つぎにこれら「借財証文」に表われた借財を、内藤氏はいかなる方法で返却したのかみてみよう。先にみた文化一一年一一月の事例では「当月より来たる辰の九月まで七十一ケ月の間、毎月元金の内金三拾両ずつならびに利金拾二両ずつ差し加へ」て返済するものとしている。天保元年一二月の事例をみると、豪商小出三右衛門から藩財政の困窮を理由に過去何回かにわたって借財した金額一万八三二両三分を一括返却するものであった。すなわち、

旦那勝手方要用につき借用申すところ実正に御座候のところ、金高相嵩み一時に返金相成りがたく済

し方勘弁頼り入り候（中略）、来たる卯の年（天保二年）より未の年（天保六年）まで五ケ年の間、元金百五拾両、利金五拾両、都合弐百両ずつ十二月廿五日限り相渡し申すべし、翌申の年（同七年）より五米（倍）の利足に引き直し、元入れも増し金に致すべき段、此のたび議定致し定め申し候のところ相違これなく候（下略）

と証文を書き、当天保元年に四〇〇両を返金して残金の一万四三二両余を同二年から同六年までの五年間に元金一五〇両に利息五〇両（約三三パーセント）を加えた二〇〇両ずつを毎年一二月二五日かぎりとして返却し、さらに同七年から五倍の利息をつけたす条件で返却するという異例の策で返却するというものであった。これはかなり思いきった返済方法であり、他の借財証文をみてもこの方法での返却はこの一例のみであったから、小出三右衛門から返済の催促がしきりにあったと推測される。しかもこの借財は藩役所のものであったにもかかわらず、洗馬郷の大庄屋原熊三郎と同郷小曽部村の名主新倉伴右衛門が肩代りして返却している。藩役所は両人に肩代りさせることで、容易に返済できるという考えにたって借財したのであろう。

また、天保三年閏一一月二八日付の「借財覚」によると、このときの返済は文政五年段階で据置き御断わりしてきた借財が二九〇六両余あり、これより文政九年に一〇六両を年賦金として返却して二八〇〇両余が残った。この残金に天保元年と同二年の利息六七両余を加算した分が二八六七両余あって、今度は勝手方役所が引き請け、合計で四七七九両余が借財高として計算された。この借財分は毎年春に収納米と金子で返却することになった。以上の借財とは別に文政一〇年に別途の借財金が五五〇両があり、これは

「格別の義につき、おって勝手方取り直しの場に至り候はは、年賦御引き合わせにかかわらず、別段訳け立て返弁申すべき」形で返却する契約となっていた。

右の場合はいずれも借入者の立場から返済を取り決めたものであるが、貸主の方から請求する場合は「勘定目録」の形式をとって返済方法を借主に認知させることがあった。時期は少しさかのぼるが、天明八年（一七八八）正月に松本藩預り領小俣村の豪農大和藤七が洗馬郷大庄屋の原八右衛門宛に請求した元利合計二四三三両三分余はこの形で督促したものであった。

引用史料と参考文献

引用史料

内藤家藩文書・旧藩士小野寺家・荒木家・鏑木家・藤田家・内田家・山下家・岩崎家・長坂家各文書

高遠町所蔵文書・北沢哲朗家・原庸夫家・御子柴昭男家・御子柴健治家・丸丁池上家・藤沢節子家・春日雅家・黒河内史料・明石場文書・酒井三四郎家・宮下直市家・中原正家・清水八千代家・林千代美家・星野粂人家・宮内正勝家・村上恒男家・小町屋栄二家・中村登家・黒河内美津子家・銀杏屋伊藤家・名和長保家・伊藤清衛家・柴芳巳家・北原伝家・北原好家・北原志げ子家・加納千鶴子家・伊藤とく子家・宮下四郎家・伊藤一好家・矢沢良一家・銀杏屋池上家・伊藤喜和治家・藤沢千秋家・埋橋粂人家・馬場孫靖家・矢島英一郎家・板町村文書など各家所蔵文書

市野瀬・杉嶋・中尾・溝口・御堂垣外・非時・非持山・山寺・荒町・片倉・勝間・宮木・田原各区有文書

参考文献

長野県史史料編南信地方・入野谷八百年・東筑摩郡松本市塩尻市誌・駒ヶ根市誌・同編纂紀要・上伊那郡史・上伊那誌・伊那市史・高遠町誌・長谷村誌・宮田村誌・辰野町誌・春近村誌・狐嶋区誌・山寺区誌・西町区誌・芝平誌・藤沢村史・辰野町資料・私達の上荒井・高遠のあゆみ

徳川実紀正続・寛政重修諸家譜・信濃史料・徳川十五代史・会津藩家世実紀・恩栄録・廃絶録・寛文朱印留・徳川禁令考前集・柳営補任・大日本史料・日本財政経済史料・東京市史稿（皇城編・救済編・市街編）・日本震災凶

鐘攷
北原真人『近世の信州伊那・高遠』信濃毎日新聞社　一九七七年
北原通男『信州高遠藩史の研究』ぎょうせい　一九八四年
小鯖英一『江戸火災志』東京法令出版　一九七五年
江頭恒治『江衆商人』至文堂　一九六五年
渡辺守順『近江商人』教育社　一九八〇年
森安彦『幕藩制国家の基礎構造』吉川弘文館　一九八一年
藤野保『新訂幕藩体制史の研究』吉川弘文館　一九七五年
長谷川正次『高遠藩の基礎的研究』国書刊行会　一九八五年
長谷川正次『高遠藩総合年表』静山社　一九八〇年
宮下一郎『信州伊那社会史』令文社　一九八〇年
西沢武彦「松代藩における恩田杢の改革」『信濃』八巻一一号　一九五六年
山浦寿「信州高遠藩の飛地支配」『信濃』二六巻一二号・二七巻二号　一九七四年・一九七五年
小松克巳「高遠領洗馬郷の農民一揆」『信濃』一〇巻一二号　一九五八年
長谷川正次「幕末～明治初期における高遠藩財政史料」『伊那路』四〇一・四六四号　一九九〇年・一九九五年
長谷川正次「高遠藩の借財と近江商人」『伊那路』五〇〇号　一九九八年
長谷川正次「高遠藩文政九年の財政改革」『信濃』五二—二号　二〇〇〇年
長谷川正次「高遠藩時代史」『伊那路』四七一・四七二・四七四・四七五・四七七・四七八・四七九号　一九九六年

大名《だいみょう》の財政《ざいせい》

著者略歴

長谷川正次（はせがわ・まさつぐ）

1934年　東京都世田谷区に生まれる。

1960年　国学院大学文学部史学科卒業。

国学院大学講師・戸板女子高校教諭を経て，

現　在　中野区・渋谷区シルバースクール講師。

主要著書

『高遠藩総合年表』長野市静山社，1955年。『高遠藩の基礎的研究』国書刊行会，1960年。『江戸町方書上』浅草編・下谷編（共編）新人物往来社，1987年～88年。『江戸町方書上』芝・麻布・赤坂各編（監修）みなと図書館，1993～96年。『高遠藩物語』高遠町しんこう社，1997年。『信州中馬の歴史』高遠町しんこう社，1999年。『伊那・高遠戦国史』伊那市編集工房森樹，2000年。その他，多数。

現住所　〒206-0036　東京都多摩市中沢１－28－１

2001年５月10日発行

著　者　長谷川　正　次

発行者　山　脇　洋　亮

印刷者　㈱興　英　文　化　社

発行所　東京都千代田区飯田橋４－４－８
東京中央ビル内　同成社

TEL 03-3239-1467　振替00140-0-20618

ISBN4-88621-219-0 C3321